라이프
인사이드

감옥 안에서 열린 아주 특별한 철학 수업

라이프 인사이드

앤디 웨스트 지음
박설영 옮김

어크로스

차례

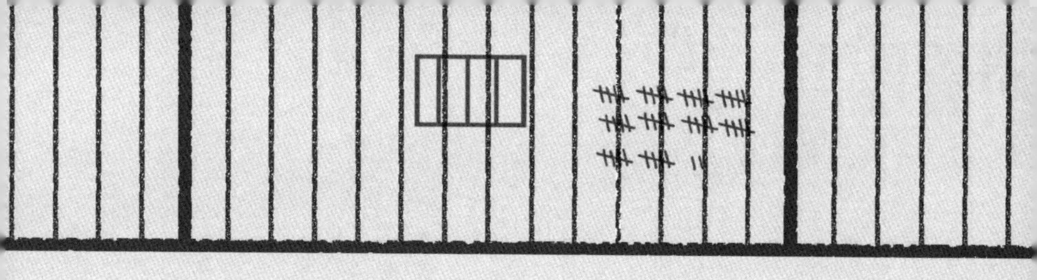

프롤로그

이거 무슨 수업인가요?

엘리베이터 안에서 내 옆에 서 있던 남자는 감옥에 수감된 탓에 20년 동안 보지 못했던 내 아버지와 묘하게 닮았다. 키가 작고 손끝이 노르스름하며 정장 재킷이 몸에 비해 커서 소매가 손가락 중간까지 늘어져 있다. 전에도 아버지를 닮은 남자들을 본 적이 있다. 버스나 기차에서, 또는 술집 화장실 소변기 앞에서. 런던, 맨체스터, 베를린, 리우데자네이루에서 그들을 보았다.

엘리베이터에서 그를 흘깃 쳐다보다가 턱관절 장애와 폐기종으로 쌕쌕거리는 숨소리를 알아차린다. 손목 위로 셔츠 소매를 내려서 시계를 숨긴 뒤 그에게 시간을 묻는다. 리버풀 억양으로 대답하지 않으므로 내 아버지는 아니다. 독일이나 브라질에서 봤던 남자들도 아버지가 아니었다. 우리는 조용히 다섯 층을 더 올라간다. 엘리베이터가 멈추고 문이 열리자 그가 밖으로 나간다.

내일 아침이면 나는 난생처음 감옥에 가게 된다. 재소자들에게 철학을 가르칠 것이다. 몇 달 전, 〈가디언〉지에 철학 수업에 대한 글을 기고하면서 내 아버지, 형, 삼촌이 수감 생활을 했다고 언급했다. 지난달, 지역 대학에서 일하는 제이미라는 철학자가 내게 교도소에서 함께 가르치지 않겠느냐고 물어봤다. 내가 문화적으로 잘 맞을 것 같아서, 《논리철학논고》를 붙들고 사는 사람들은 대개 시도하지 않는 방식으로 재소자들의 논리를 이해할 것 같아서 그 프로젝트에 초대받은 듯하다. 제이미의 제안을 받은 뒤에 나는 한 가게 진열장에서 발목까지 올라오는 묵직한 검은색 부츠를 눈여겨봐두었다. 지금은 봄이라서 밑단을 두 번 접어올린 물 빠진 청바지에, 부드러운 가죽 재질의 옥스퍼드 구두를 습관처럼 신고 다닌다. 오늘 오후에 그 가게에 갔다. 부츠 사이즈가 10(285밀리미터-옮긴이)밖에 없었다. 내 사이즈는 9(275밀리미터-옮긴이)지만 나는 개의치 않고 그 부츠를 구입했다.

다음 날 아침 교도소에서 제이미와 나는 의자를 원형으로 배치하고 학생들을 기다린다. 이 교실은 미술실로도 사용된다. 창문에 창살이 있다는 점, 연필과 붓을 비롯해 끝이 뾰족한 물건은 전부 자물쇠가 달린 벽장에 보관된다는 점만 빼면 학창 시절의 미술실과 비슷하다.

나는 로크의 정체성 이론에 대한 수업계획서를 훑어본다. 아버지가 이해하려고 애쓰는 모습을 상상하다가 펜으로 문단 전체에 빨간 줄을 긋는다. '이해하기 쉽게.' 내가 제이미에게 말한다. "글을 모르는 사람들, 학교를 못 마친 사람들이 많을 거예요. 겁주면 안 돼요." 육중한 철문이 열리는 소리가 들리더니 교실 밖 복도에서 남자들의 말소리가 울린다. 우리 학생들이 다가오고 있다. 난 새

부츠를 신고 있다. 신발 코가 반짝거린다.

한 남자가 문 앞에 선다. "심리학 수업이에요?" 입 냄새가 풍기고 눈은 충혈돼 있다.

"철학이에요." 내가 말한다.

그가 어깨를 으쓱하더니 안으로 들어와 자리를 잡는다.

또 다른 남자가 들어와 뼈가 으스러질 듯 내 손을 잡고 흔들면서 내 어깨 너머를 쳐다본다. 또 한 명은 피부가 살짝 누렇고 잇몸이 내려앉았다. '리즈 대학교'라고 인쇄된 비닐 봉투를 움켜쥔 남자도 있다. 봉투의 이음새가 갈라졌는데도 그 안에 도서관에서 빌린 책들을 넣고 다닌다. 신분증 사진상으로는 해골처럼 보이는, 얼굴이 둥그런 남자도 있다. 나는 자기소개를 하면서 학생들 사이를 걸어 다니지만 발이 아파 몸이 움츠러든다. 부츠가 살갗을 쓸어내린다. 뒤꿈치에 방금 생긴 물집이 쓰라리다. 사람들이 몇 명 더 와서 열두 명이 된다. 제이미와 나는 오늘 가르칠 노트를 마지막으로 살펴본다. '이해하기 쉽게.' 내가 되뇌인다.

남자들이 원형으로 앉아 있고 나는 로크에 대해 설명한다.

"그건 그렇지 않아요." 마카라는 학생이 말한다.

"뭐라고요." 내가 말한다.

"로크는 기억만 따진 게 아니에요." 그가 내 화이트보드를 가리킨다. "그보단 의식에 더 가까워요."

열두 명이 전부 나를 쳐다본다. 나는 화이트보드로 다가간다. 그리고 쿡쿡 쑤시는 뒤꿈치의 통증을 피하기 위해 까치발을 들고는 '기억'이란 단어를 지우고 '의식'이라는 단어를 쓴다. 남자들이 웃으며 서로 속삭인다. 나는 발바닥 전체가 바닥에 닿지 않도록 좁은 보폭으로 움직이며 로크에 대해 설명한다. 몇 분 뒤, 얼마 전에 원격으로 학위를 받은 또 다른 학생이 루소라면 로크에게 어떻게 반대했을지 설명한다. 20분 만에 준비한 자료가 바닥난다. 교실 저편에 있는 제이미와 시선이 마주친다. 우리 사이에 "이해하기 쉽게"라는 말이 소리 없이 울려 퍼진다.

제이미가 학생들을 소그룹으로 나누고 과제를 준다. 그러고는 내게 교실 구석의 책상으로 가서 이야기를 좀 하자고 한다. 제이미가 먼저 책상으로 걸어가고 나는 까치발로 살금살금 그 뒤를 따른다.

1장

어떤 사람이 가장 자유로울까요?

"나에게는 바깥 사람들한테 없는 자유가 있어요."

"어떤 자유요?" 내가 묻는다.

"선택으로부터의 자유요." 윌리스가 말한다.

"하지만 선택권이 없으면 자유로운 게 아니에요." 주니어가 말한다.

몇 달째 나는 평소에 즐겨 신는 부드러운 가죽 옥스퍼드 구두를 신고 매주 교도소에 간다. 태국에서 혼자 3주간 여행을 하고 막 돌아왔다. 피부는 구릿빛이고 머리칼은 캐러멜색이다. 나는 기다란 형광등이 달린 교도소 복도를 지나 교실로 걸어간다. 한 남자가 반대편에서 교도관의 호위를 받으며 나를 지나친다. 이마에 핏기가 없고 눈 아래는 각질이 벗겨져 있다. 나는 선탠 자국을 감추기 위해 셔츠 소매를 풀어 내린다. 교실에 도착해 오늘의 수업 주제를 화이트보드에 적는다. '자유.'

20분 후, 복도에 있는 교도관이 소리친다. "자유롭게 이동." 자유롭게 이동이란 교도소 내부의 문들이 열리고 재소자들이 감방에서 나와 교육, 작업 등 다양한 활동을 하기 위해 이동하는 것을 의미한다. 몇 분 후 사람들이 우리 교실에 도착한다. 마흔 살인 자크가 걸어 들어온다. 그는 벨크로가 달린 회색 즈크화를 신고 있다. 재소자들이 자기 신발이 없을 때 교도소에서 제공하는 신발이다. 상의 소매가 팔꿈치까지 걷혀 있어 가로로 난 수십 개의 흉터 자국이 보인다. 자크는 지난달 가석방 심사를 받을 예정이었으나 심사 전날 의무실 직원의 얼굴에 주먹을 날렸다.

다른 사람들도 하나둘 들어온다. 주니어라는 학생이 입구에 나타난다. 큰 키에 베이비핑크색 민소매 셔츠를 걸치고 둥근 어깨와 가슴 근육을 자랑하고 있다. 고가의 새 나이키 운동화를 신었다. 몇 주 전 한 남자가 주니어에게 무슨 일로 들어왔냐고 물었다. 그가 답했다. "저는 기업가입니다." 그가 교실로 걸음을 옮기며 내게 악수를 청한다. "다시 봐서 기쁘군요, 선생님." 그의 목소리가 듣기 좋다. 듬성듬성한 눈썹은 양 끝이 꼬부라졌다. 그는 교실로 들어와 모두와 악수하면서 그들의 눈을 바라보고 '선생님'이라 부른다.

주니어가 자크 옆에 자리를 잡고는 두 다리를 쩍 벌린다. 자크가 배 위로 팔짱을 낀다.

윌리스가 마지막으로 교실에 들어온다. 그가 몸을 꼿꼿하게 세우고 걷는다. 가슴에 힘을 준 것이 아니라 든든한 원통형 몸체에서 나오는 자신감이다. 그는 주니어 옆에 자리를 잡지만 말은 건네지 않는다. 윌리스는 대부분의 사람들과 말을 섞지 않는다. 20년 형을 받고 16년째 수감 중이다. 그는 체육관보다는 감방에서 혼자 운동하는 걸 좋아한다. 매일 아들에게 편지도 쓴다.

자유 이동 시간이 끝난다. 나는 문을 닫는다.

나는 사람들과 원형으로 앉는다. "호메로스의 대서사시에서 오디세우스는 트로이 전쟁을 마치고 고향 이타케로 돌아가는 배의 선장이 됩니다. 그런데 세이렌을 만날 위기에 처하죠. 세이렌은 바다 한가운데의 바위에 사는 존재로서 몸의 반은 인간이고 반은 새입니다. 너무나 아름답게 노래를 불러, 그 노래를 들은 사람은 누구나 사랑에 빠지게 되죠. 그러면 바다에 뛰어들어 노랫소리가 나는 곳을 향해 헤엄치게 됩니다. 결국 세이렌이 넋 나간 선원들을 잡아먹습니다."

"어느 누구도 세이렌의 노랫소리를 듣고 살아남아 무용담을 들려주지 못했죠." 내가 말한다. "오디세우스는 선원들이 마법에 걸리지 않도록 밀랍으로 귀를 막게 합니다. 그러면 여느 때처럼 각자의 일을 하고 식사를 준비하고 로프를 정리할 수 있을 테니까요."

내가 말한다. "하지만 누군가는 노랫소리가 언제 멈추는지 들어야 했죠. 그러지 않으면 선원들이 귀에서 밀랍을 너무 일찍 빼낼 수도 있으니까요. 오디세우스는 선원들에게 자신을 돛대에 묶게 합니다. 노래를 들을 수는 있어도 바다로 뛰어들지는 못하게 말이에요. 그리고 자신이 풀어달라고 아무리 애원해도 무시하라고 지시하죠."

나는 계속 말한다. "그들은 항해에 나섭니다. 오디세우스의 귀에 노랫소리가 들립니다. 음악이 다가와 그를 사로잡죠. 그는 욕망에 휩싸여 자신을 풀어달라고 애원하지만 선원들은 그저 묵묵히 각자의 일을 합니다. 그런데 바다에 너무 오래 있은 탓에 향수병에 감각이 무너진 선원이 있었습니다. 그는 갈망으로 가득한 오디세우스의 표정을 봅니다. 그는 일을 멈추고 세이렌의 노랫소리를 궁금해하죠. 결국 귀에서 밀랍을 뺍니다. 그리고 노래에 취해 바다로 뛰어들어 죽고 말아요."

"배는 세이렌의 해역을 지나치고 오디세우스는 결박에서 벗어나요. 그날부터 그는 두 번 다시 세이렌의 노래처럼 아름다운 소리를 듣지 못하리라는 사실에 고통을 품고 살게 되죠."

"세이렌은 마약이에요." 자크가 말한다. "바위(바위를 의미하는 영어 단어 'rock'은 강력한 코카인의 일종인 '크랙 록'을 의미하기도 한다-옮긴이) 위에 사는 거 봐요."

윌리스만 빼고 모두가 웃는다.

내가 묻는다. "귀를 밀랍으로 막은 사람들, 오디세우스, 귀에서 밀랍을 빼낸 사람이 있습니다. 어떤 사람이 가장 자유로울까요?"

내가 마이크 대신 사용하는 조막만 한 오자미를 윌리스에게 건넨다.

"밀랍으로 귀를 막은 사람들, 그들이 가장 자유롭죠." 그가 말한다. "그냥 하던 일을 하잖아요. 여기 있는 우리도 그래요. 우린 공과금을 내거나 애들을 등하교시키는 일을 하지 않아도 돼요. 나에게는 바깥 사람들한테 없는 자유가 있어요."

"어떤 자유요?" 내가 묻는다.

"선택으로부터의 자유요. 귀에 밀랍을 꽂은 사람들처럼요." 윌리스가 말한다.

주니어가 의자에서 몸을 숙이며 윌리스에게 말한다. "하지만 선택권이 없으면 자유로운 게 아니에요."

"밖에선 문제에 휘말릴 일이 너무 많아. 여기선 정신이 흐트러질 일이 없어." 윌리스가 말한다.

잠시 후 내가 주니어에게 묻는다. "어떤 사람이 자유롭다고 생각하세요?"

"오디세우스요." 주니어가 답한다. "그가 왕이죠. 다들 그가 시키는 대로 해야 하잖아요."

"하지만 오디세우스는 가장 매여 있는 인간이야." 윌리스가 말한다. "아무리 훌륭한 경험을 해도 더 나은 걸 갈망하니 어떤 경험을 해도 만족하지 못할 거야."

"하지만 오디세우스는 뭔가를 이뤘잖아요." 주니어가 말한다.

"자신이 한 일이 떠오를 때마다 괴로울걸. 감방에 있는 자네가 더 자유로워." 윌리스가 말한다.

"귀를 막은 선원들이 오디세우스처럼 고통에 빠지지 않은 건 아무것도 하지 않아서예요. 주어진 일만 하면서 지루하게 사는 거죠." 주니어가 말한다.

"집에 가는 데 꼭 필요한 일을 할 수 있도록 자중한 거지." 윌리스가 말한다.

"그렇게 산다면 집에 가는 게 무슨 의미가 있죠?" 주니어가 말한다.

나는 키스라는 학생에게 오자미를 건넨다. 그가 오자미를 무릎 위에 놓고 말한다. "그런데 말이죠, 이 이야기는 여러 가지 방식으로 바라볼 수 있어요."

처음 교도소 일을 시작했을 때 도서관 사서가 해준 말에 따르면 13년째 복역 중인 키스는 독방에서 지내면서 2, 3일에 한 권씩 책을 읽는다. 그는 글래스고 노동자계층의 말투를 쓰지만 '명명법'과 같은 어려운 단어도 아무렇지 않게 사용한다. "신경과학적인 관점에서 볼 수도 있죠." 그가 속마음을 털어놓듯 장황하게 이야기를 시작하자 다른 학생들이 갑자기 생기를 잃고 바닥을 응시한다.

"바다에 뛰어든 사람은 셰익스피어의 희곡에 등장하는 어릿광대만큼 자유로워요. 셰익스피어의 어릿광대는 왕은 갖지 못한 자유를 누리죠." 그가 말을 잇는다. 그의 말을 끊고 싶다. 너무 끊고 싶다. 내가 사람들의 말을 끊는 건 교사로서의 특권이다. 교사가 아닐 때의 나는 언제나 말이 빠르고 목소리가 큰 사람들에게 말을 끊기는, 말이 느리고 목소리가 작은 사람이다. 내가 교사를 하는 이유 중 하나는 그래야 합법적으로 사람들의 말에 끼어들어 똑같이 복수할 수 있기 때문이다. 키스가 말을 계속 이어나간다. "양자물리학에서는 사물이 실은 확정적이지 않다고 해요." 하지만 난 그의 말에 끼어들 수 없다. 감방에서 13년을 지낸 사람에게 "제가 시간을 좀 아는데요"라고 어떻게 말하겠는가?

결국 키스가 내게 오자미를 돌려준다. 자크가 소매를 양손 위로 내렸다. 나는 그의 생각을 묻는다.

"배에서 뛰어내린 사람이요." 자크가 말한다.

"그는 마법에 홀렸어요. 자유로울 리가 없죠." 주니어가 말한다.

"하지만 세이렌의 유혹에 굴복할 용기를 냈잖아. 어쩌면 그야말로 자유를 쟁취할 만큼 용감한 사람일지도 몰라." 자크가 말한다.

"탈출하고 싶다면서 실제론 감방을 나와 지붕 위로 기어 올라간 거나 마찬가지에요. 거기서 어딜 가겠어요? 감방에 있을 때보다 더 망한 거죠."

"그 상황에서 가장 자유로운 행동이라고 생각해서 뛰어내린 거야."

"그가 뛰어내린 건 자유를 포기했기 때문이에요." 주니어가 말한다.

수업이 시작된 지 한 시간. 학생들이 두 다리 쭉 뻗고 쉬는 시간이다. 교실 문을 여는데 복도에 있는 교도관이 문을 닫고 모두를 교실 안에 머물게 하라고 말한다. 감방이 있는 층계참에서 사고가 있었다. 한 재소자가 반항의 의미로 그물 위로 뛰어내린 것이다. 철제 그물은 교도소 층계참마다 설치되어 재소자들이 위에서 물건을 떨어트리거나 자살하지 못하게 막는다. 누군가 이 그물 위로 뛰어내린다 해도 안전상의 이유로 교도관들이 같이 뛰어내려 그들을 데리고 나올 수 없다. 그를 구슬려 그물 밖으로 나오게 하지 못하면 헬멧과 방패로 무장한 특별 토네이도 팀을 불러야 한다.

교도관은 그물 위의 남자가 곧 베네수엘라로 이송돼 그곳 교도소에서 남은 형기를 채우기로 되어 있다고 말해준다. 그는 베네수엘라로 가고 싶어 하지 않는다. 이 교도소에서 좀더 시간을 벌기 위해 그물 위로 뛰어내린 것이다.

나는 문을 닫고 잠근다. 우리는 교실 안에서 15분간 휴식을 취한다. 자크가 창문 창살 사이로 손을 넣어 창문을 조금 연다. 주니어는 화이트보드로 가서 내 펜으로 다이어그램을 그리며 학생 네 명에게 비트코인으로 백만장자가 되는 법을 설명한다. 그가 앞으로 6개월 안에 롤렉스시계와 벤츠를 사려면 어떻게 해야 하는지 말해준다.

그레그라는 남자가 내게 다가온다. 까칠하게 자란 연한 적갈색 수염 사이로 상처가 눈에 띈다. "이 철학이라는 것 말이요, 뭐에 써먹는 거요?" 그가 묻는다.

"글쎄요." 내가 말한다. "철학은 고대 그리스인들이……."

"그걸로 무슨 일을 할 수 있냐고요? 무슨 직업이요?"

"몇몇 친구들, 그러니까 내가 아는 몇몇 사람들은 지금 이 도시에서 일을 하고 있어요."

"선생은 직업이 뭐요?" 그가 묻는다.

수업 직후에 이런 질문을 한다는 건 '철학 강사'는 직업으로 치지 않는다는 의미 같았다. "어떤 사람들은 철학 학위를 따고 나서 법학사 과정을 밟죠."

마치 내가 해야 할 말의 반밖에 하지 않은 것처럼 그레그가 기대에 찬 눈빛으로 나를 바라본다.

"세이렌 이야기에서 누가 가장 자유롭다고 생각하세요?"

"아무도요. 그래서 해-방구라고 하는 거요. 멍청이들이나 해-방구를 믿겠지."

15분의 휴식 시간에도 월리스는 의자에 가만히 앉아, 누구에게도 말을 걸지 않는다. 몇 주 전 교도소에 보안 문제가 생겼을 때 재소자들은 하루 23시간을 갇혀 있다가 이른바 '회합' 시간에만 한 시간 동안 감방에서 나올 수 있었다. 회합 시간이란 재소자들이 감방을 벗어나 자유로이 전화하고 샤워하고 서로 어울리면서 한숨 돌리는 시간이다. 하지만 월리스는 회합 시간에도 감방을 벗어나지 않고 침대에 누워서 책을 읽기 일쑤였다.

사람들이 다시 자리를 잡는다.

내가 말한다. "철학자 에픽테토스는 노예 출신이었지만 근본적으로는 자신이 여전히 자유롭다고 믿었어요. 쇠사슬이 자신의 몸은 구속했어도 자신의 선택권은 구속하지 못했다고 말했죠."

"마음은 여전히 자유로울 수 있어요." 윌리스가 말한다.

내가 말한다. "에픽테토스는 자신이 통제할 수 있는 것과 없는 것을 먼저 파악함으로써 자유로워지는 법을 배울 수 있다고 믿었어요."

"밤마다 간수들이 감방 문을 잠그기 전에 내가 먼저 문을 닫습니다." 윌리스가 말한다.

"본인이 통제하려고요?" 내가 묻는다.

"언제나 간수가 끊으라고 말하기 1분 전에 먼저 전화를 끊는 것과 같은 이유죠." 윌리스가 말한다.

"먼저 끊지 않으면 어떻게 되는데요?" 내가 묻는다.

"후회할 짓을 하겠죠. 몇 년 전에 웬 남자가 간수가 전화를 끊으라고 하는데도 전화통을 붙잡고 있는 모습을 봤어요. 간수가 수화기에 손가락을 갖다 댔죠. 만약 그런 일이 나한테 벌어진다면 간수를 한 대 쳤을 거예요. 그러니 절대 그런 상황을 만들지 말아야죠. 그래서 일찍 끊는 겁니다."

"그게 자유인가요?" 내가 말한다.

"상황을 단순하게 만드는 거예요." 윌리스가 말한다.

30분 후, 문 밖의 교도관이 소리친다. "자유롭게 이동." 수업이 끝났다는 신호다. 내가 문을 열자 대부분의 학생이 느릿느릿 밖으로 나가지만 몇몇은 좀더 머문다. 한 사람이 햇볕에 그을린 내 얼굴을 가리키며 어디 다녀왔냐고 묻는다. 푸켓의 열대 해변과 보름달 파티에 대해 듣고 재소자들이 속상해할까봐 난 최대한 대답을 아낀다. 하지만 그들은 계속 물어본다. "스노클링은 했어요?" "뭐가 제일 좋았어요?" "아예 거기 가서 살 생각이에요?" 그러더니 한 사람이 심드렁하게 말한다. "남자 친구랑 같이 갔어요?"

그의 얼굴에서 능글맞은 웃음기를 찾아본다. 하지만 웃음기는 없었다. 진심인 것이다. "이번에는 혼자 갔어요." 내가 말한다.

사람들이 계속 태국에 대해 질문한다. 태국에 가본 적이 있는 몇몇은 방콕에 이러저러한 노래방이 아직 있는지 알고 싶어 한다. 비행기 표는 싸게 구했는지, 그곳에서 열 받는 일은 없었는지 묻는다. 난 대답을 하면서 여자 친구가 있다고 털어놓을까 고민한다. 하지만 교실 분위기가 너무 따뜻하고 너그러워서 차마 내가 게이가 아니라고 말할 용기가 생기지 않는다.

2장

희망 없이도 살아갈 수 있을까요?

로드니가 말한다.
“희망이 없으면 고통이 그렇게 힘들진 않을 거예요.
고통이 사라지리란 희망을 품는 대신에 그냥 고통과 함께 사는 거죠.”
“희망이 없으면 아무것도 달라지지 않아.” 키스가 말한다.

오늘 밤 온라인으로 세금 환급을 신청한다. '완료' 버튼을 클릭하고 곧장 우울해진다. 침대로 가지만 잠이 오지 않는다. 나는 내가 실수로 세금을 덜 내서 탈세 혐의로 고소당할 거라고 확신한다.

잠을 자는 동안 아버지와 함께 교도소 뒤뜰에 있는 꿈을 꾼다. 나는 아버지 옆에 서 있다. 우리가 함께 있는 모습을 교도관에게 보이고 싶지 않아서 나는 한 발 물러선다. 겨울 오후라 몸에 한기가 든다. 교도관 두 명이 농담을 주고받으며 웃는다. 나는 그들에게 다가가 내가 여기서 일하며 일이 끝나면 그들과 함께 교도소를 나갈 거라고 말한다. 그들은 내 말이 안 들리는 듯이 계속 이야기를 나눈다. 내가 열쇠를 꺼내려는데 열쇠주머니가 비어 있다. 교도관들에게 내 말이 들리느냐고 묻지만 아무런 반응도 돌아오지 않는다.

나는 5시에 일출과 함께 눈을 뜬다. 사선으로 퍼붓는 장대비 속에서 우산 없이 집을 나서서 교도소까지 걸어간다. 귀와 목덜미가 축축하다. 교도소의 보안검색대에 도착해 젖은 신발과 시계, 벨트를 벗은 뒤 축축한 양말 아래로 딱딱한 바닥을 느끼며 금속 탐지기를 통과한다. 현기증이 나고 심장이 뛴다. 나는 말도 안 되는 비논리적 죄책감에 시달린다. 내 배낭이 엑스레이 기계를 통과한다. 보안요원이 나를 엄한 눈빛으로 바라보자 나는 내 죄가 무엇일지 되짚어본다. 그리고 스캐너 불빛이 곧 빨갛게 변하면서 삐 소리가 나고 교도관들이 내 가방에서 헤로인 1킬로그램을 찾아낼 거라고 상상한다.

경고음은 울리지 않는다. 보안요원의 검색을 받기 위해 양팔을 힘없이 벌린다. 스웨터 소매가 젖어 있다. 마침내 검색대를 통과한다. 그렇다고 공황 상태가 사라지진 않는다. 교도소 경내를 통과해 감방 창문이 줄지어 선 벽을 지나가는데 다양한 텔레비전 소리가 한꺼번에 들려온다. 요구르트 광고 음악. 긴급 속보. 녹음된 웃음소리.

몇 년 동안 내가 어떤 선택을 하든 결국 아버지의 죄를 물려받을 거라는 망상에 시달려왔다. 내가 감옥에 가게 될 거라는 이 암울한 확신은 열여덟 살에 가장 강했다. 그때는 내가 체포될지 말지가 아니라 어떻게 체포될지를 염려했다. 밤보다는 낮에, 친구와 함께일 때보다는 혼자일 때 체포되기를 바랐다. 경찰차의 사이렌 소리가 들리면 나는 하던 일을 멈추고 혹시 그 소리가 가까워지는지 귀를 바짝 세웠다. 교도소 복도 반대편에서 교도관이 독일산 셰퍼드의 목줄을 잡고 다가온다. 나는 개가 나를 향해 짖도록 유도하기라도 하듯 속도를 늦춘다. 개가 검은 눈으로 나를 응시하며 지나친다.

데이비드라는 학생이 면회 때문에 오늘 수업에 참석할 수 없다고 했다. 그에게 읽을거리를 건네주려고 점심시간에 그의 감방을 찾아간다. 감방 동료가 문을 여는 순간 냄새가 코로 훅 들어온다. 창턱에 보라색 방향제 네 개가 놓여 있다. 라벤더 향에 양말 냄새와 인스턴트라면 냄새, 그리고 좁은 공간에서 함께 지내는 두 남자의 냄새가 한데 섞여 있다. 데이비드의 감방 동료가 데이비드가 아직 점심 배식 중이라고 한다. 식당에 갔더니 재소자들이 길게 줄 서 있는 모습이 보였다. 난 나중에 올까 고민한다. 일흔쯤 되어 보이는 남자에게 점심이 보통 몇 시에 끝나는지 묻는다. "30분 전에 먹기로 되어 있었소." 그가 말한다. 아버지와 똑같은 리버풀 억양이다. "몇 시에 점심을 먹느냐고 물었더니 몇 분 뒤라고 했소. 그게, 빌어먹을, 20분 전이었소. 이곳에 시간 같은 건 없다오."

나는 데이비드를 나중에 보기로 하고 그냥 교실로 간다. 교실에서 웬 여자가 상자 안에 장난감을 집어넣고 있다. 테디 베어, 레고 블록, 무지갯빛 실로폰, 웃는 얼굴에 바퀴가 달린 피셔프라이스 전화기가 보인다. 그녀는 재소자들이 면회일에 어린 자식들과 같이 놀 수 있도록 놀이법을 가르쳐준다고 했다.

그녀가 교실을 나간다. 나는 의자를 원형으로 배열하고 교도관들이 "자유롭게 이동"이라고 외치길 기다린다.

내가 태어나기 몇 년 전 아버지는 18개월 동안 감옥에 수감됐다. 그리고 나의 어린 시절 내내 법적 문제를 일으켰다. 두 살 때 엄마, 아빠가 나를 데리고 저지섬으로 휴가를 떠났다. 난 너무 어려서 기억이 없지만 엄마 말로는 휴가 둘째 날 밤에 잘생긴 웨이터가 엄마에게 친절하게 구는 것을 보고 아빠가 질투를 느꼈다고 한다. 엄마와 나는 호텔로 돌아갔고 아빠는 혼자 술을 마셨다. 새벽 1시, 아빠가 호텔방 문을 열고 비틀비틀 들어오더니 엄마의 발치에 보석 한 줌을 던졌다. 금반지들과 다이아몬드 귀고리들이 보였다.

"받아." 아빠가 엄마의 얼굴에 술 냄새를 풍기며 말했다.

"무슨 짓을 한 거야?" 엄마가 물었다.

경찰차의 사이렌 소리가 점점 가까워졌다. 아빠는 손가락에 진주목걸이를 주렁주렁 감고 가만히 서 있었다.

알고 보니 보석가게 유리를 박살내고 전시된 물건을 몇 움큼 가져온 것이었다. 몇 분 뒤 경찰이 도착해 아버지를 체포했다. 그는 다음 날 법정에 출두했다. 아버지가 훔친 금, 다이아몬드, 진주가 플라스틱 모조품이 아니었다면 다시 감방 신세를 졌을 것이다. 판사가 재물손괴죄를 인정하며 그에게 벌금형을 선고했다. 엄마는 남은 휴가비를 벌금으로 냈다. 우리는 급히 교통편을 구해 그날 집으로 돌아왔다.

아빠는 우리가 일찍 돌아온 사실을 이웃들이 모르기를 바랐다. 알게 되면 이유를 캐물을지도 모르니까. 남은 며칠 동안 우리는 커튼을 치고 집 안에 숨어 지냈다.

내가 일곱 살이 되던 해 부모님은 갈라섰고 아빠는 차로 30분 거리로 이사했다. 그는 보험설계사 일자리를 얻었다. 나는 격주로 주말마다 아빠 집에 머물면서 그 동네에 사는 다른 아이들과 놀았다. 18개월 후의 어느 일요일, 대낮에 전화가 울렸다. 아빠는 여전히 자고 있었다. 자동응답기가 작동하더니 웬 나이 든 남자가 수천 파운드를 사기 친 혐의로 아빠를 고발할 거라고 말하는 소리가 들렸다.

2주 뒤, 아빠가 학교로 찾아와 나를 차에 태우고는 네 시간 동안 달려서 그의 새 집으로 데려갔다. 나는 차창 밖을 바라보면서 고속도로의 가로등을 1000까지 셌다. 1000이 되면 다시 1부터 셌다. 그렇게 우리는 해변 마을에 도착했다. 아빠는 꼭대기 층의 원룸에 세 들어 살고 있었다.

밤에 우리는 술집에 갔다. 아빠는 금방 취했다. 그는 여자 바텐더와 손님들에게 가명으로 자신을 소개했다. 우리는 구석 테이블에 앉았다. 나는 손가락을 물어뜯고 머리칼을 배배 꼬면서 안절부절못했다.

"얌전히 앉아 있어." 아빠가 말했다.

나는 양손을 무릎 위에 올려놓았다. 초조함에 속이 울렁거렸다.

아빠가 나를 쿡 찌르며 바에 있는 건장한 남자 둘을 향해 고갯짓을 했다. "여기서 누가 내게 시비를 걸면 저 녀석들이 나설 거야. 내 경호원들이거든." 하지만 두 남자는 아빠에게 눈곱만큼도 관심을 보이지 않았다. 아빠가 또 술 한 병을 단숨에 들이켜더니 내게 말했다. "누가 말을 걸어도 우리가 전에 어디 살았는지 말하면 안 돼."

아빠의 원룸 벽에는 사진이 하나도 걸려 있지 않았다. 그는 식탁 대신 다리미판을 침대 밑에 펼쳐놓고 물건들을 올려두었다. 펜, 라이터, 접착테이프, 열쇠, 빗, 작은 멸균우유 몇 개, 반쯤 먹은 젤리 봉지, 아래쪽에 경주마의 이름이 휘갈겨진 배달전단. 그는 밤에는 술을 마시고 아침에는 늦잠을 잤다. 나는 TV 가까이 앉아서 볼륨을 최대한 낮추고 만화를 봤다. 그가 잠결에 펄쩍 뛰며 "안 돼!" 라고 소리치더니 돌아누웠다.

나는 가슴속에 뭉친 긴장감을 잊기 위해 만화 영화를 봤다. 만화는 정오쯤 끝났다. 채널을 휙휙 돌려보았으나 전부 성인용 프로그램이었다. 나는 창턱에 앉아 길거리를 지나가는 사람들을 내려다보았다.

오후에 아빠가 재미 삼아 내게 싸움을 걸었다. 아빠는 무릎을 꿇고 내 얼굴 앞에 자신의 얼굴을 갖다 댔다.

"쳐봐." 아빠가 말했다.

아빠는 고개를 옆으로 돌리고 자신의 턱을 가리켰다.

"쳐봐. 어서." 그가 말했다.

나는 두 손을 옆구리에 딱 붙였다.

아빠가 자신의 턱을 쳤다.

"어서 해봐. 쳐보라고." 아빠가 말했다.

나는 팔을 옆구리에서 떼지 않았다.

우리는 술집에 갔다. 아빠가 내 레모네이드에 맥주 한 방울을 떨어뜨리고는 마시라고 했다. 하지만 나는 테이블에 잔을 그대로 두었다. 나는 아빠와 다르다는 사실을 분명히 하고 싶었지만 이미 아빠와 비슷하다는 수치심이 들었다. 월요일 아침, 아빠가 나를 학교 앞에 내려줬다. 나는 내가 어떤 문제를 일으켰다는 두려움을 느끼며 교실로 걸어 들어갔다. 선생님들이 나를 살갑게 맞아주었지만 죄책감이 가시지 않았다. 나는 죄책감을 비밀처럼 마음속에 간직

해야 했다. 종교학 시간에 선생님이 천국의 성인들에 대해 들려줄 때 나는 어떤 부류의 사람들이 지옥에 가는 거냐고 선생님께 물어보았다.

9개월 후, 아빠는 지난번 집에서 한 시간 거리인 곳으로 다시 이사를 갔다. 그리고 사람들을 만날 때마다 새로운 가명으로 자신을 소개했다. 이번에 이사한 집은 이동식 주택이었다. 밤에는 소파를 펼쳐서 침대를 만들고 서로 반대쪽으로 머리를 둔 채 잠을 청했다. 아빠는 자는 동안 베개 옆에 야구 방망이를 두었다. 나는 점점 긴장이 심해졌다. 왠지 내가 나쁘다는 생각이 들었다. 아빠가 자는 동안 나는 무릎 꿇고 기도했다. 제발 내게 착한 사람이 될 기회를 한 번만 더 달라고.

6개월 후 아빠가 다시 이사를 했다. 이번에는 여객선 항구에서 수백 미터 떨어진 곳이었다. 아빠는 또 다른 가명을 사용했다. 그리고 여전히 야구 방망이를 침대 옆에 두고 잠을 잤다. 음주가 심해졌고 공격성도 늘었다. 해가 중천에 떴는데도 아빠에겐 한밤중이었다. 나는 무릎을 꿇고 기도를 올렸다. 밖에선 항구를 떠나는 여객선이 뱃고동을 울렸다.

*

내가 열두 살 때였다. 당시 난 엄마 집에 살고 있었는데 아빠에게서 편지가 왔다. 아빠가 경찰 조사를 받고 있으며 변호사 말에 따르면 다시 감옥에 갈 수도 있다는 내용이었다. 나는 그 길로 아빠와 연락을 끊었다. 이름도 바꾸었다. 하지만 두려움은 가시지 않았다.

열일곱 살이던 어느 주말, 가장 친한 친구 조니와 함께 시내에 나갔다가 한 가게에서 빨간색 셔츠를 보았다. 갖고 싶지만 사지는 못했다. 다음 날 조니가 그 셔츠를 내게 선물했다. 그에게 셔츠를 받는 순간 알 수 없는 죄책감이 들었다. 나는 속으로 사람들이 곧 내 진짜 정체를 알아차릴 것이고, 그러면 더는 내게 마음을 주지 않을 것이며, 따라서 이 셔츠는 내가 받는 마지막 선물일 거라고 상상했다. 나는 셔츠를 걸치고 고백을 하고 싶다는 간절한 욕구를 느꼈다. 사실 아무것도 고백할 것은 없었지만 그럼에도 간절함이 누그러들진 않았다.

마치 내 머릿속에 사형집행인이 있어서 그 순간을 암울하게 만들 준비를 마친 것 같았다. 10대와 20대 초반에는 모든 것이 얼마나 빨리 내 곁을 떠나갈까 예측하느라 바빴다. 친구들과 해변에서 보낸 하루는 지하 감옥에 갇히기 전에 벌이는 최후의 만찬처럼 절망이 어려 있었다. 실은 죄책감을 느낄 만한 어떤 범죄도 저지른 적이 없다고 되새기려 애써봤지만 사형집행인이 카프카적 고난을 부여한 탓에 결백을 주장해봤자 내게 뭔가 구린 구석이 있다고 확인하는 꼴밖에 되지 않았다. 나는 어떤 것도 말할 수도, 할 수도 없었다. 이미 너무 늦어버렸다.

이제 난 서른하나가 되었지만, 죄를 물려받았다는 느낌은 여전하다. 교도소에서 일한 이후에는 사형집행인의 압박이 심해졌다. 재소자들을 보면 그들이 받는 형벌이 내 것이 될 수도 있다는, 아니 내 것이어야 한다는 생각에 몸이 싸늘해진다.

*

자유 이동이 시작된다. 키스가 자리에 앉아 기호논리학에 대한 책을 읽는다. 누군가 문 밖에서 꾸물거린다. 20대 초반인 로드니다. 한 달 전에 항소권을 상실했다는 소리를 듣기 전까지 그는 형사법에 대한 책을 읽고 있었다. 지금은 고향인 글래스고에서 약 640킬로미터 떨어진 이곳에서 복역 중이다.

그가 옆에서 나를 쳐다본다. "다음 주에는 못 와요." 그가 말한다.

"네가 오면 언제나 환영인데." 내가 말한다.

그가 어깨를 으쓱한다. "이번 주에는 봉쇄를 안 해서 오지만 다음 주에는 못 와요."

로드니는 3주째 이렇게 말한다.

"네가 오니 좋군." 내가 말한다.

그가 교실에 들어와 앉는다.

나는 문을 닫는다.

내가 재소자들에게 말한다. "고대 그리스 신화에서 제우스는 인간에게 불을 전해준 대가로 프로메테우스와 에피메테우스를 처벌합니다. 그는 프로메테우스를 언덕에 묶어 새들이 매일 그의 간을 쪼아 먹게 만들지요. 이어서 에피메테우스의 결혼식 날, 그의 아내 판도라에게 아름다운 항아리를 주면서 절대 열어보면 안 된다고 말해요. 며칠 동안 판도라는 항아리 안에 뭐가 있을지 하염없이 생각하다가 결국 그것을 열게 됩니다. 그렇게 일곱 개의 해악이 밖으로 나오죠. 증오, 수치심, 욕심, 권태, 게으름, 망상, 고통. 판도라는 항아리 뚜껑을 닫아요. 그런데 항아리 안에서 웬 고함 소리가 들리고, 판도라는 또다시 뚜껑을 열어요. 그러자 이번에는 희망이 나옵니다."

로드니가 눈을 비빈다.

내가 사람들에게 묻는다. "하나를 상자 안에 도로 집어넣을 수 있다면 뭘 고르겠어요?"

"희망이요." 로드니가 말한다.

"희망은 나머지 해악들을 더 악하게 만들어요." 그가 말한다. "희망이 없으면 고통이 그렇게 힘들진 않을 거예요. 고통이 사라지리란 희망을 품는 대신에 그냥 고통과 함께 사는 거죠."

"희망이 없으면 아무것도 달라지지 않아." 키스가 말한다. "희망이 없어도 고통은 여전할 거야. 그냥 절망하며 고통스러워하겠지."

"상황이 바뀌기를 바라는데 아무것도 바뀌지 않으면 희망이 모든 걸 더 악화시킬 뿐이야." 로드니가 말한다.

내 시선이 창문 너머로 보이는 나선형의 철조망에 머문다. 교도소에선 지붕과 담장 위를 포함해 머리 위의 사방에 철조망이 씌워져 있다.

"희망이 없으면 고통이 훨씬 덜 고통스러울 거야." 로드니의 말에 내 관심이 다시 교실로 돌아온다.

"희망은 상자 속의 다른 해악들이 낳은 자식이야. 고통에 빠져 있을 때 희망이 그 곁을 지키며 고통 너머에 미래가 있다고 상기시켜주지." 키스가 말한다.

"난 고통이 사라지길 바라면서 에너지를 낭비하지 않아. 그저 적응할 뿐이지." 로드니가 말한다.

토론이 계속된다. 나는 판도라의 상자에서 나온 것들을 화이트보드에 죽 적는다. 키스가 말한다. "작년에 가석방 심사가 있었어. 난 여기서 나가기 위해 할 수 있는 모든 걸 했어. 내 행동은 완벽했지. 난 모범수였어. 밖으로 나갈 거라고 기대했어. 마침내 가석방 심사가 8분가량 진행됐어. 결론은 불가였지. 난 단식 투쟁에 들어갔어. 다시는 가석방을 기대하지 않기로 다짐했어."

로드니가 하품을 했다.

"하지만 그게 안 되더라고." 키스가 말을 이었다. "희망을 놓으니 공허해졌거든. 운동할 힘도, 사람들과 말할 힘도 안 생겼어. 너무 공허해서 잠도 안 왔지. 며칠 후에 우리 층의 젊은 애 셋이 내가 밥을 한 숟갈도 입에 안 댄 걸 알고는 내 문 앞에 접시를 갖다 주더라고. 다시 희망을 품지 않을 수가 없었어."

"감동적인 이야기야. 하지만 난 상류로 거슬러 올라가기 위해 발버둥치는 바보가 될 생각은 없어." 로드니가 말한다.

"희망을 버리기에는 주위에 좋은 사람들이 너무 많아." 키스가 말한다.

로드니가 화이트보드에 적힌 악들을 가리킨다. "희망을 상자에 다시 집어넣으면 망상은 저절로 사라질 거야."

다음 한 시간 동안 더 많은 사람이 생각을 공유한다. 로드니는 무료해 보인다. 두 번이나 혼자 웃음을 터트리지만 뭐가 재미있는지 알 수 없다. 또 다른 재소자 에드는 6년 형을 살고 있다. 아래턱에 회색 수염이 났고 머리는 벗어졌다. 그에게 상자 안에 뭘 넣고 싶은지 묻는다.

"수치심이요." 그가 중얼거린다.

"그러면 계속 나쁜 짓을 저지를 거야." 로드니가 말한다.

"나쁜 짓을 하기 전에도 수치심이 들 걸 알았어. 그런데도 저질러버렸지." 에드가 말한다.

"악행을 저지르고도 부끄러움을 느끼지 못하면 착해지는 법을 절대 못 배울 텐데." 로드니가 말한다.

"어쩌면 나쁜 짓을 하게 만드는 게 수치심일지도 몰라."

"망할, 그러면 어떻게 해야 착해지는 건데?"

"동정심이 아닐까. 회한이나. 수치심이 아니라."

한 시간 뒤에 수업이 끝나고 재소자들이 줄지어 나간다. 나는 어깨에 배낭을 맨다. 그레그가 내 뒤에서 기다리고 있다. 그가 출소하게 되어서 다음 주부터는 못 올 거라고 말했다. "지하철에서 일하게 됐어요." 그가 말한다.

"지하철을 운전하는 일이에요?" 내가 묻는다.

그가 인상을 찌푸린다. 내가 또 기본적인 것조차 잘못 이해한 모양이다.

"밤에 철로를 수리하는 일이에요. 거기선 대중과 접촉할 일이 없어서 전과가 문제되지 않거든요." 그가 말한다.

"기분이 어때요?"

"남다르죠."

그레그가 출소 후에 할 수 있는 '남다른 일' 중 하나가 지하에서 육체노동을 하는 것이라고 생각하니 속이 갑갑해지고 뒤틀린다.

그레그가 작별 인사를 하고 떠난다. 나는 배낭을 벗어 지퍼를 연다. 무릎을 꿇고 주머니를 뒤지며 혹시 내가 불법적인 물건을 소지하고 있지는 않은지 다시 확인한다.

3장

지금 이 순간이 꿈이 아니라고 증명할 방법이 있을까요?

로드니가 말한다. “한 번은 집에 있는 꿈을 꿨어요.
물건을 집으려는데 손이 그 속으로 쑥 들어가버리잖아요.”
내가 묻는다. “당신이 꿈속에 있지 않다는 걸 어떻게 알아요?
이게 현실이라는 걸 어떻게 알죠?”

내 학생들은 계속 나를 게이라고 생각한다. 토론 중에 마커스라는 학생이 '게이'라는 말을 하자 나머지 학생들이 심드렁한 표정으로 그를 쳐다본다. 마커스가 나를 보면서 "죄송해요, 보스"라고 말한다. 나는 그에게 너그럽고 상냥한 미소를 지어 보인다. 나는 교도소에서 이성애자임을 숨긴 채 계속 수업을 한다. 학생들은 나를 게이라고 믿으면서 나를 덜 위협적인 존재로 느끼는 것 같다. 덕분에 그들을 가르치기에 마음이 훨씬 편하다.

수업 전날 밤, 제이미와 나는 불교 철학에 대한 읽을거리를 복사한다. 그러다 우리가 복사한 페이지에 남신과 여신이 파란 하늘을 배경으로 황홀한 결합을 이루는 탄트라적 이미지가 있음을 깨닫는다. 보안요원이 교도소에서는 삽입과 관련된 이미지가 허락되지 않는다고 말해준 적이 있다. 포르노로 분류되는 금지 이미지들을 나열한 포스터가 최근 교도소 벽마다 붙었다. 재소자들은 감방 벽에 속옷 차림의 모델 사진을 붙일 수 있다. 단, 젖꼭지가 보이면 안 된다. 나체 사진도, 성기 사진도, 소변을 보는 여성의 사진도, 완전히 또는 반쯤 발기된 사진도 금지다.

따라서 우리는 순수하게 글자만 있는 부분을 복사해야 한다. 제이미와 나는 영적 이미지를 가위로 사정없이 잘라낸다. 남근과 가슴이 종이 가루가 되어 책상 위로 흩날린다.

나는 침대에 누워 구글을 검색한다. "영국 교도소는 동침을 위한 배우자의 면회를 허용하나요?" 대답은 '아니요'다.

몇 주 뒤, 나는 교도소의 교육 사동에 도착하지만 내 교실은 이미 사용 중이다. 전과자들에게 일자리를 주는 건강한 패스트푸드 체인의 채용 담당자가 강연을 하고 있었다. 두 뺨에 마맛자국이 있고 팔뚝에는 문신이 가득한, 커다란 덩치의 백스터라는 보안요원이 오늘은 9번 교실을 쓰라고 말한다. 9번 교실의 문을 연다. 한가운데 높다란 책장이 있다. 바닥에 바퀴가 있기에, 책장의 옆을 잡고 밀어보지만 꿈쩍도 하지 않는다. "괜찮으세요?" 뒤를 돌아본다. 사각턱의 백스터가 문간에서 도움의 손길을 준다. 교실에는 대화를 해본 적은 없지만 이름은 아는 아니카라는 여자도 앉아 있다.

"혼자 할게요." 내 말에 백스터가 가버린다.

아니카는 작성 중인 서류에서 눈을 들지 않는다.

"죄송합니다. 계신 줄 몰랐어요." 내가 말한다.

"네." 그녀는 눈도 들지 않고 말한다. 표백한 금발이 그녀의 얼굴 한쪽에 늘어져 있다. 내가 그녀의 이름을 어떻게 아느냐고? 전에 그녀가 교도소에서 강의하는 모습을 보고 동료에게 이름을 물어봤다. 나를 포함해 건물 내의 모든 남자가 그녀를 아름답다고 생각한다. 살인이나 방화로 감금된 재소자들이 아니카 옆에서는 완벽한 신사처럼 군다. 나는 쪼그려 앉아 바퀴 밑의 제동 장치를 풀고 다시 책장을 민다. 하지만 좀 전과 마찬가지로 꿈쩍도 하지 않는다.

"실례합니다만." 내가 말한다.

아니카가 펜을 종이 위에 대고는 안경 위쪽으로 나를 쳐다본다. "어떻게 해야 이 바퀴들을 움직일 수 있는지 아세요? 잠금 장치를 풀었는데도 꿈쩍도 안 하네요."

그녀가 안경을 벗는다. "잠금 장치를 풀었으면 움직이겠죠."

"제가 뭘 잘못하고 있나 봅니다."

그녀가 짜증이 나는지 책상 아래로 다리를 떨고 있다. 그녀는 턱이 뾰족하고 광대가 튀어나와 있다. 남자 교도소 내에서 안 그래도 날카로운 그녀의 아름다움은 자비가 없기로 유명하다. 그녀를 쳐다보고 있으니 감방에서 그녀를 갈망할 수백 명의 남자들이 가여워진다. 다시 말해 아니카가 나를 쳐다보자, 그러니까 나를 꿰뚫어 보자, 나 자신이 가여워진다.

아빠가 술집에서 싸움에 휘말리거나 경찰 조사를 받을 때면 그의 여자 친구들이 얼마나 못마땅해하고 진절머리를 내는지 봤기 때문에 나는 여자들이 거친 남자가 아니라 감정이 풍부하고 남의 기분을 세심하게 헤아리는 남자를 원한다고 생각하게 됐다. 나는 어깨로 책장을 힘차게 밀지만 책장은 여전히 움직일 생각을 하지 않는다.

백스터가 문으로 돌아온다. "어디 한번 봅시다." 내가 비켜준다. 그가 책장을 잡더니 옆으로 치운다.

"고마워요." 아니카가 말한다. 그녀가 한숨을 내쉰다.

"네, 고맙습니다." 내가 말한다.

한 시간 뒤, 재소자들이 줄지어 교실로 들어온다. 로드니가 이번 주에는 수업에 왔지만 다음 주에는 못 올 거라고 말한다. 지난 4주 동안 같은 말을 반복하고 있다. 잭이라는 이름의 새로운 학생도 있다. 50대 후반의 전직 회계사로 6년 형을 선고받고 처음 교도소에 수감됐다. 그는 올빼미 같은 안경을 끼고 밝은 청록색 폴로셔츠를 입고 있다. 셔츠 색이 아직 쨍쨍하다. 그가 감옥에 대해 훤한 솔로몬 옆에 앉는다. 잭이 라디오에 끼울 교체용 배터리를 못 받았다고 불평한다. 솔로몬이 말한다. "누가 자네 라디오를 사겠다고 하면 나한테 먼저 와. 아는 사람이 있으니까."

나는 문을 닫는다.

내가 말한다. "데카르트는 이렇게 물었습니다. 지금 이 순간이 꿈이 아니라고 증명할 방법이 있을까?"

솔로몬이 말한다. "이게 꿈이라면 깨어나서 나한테 쌍욕을 해줄 겁니다." 나머지 사람들이 웃는다.

"난 이게 꿈이 아니라는 걸 알아요. 감옥에 있는 꿈은 절대 안 꾸거든요." 잭이 말한다.

"아직 그렇게 오래 있지 않았잖아." 로드니가 말한다.

솔로몬이 양손으로 자신의 얼굴을 가리키며 말한다. "난 아직 집에 있는 꿈을 꿔요."

"운도 더럽게 좋네." 로드니가 말한다.

솔로몬이 양손을 들어 올리고는 입술을 불룩 내민 채 우쭐거리며 춤을 춘다.

"한 번은 집에 있는 꿈을 꿨어요." 로드니가 말한다. "물건을 집으려는데 손이 그 속으로 쑥 들어가버리잖아요."

내가 묻는다. "당신이 꿈속에 있지 않다는 걸 어떻게 알아요? 이게 현실이라는 걸 어떻게 알죠?"

"그게 정확히 뭐가 다르죠?" 솔로몬이 말한다. "몇 년 전에 병원에서 눈을 떴는데 의사가 그러는 거예요. 내가 발코니에서 떨어졌다고. 난 약에 취해 기억도 안 나는데요. 심지어 그 일이 일어날 때 경험하지도 못했어요. 가끔 꿈속에서 내가 떨어지는 걸 느껴요. 두 팔에 공기가 닿는 것도 느껴져요."

"뭐가 다르다고 생각하세요?" 내가 묻는다.

잭이 안경 가운데를 톡톡 친다. "현실은 앞뒤가 맞죠. 이 모든 게 꿈이라기에는 너무 앞뒤가 맞아요. 손에 잡히잖아요. 의자도 만질 수 있어요. 제 시계도 만질 수 있고요."

"꿈에서도 손에 잡혀, 이 양반아." 솔로몬이 말한다.

"진짜 잡히는 게 아니잖아. 실제와 다르다고."

"간밤에," 솔로몬이 말한다. "우리 방에 있는 어떤 놈이 애인 이름을 부르짖으면서 잠에서 깼거든. 그런데 그놈 팬티가 젖어 있더군. 애인이랑 자는 꿈을 꿨다는 거야." 솔로몬이 마치 수박 모양의 무언가를 잡는 것처럼 양손을 앞으로 내민다. "애인 냄새도 맡고 맛도 봤대. 촉감도 느꼈다지."

나는 소리 없이 싱긋 웃으며 누군가와 눈을 마주치려고 교실을 둘러본다. 하지만 다들 솔로몬의 말을 듣느라 여념이 없다. "꿈에서도 손에 잡혀. 그놈은 일어나서 팬티를 갈아입어야 했다니까."

내가 말한다. "그렇다면 데카르트의 질문에 비춰서 몽정은 무슨 의미일까요?"

4장

이 세상은 행운의 세계와 공정한 세계 중 어디에 더 가까울까요?

나는 삼촌에게로 고개를 돌린다.
그는 다른 곳에 정신이 팔린 듯하다.
그가 앞만 뚫어지게 바라보며 말한다.
"난 난폭 운전으로 사람을 죽였어요.
내가 누군지 이제 모르겠어요.
사람을 죽이긴 했지만 난 살인자가 아니에요."

7년 전, 나의 큰형 제이슨이 새 집으로 이사를 갔다. 그는 벽에 두 번 정도만 바르면 되는 에멀션 페인트를 다섯 겹이나 칠했다. 제이슨은 집을 꼭 순백색으로 만들고 싶었다고 했다.

3일 후에 제이슨의 집을 찾아가니 페인트 냄새가 여전히 진동했다. 나는 집 안을 돌아다니며 창문을 열고 환기를 시켰다. 침실에 들어가서는 매트리스 위에 무릎을 꿇고 몸을 구부린 뒤 손을 뻗어 창문을 열었다. 그리고 침대에서 내려온 순간 나 때문에 이불이 구겨진 것을 발견했다.

몇 년 동안 제이슨이 침대에서 자는 모습은 본 적이 없었다. 형은 안락의자에서 머리를 푹 숙인 채 잠들곤 했다. 그럼에도 그는 지난 374일 동안 아침에 눈을 뜨자마자 침대부터 정리했다. 재활시설에서 침대를 깔끔하게 정리하는 법을 배웠던 것이다.

나는 이불 가장자리를 잡아당겨 매끈하게 정돈했다.

나는 거실로 나갔다. 거실 바닥에 새 아기침대가 놓여 있었고 침대 위에는 제이슨이 아직 완성하지 못한 태양계 모빌이 대롱거렸다. 토성, 지구, 금성이 아직 카펫 위에서 뒹굴었다. 제이슨이 바닥에 무릎을 꿇고 7개월 된 아들을 보살피는 동안 나는 소파에 앉아 있었다. 스콧은 작고 노란 플라스틱 컵을 쥐었다 놓았다 하면서 노는 중이었다.

나는 스물네 살이고, 제이슨은 서른여섯 살이었다. 하지만 그는 실제 나이보다 더 들어 보였다. 과거엔 피부가 회색이었지만 이젠 두 뺨이 발그레 빛났다. 새로 산 파란색 반바지도 걸치고 있었다. 그전 20년 동안은 기온이 섭씨 30도일 때도 부츠컷 청바지에 파카를 입고 지퍼를 턱 밑까지 올렸었다. 앙상한 두 다리는 예전에 났던 종기로 울퉁불퉁했었다. 하지만 이제는 헬스장에 다녀서 종아리 근육이 생기기 시작했다.

그날은 넉 달간 제이슨을 네 번째로 본 날이었다. 그전 4년 동안 만난 횟수와 같았다. 피부가 햇빛에 그을린 탓에 그의 몸을 뒤덮은 흉터가 더욱 선명하게 보였다. 한쪽 뺨에도, 이마 선에도, 까칠하게 자란 수염 아래에도, 양손에도 흉터가 있었다. 그가 티셔츠를 들어 올리자 흉곽 아래에 조약돌 모양의 흉터가 보였다. 나는 그 흉터들이 전부 어떻게 생긴 것인지 늘 알아야 했다. 그날, 나는 그에게 무릎 위 약 2.5센티미터 지점에서부터 위쪽으로 죽 이어지다 반바지 선에서 사라지는 흉터가 있다는 것을 알아챘다. 내가 고개를 숙여 흉터를 쳐다보았다.

“이건 어쩌다 생긴 거야?” 내가 물었다.

제이슨이 다리를 벌리고 반바지를 걷어올리더니 허벅지 안쪽에 있는 좀더 작은 흉터를 가리켰다. "여기서 시작된 거야."

"뭐가 어디서 시작됐다고?"

"돌아보면 절반은 내 잘못인 것 같아. 이상한 놈들이랑 어울렸으니까. 눈떠 보니 부엌이었어. 새벽 3시였고, 임대주택단지였지. 그 아일랜드 놈이랑 그놈 아버지가 있었어. 그놈들한테 빚을 졌었거든. 놈들이 숫돌에 칼을 가는 소리가 들렸어. 재빨리 정신을 차리고 한 놈이 '녀석을 밴 뒷좌석에 실어'라고 말했던 것을 떠올렸지. 두 놈이 나를 향해 다가왔어. 놈들과 싸울 방도가 없었어. 약에 취해 기운이 하나도 없었거든. 한 놈이 말했지. '어디를 쑤셔줄까?'"

발가락이 저절로 말려 들어갔다. 나는 팔꿈치의 주름을 꼬집으며 긴장이 한곳을 향하게 했다.

"나는 '아무데도 찌르지 마'라고 말했어. 하지만 한 놈이 옆쪽에서 기습적으로 칼을 휘두르는 바람에 피하려다 넘어져서 엉덩방아를 찧었지. 가스레인지와 냉장고 사이에 끼고 말았어. 무서워서 지릴 뻔했지. 그 두 놈이 전에도 사람을 죽였다는 걸 알았거든. 덤비면 일이 더 복잡해질 것 같았어. 그래서 다리를 찌르라고 했지."

스콧의 머리칼은 코코넛 털처럼 듬성듬성하다. 제이슨이 그의 머리를 가볍게 두드렸다. 그가 내게 말했다. "네가 이런 얘기 듣는 거 싫어. 이 꼬맹이한테 신발을 신기고 공원에 가는 거 어때?"

"놈들이 형을 찔렀어." 내가 말했다.

제이슨이 바닥에서 스콧의 노란 컵 하나를 주워 아들의 무릎 위에 다시 놓았다. "놈들이 내 양옆으로 다가오더니 각자의 목에 내 팔을 한쪽씩 두르고는 날 일으켜 세웠어. 난 조리대 위에서 몸을 가누었지. 아비 놈이 내 다리로 칼을 휘둘렀어. 가장 먼저 이런 생각이 들었지. 빌어먹을, 산 지 일주일밖에 안 된 바지인데."

스콧이 양손과 양 무릎으로 몸을 일으키더니 심각한 표정으로 몸을 앞뒤로 흔들었다.

"진짜 세게 얻어맞은 기분이었어. 상상한 것만큼 나쁘진 않았지. 그런데 칼을 꽂아놓은 채로 한 놈이 몇 걸음 뒤로 가더니 도움닫기를 해서 칼을 차는 거야. 나는 썅, 썅, 썅, 썅, 그러면서 나가떨어졌지."

제이슨이 한 손으로 자신의 입을 가린다. "미안하다, 아가. 아빠가 욕을 하면 안 되는데." 제이슨이 나를 바라보며 물었다. "애가 알아들었을까?"

내가 말했다. "어떻게 목숨을 건졌어? 걱정 마, 못 알아들어."

그가 스콧의 뺨을 쓰다듬었다. "내가 쌍욕을 하며 소리를 질렀어. 한 놈이 그랬지. '동네 사람 다 깨우겠어.' 아비 놈이 거리로 향한 부엌문을 열었어. 아들놈이 칼을 흔들어 다리에서 빼냈지. 내가 또 비명을 지르니까 한 놈이 다른 놈한테 소리를 낮추라고 했어. 놈들이 나를 바닥에서 들어 길거리로 데리고 나가더니 버리고 가더군. 휴대전화를 꺼내서 문자를 보내려고 했지만 계속 의식이 나갔어. 휴대전화가 손에서 떨어졌지. 주차장 반대편에 웬 남자와 여자가 보이더라고. 도와달라고 소리치면서 그쪽으로 절뚝거리며 걸어가다가 자갈 위에 넘어졌어. 남자가 여자에게 팔을 두르면서 반대 방향으로 가는 거야. '취했네.' 그가 그렇게 말하는 게 들렸어."

스콧이 꿈틀대더니 고개를 아래로 돌렸다. 형이 스콧을 들어 기저귀 냄새를 맡았다. "똥 쌌네." 제이슨이 이렇게 말하고는 바닥 저편에 놓인, 파란색 동물이 그려진 아기 가방으로 손을 뻗었다.

"겨우 에너지를 끌어모아 일어나서는 절뚝거리며 앞으로 나갔지. 운동화에 피가 흥건해서 발이 질벅거렸어. 고층 건물에 도착해 인터폰 버저를 모조리 눌렀지. 눈꺼풀이 나른하고 무거웠어. 인터폰에서 사람 소리가 들렸어. '칼에 찔렸어요. 앰뷸런스 좀 불러줄래요?' 그랬더니 목소리 주인이 외국어로 한참 지껄이더라고. 그래서 말했어. '도와줘요! 앰뷸런스요! 999요. 피를 흘리고 있어요.' 인터폰이 끊기는 소리가 들리더군."

제이슨이 비닐 매트 위에 스콧을 눕히고 유아용 우주복의 단추를 풀었다. 아기 가방에서 기저귀와 물티슈를 꺼낸 뒤 스콧 아래에 새 기저귀를 놓았다.

"난 벽에 기대 있었어. 경찰서로 보이는 불빛을 향해 다리를 절면서 걸어가는데 골목길에서 발목이 꺾였지. 바닥에서 꼼짝할 수가 없었어. 두 팔을 이용해 몸을 앞으로 끌어보았지만 엉덩이뼈가 자갈에 긁혔어. 거기 누워서 눈을 감았지. 사람들이 죽기 직전에 인생이 주마등처럼 스쳐간다고 하잖아? 몇 년 동안 생각도 안 했던 일들이 떠오르는 거야. 내가 서서히 빠져나가는 게 느껴지더라고."

나는 속이 메스꺼웠다. 에멀션 페인트 냄새가 다시 강하게 코를 찔렀다. 스콧이 울음을 터트렸다. "그래, 우리 아가." 제이슨이 몸을 숙여 스콧의 코에 자신의 코를 갖다 댔다. 스콧이 아빠의 얼굴을 건드리더니 조용해졌다.

"그런데 냄새가 나는 거야. 눈을 떴지. 내가 개똥 바로 옆에 누워 있더라고. 무슨 일이 있어도 개똥 앞에서 죽지는 않겠다고 생각했어. 난 있는 힘을 모아 인도까지 기어갔어. 그다음에 기억나는 게, 웬 녀석이 내 몸에 담요를 덮어주며 앰뷸런스가 곧 올 거라고 말하던 거야."

제이슨이 스콧의 기저귀 옆쪽에 달린 찍찍이를 뜯어서 기저귀를 벗긴 뒤 위생 봉투에 넣었다. 나는 이야기를 듣느라 녹초가 되어 소파에 등을 기댔다.

제이슨이 아기 물티슈를 꺼내 스콧의 다리와 사타구니 사이의 접힌 부분에 묻은 똥을 닦았다.

사동에서 싸움이 났다고 했다. 그 말인즉슨, 교도관들이 오늘 내 수업에 학생을 두 명만 데려올 수 있다는 뜻이었다. 나는 삼손과 패트릭을 마주 보고 책상에 앉는다. 삼손은 눈밑 살이 거무스름하게 처지고 눈썹이 솟구쳐서 매우 피곤하고 늘 놀란 것처럼 보인다. 그의 창백한 관자놀이 피부 아래로 푸른 정맥이 비친다. 10분 전에 수업을 시작한 뒤로 그는 한마디도 하지 않았다. 내일은 패트릭의 서른 번째 생일이다. 그는 겨우 2주 동안 교도소를 나가 있다가 2주 전에 돌아왔다. 헤로인 때문에 잇몸이 내려앉아 치아가 길쭉하다.

내가 두 사람에게 말한다. "두 개의 허구의 세계가 있다고 상상해보세요. 한곳에선 좋은 사람에게 좋은 일이, 나쁜 사람에게 나쁜 일이 일어납니다. 공정한 세계죠. 이 세계에선 자신이 처한 상황은 자신의 책임이고 자신이 저지른 만큼만 대가를 치르죠."

"찬성이에요. 문제는 대부분의 사람들이 그렇게 생각하지 않는다는 거예요. 자기 연민이 너무 넘쳐요. 여기만 봐도 너무 많은 사람이 억울하게 옥살이를 하고 있다며 징징대죠." 패트릭이 말한다.

"또 다른 상상의 세계인 행운의 세계에선 감옥에 안 갈 수도 있어요. 그곳에선 모든 것이 주사위로 결정되죠. 수입, 교육, 정신건강 모두요. 죄인의 형량을 선고하는 판사가 될지, 아니면 죄인이 되어 감옥에 갈지도요. 수명도 마찬가지예요. 행운의 세계에서는 나쁜 사람에게 오늘은 좋은 일이 일어나고 내일은 나쁜 일이 일어날 수도 있어요. 아니면 아예 나쁜 일이 안 일어날 수도 있고요. 전부 운에 달려 있죠. 자신이 지금 처한 상황이 자신의 책임이 아닌 거예요."

"맞아요." 패트릭이 말한다. "그 세계는 허구예요."

"우리 세계가 행운의 세계보다는 공정한 세계에 가깝다고 생각하세요?" 내가 말한다.

"제가 감옥에 있는 건 제 선택의 결과예요. 제가 몸속에 헤로인을 넣기로 결정했으니까요." 패트릭이 손가락으로 자신의 목을 가리킨다.

그의 목에는 멀쩡한 정맥이 하나도 없다.

패트릭이 말을 잇는다. "자신이 미성숙하다는 사실과 마주하는 것보다 운이 없었다고 말하는 편이 더 쉽죠."

"사람들이 그들의 미성숙에 대해 비난받지 않는다면요?" 내가 묻는다.

"난, 빌어먹을, 서른인데 아직 철이 안 들었어요. 제 아들이 올해 일곱 살이에요. 계속 이렇게 감방을 들락거리다간 녀석이 금방 성인이 될 거예요." 패트릭이 말한다.

나는 삼손 쪽을 보지만 그는 멀지 않은 어딘가를 응시하고 있다.

내가 말한다. "행운의 세계에서는 승패와 능력치가 아무 관계가 없기 때문에 사다리 게임을 합니다. 순전히 운이 결정하는 게임이에요. 공정한 세계에서는 무작위라는 요소가 없기 때문에 체스를 둡니다. 가장 잘 두는 사람이 이기는 거죠."

나는 책상에 팔꿈치를 기댄다. "그러면 우리는 어떨까요? 우리의 삶은 공정한 세계와 행운의 세계, 그 사이의 흐릿한 경계선에 위치해 있어요. 삶은 능력에 따른 게임이지만 무작위이기도 하죠."

나는 삼손을 쳐다본다. 그는 눈을 한 번 깜빡거릴 뿐 나를 쳐다보지 않는다.

내가 말한다. "우리가 책임질 수 있는 건 오직 우리가 통제할 수 있는 것들뿐이에요. 하지만 우리가 누구인가는 대개 우리의 통제 범위 밖에 있는 것들에 의해 형성되죠. 트라우마로 가득한 어린 시절이나 중독성 같은 건 우리가 어쩌지 못해요."

"행동에는 결과가 따라요." 패트릭이 말한다. "변명이라면 진절머리가 나요. 다들 복이 지지리도 없어서 암울한 어린 시절을 보냈다고 잡소리를 해대요. 그런 사람들한테 말하고 싶어요. '네 불행한 어린 시절이 너한테 헤로인을 사준 게 아니라고. 네가 산 거라고.' 만약 제가 다시 마약을 한다면 소변 검사에서 그게 드러난다 해도 운이 나빠서가 아니에요."

"저는 우리의 현재 모습이 우연의 결과라고 생각해요. 우리 모두 다른 사람이 될 수 있었을지도 몰라요." 내가 말한다.

"행동을 바꾸면 다른 사람이 될 수 있어요. 범죄에서 멀어지고 싶으면 후드 점퍼는 그만 입고 그 망할 치노 바지를 사야죠. 그러면 양아치 놈들이 관심을 안 가질 거예요. 자기 인생을 사는 거죠."

"운이 좋아서 양아치 걱정은 할 필요조차 없는 사람도 있잖아요." 내가 말한다.

"놈들이 쳐다보면 그냥 길을 건너서 지나쳐야죠."

"그러면 삶은 무작위적인 요소라곤 없는 게임이네요?" 내가 말한다. "진짜로요?"

"나를 감방에 처넣은 건 나예요. 다음부턴 이곳에 얼씬도 안 할 자신이 있어요."

나는 삼손에게로 고개를 돌린다. 그는 다른 곳에 정신이 팔린 듯하다. 내가 그에게 묻는다. "우리의 세상은 행운의 세계와 공정한 세계 중 어디에 더 가까울까요?"

그가 앞만 뚫어지게 바라보며 말한다. "난 난폭 운전으로 사람을 죽였어요. 내가 누군지 이제는 모르겠어요. 사람을 죽이긴 했지만 난 살인자가 아니에요."

한 시간 뒤 층계참을 통과하는데 누군가 내 이름을 부른다. 돌아보니 오스만이다. 그는 오늘 수업에 오기로 돼 있었다. 그와 주먹을 부딪치는데 재스민과 백단유 향이 난다. 교도소에서 판매하는 물건 목록의 '이슬람 제품' 항목에 있는 향수를 뿌린 모양이다. 오스만이 주방에서 일을 구해 더 이상 수업에 오지 못한다고 했다. 그는 거의 1년 동안 주방 일자리 대기자 명단에 올라 있었다. 4년을 더 복역해야 하는데 내 철학 수업은 겨우 10주다. 그에게는 보다 장기적으로 관심을 돌릴 곳이 필요하다.

"오늘 토론 주제는 뭐였어요?" 그가 묻는다.

"행운이요." 내가 말한다.

"그게 뭐더라."

"운이 좋았던 적 없었어요?"

"딴 놈한테 물어보세요. 난 운에 대해 생각해본 적이 없으니까. 행운을 바라면 창밖이나 바라보게 돼요."

"불운한 적도 없었어요?"

"저는 종일 설거지를 해요. 그런 다음 그릇을 말리고. 그리고 찬장에 넣어요." 오스만이 웃는다.

"그런 다음에는요?"

"다음 날 다시 주방에 가서 설거지를 하고 그릇을 말리고 찬장에 넣어요."

나는 아주 어릴 적에 형과 함께 살았다. 형이 머리를 밀면 나도 밀고 싶었다. 형이 컴퓨터 게임을 하면 나도 하고 싶었다. 형이 내가 지나가는 경찰차에 가운뎃손가락을 날리며 '짱놈'이라고 했다고 엄마에게 이른 적이 있다. 형은 장난을 친 것이지만 나는 아니라고 부인하며 눈물을 터트렸다. 내가 진정하자 형이 사과했다.

"네가 절대 하지 않을 말이라서 장난을 쳐본 거야." 그가 말했다.

"재미없어." 내가 말했다.

좀더 커서는 제이슨을 1년에 몇 번밖에 보지 못했다. 그는 감옥에 있었고, 감옥에서 나와 있을 때는 인생이 혼돈 그 자체였다. 제이슨이 칼에 찔렸던 그 밤, 나는 열네 살이었고 양아버지와 살고 있었던 것 같다. 고아의 아들이었던 양아버지는 손수 자기 집을 장만한 근면 성실한 이중유리창 판매원이었다. 제이슨이 도움을 요청하며 인터폰의 버저를 누르는 동안 나는 침대에서 자고 있었을 것이다.

나는 언제나 제이슨이 그리웠다. 10대 시절, 별장에서 열리는 파티에 가면 친구들이 내게 술과 마약을 권했다. 난 항상 거절했다. 약에 취하면 제이슨이 겪는 고통이 진짜가 아니거나 중요하지 않게 느껴질 것 같았다. 나는 밤이 무르익어갈 무렵 자리를 떴다. 집으로 걸어가면서 재미있는 일들을 놓쳤다는 우울함은 훨씬 커다란 무언가의 아래에 묻혔다. 형이 감옥에 있는 동안 재미있게 즐기는 것은 비난받을 일을 저지르는 것과 같다고 느꼈다. 나는 제이슨을 기리기 위해 술을 한 방울도 입에 대지 않았다. 그게 그가 없을 때 그를 사랑하는 방식이었다.

제이슨은 스콧이 태어나기 전에 열두 번가량 감옥에 갔다 온 것으로 기억한다. 어떨 때는 몇 주 정도 들어가 있었다. 또 어떨 때는 18개월 동안 들어가 있었다. 그가 유죄를 선고받은 건 대개 마약과 관련된 범죄 때문이었다. 한번은 약에 취해 법정 증인석에서 잠이 들었다. 또 한 번은 아침 일찍 술에 취해 거리를 걷다가 경찰차를 봤다. 그는 차도로 들어가 자신을 지나치는 경찰차를 발로 차면서 "택시"라고 소리쳤다. 경찰차는 멈추지 않았다. 제이슨은 차도 한가운데 서서 차가 사라지는 것을 바라봤다.

처음 감옥에 갔을 때 제이슨은 열여섯 살이었다. 10여 년 뒤에 열여섯 살이던 나는 그가 석방되는 날 아침, 교도소에서 약 3킬로미터 떨어진 공원의 그네에 앉아 그를 기다렸다. 내 배낭에는 삼촌이 제이슨에게 주라고 건넨 87파운드가 든 봉투가 있었다.

제이슨은 대마초 냄새를 풍기며 두 시간 늦게 나타났다. 그를 보는 순간 정말 오랜만이라는 생각에 마음이 찢어졌다. 나는 그에게 봉투를 건넸고 우리는 약국에 갔다. 약사가 제이슨에게 매일 복용할 메타돈(마약 등의 중독으로 인한 금단 증상을 완화하고 그 효과를 합법적으로 유지시키는 역할을 한다-옮긴이)을 처방해주었다. 한 번에 100밀리리터. 복용 가능한 가장 많은 양이었다. 제이슨이 내게 등을 돌린 채 약을 들이켰다.

우리는 거리로 나왔다.

"그걸 매일 먹어야 해?" 내가 물었다.

"응. 넌 절대 하지 마." 그가 말했다.

"안 할 거야."

"내가 방금 마신 양을 네가 마시면 죽을 수도 있어."

살아 있다는 것이 형에게 빚을 지는 것처럼 느껴졌다.

우리는 마을로 걸어갔다. 당시 〈스타트렉〉의 광팬이었던 나는 텔레비전 앞에 몇 시간이나 앉아서 인류가 모든 전쟁, 기근, 질병을 극복하는 세계로 도피했다. 제이슨이 대형 상가 건물의 한 가게에서 나를 위해 DVD 세트를 훔쳐주겠다고 했다.

"그럴 필요 없어." 내가 말했다.

"그러고 싶어." 그가 말했다.

"마음은 고마워. 하지만 형이 그러는 거 싫어."

"여하튼 어려울지도 몰라. 난 상가 출입이 금지니까."

"걱정 마. 중요한 건 마음이니까."

시내 중심가에서 제이슨은 〈빅 이슈〉(1991년 영국 런던에서 노숙자를 돕기 위해 창간된 잡지-옮긴이)를 팔고 있는 친구 크리스에게 고갯짓을 했다. "돌아오니 좋구나, 제이슨." 크리스가 외쳤다. 경찰관 두 명이 이 모습을 보았다. 그들이 다가오더니 제이슨에게 검문검색을 하겠다고 했다. 제이슨이 주머니를 비운 뒤 양팔을 내밀었다.

크리스가 경찰에게 제이슨을 검문할 권한이 없다고 항의했지만 경찰은 크리스 역시 검문을 했다.

내가 주머니에서 휴대전화, 열쇠, 지갑을 꺼낸 뒤 경찰관에게 다가갔다.

"그쪽은 괜찮습니다." 그중 한 명이 말했다.

나는 손에 든 물건들을 내밀었다.

"선생님, 비켜 서세요." 경찰관이 말했다.

내 인생이 제이슨의 인생보다 덜 고통스럽다는 사실은 내 거의 모든 경험의 틀을 결정지었다. 내가 가장 좋아하는 느낌 중 하나는 극장에서 불이 꺼지고 영화가 막 시작되는 순간의 흥분감이다. 내가 스무 살일 때 형이 1년 동안 옥살이를 했다. 극장에 갔는데 조명이 꺼졌는데도 아무 떨림이 없었다. 그 대신 예전엔 이럴 때 참 흥분됐었지 하는 향수만 느껴졌다. '어째서 나는 이토록 운이 좋은가?'라는 근본적인 문제가 그 즐거움을 앗아갔다.

나는 제이슨이 곁을 떠났다고 울지 않았다. 금방이라도 눈물이 날 것 같았지만 실제로 나지는 않았다. 감정이 복받쳐 올라 목에 찌르는 듯한 통증이 느껴졌다. 슬픔이 흥분처럼 바로 그곳에 있었다. 하지만 '바로 그곳'은 다른 세상이었다.

그 시기에 나는 〈오즈〉나 〈스컴〉 등 감옥에 대한 TV 쇼나 영화에 정신이 팔렸다. 제이슨과 어떤 연결고리를 유지하려고 그것들을 보았다. 그러면서도 화면 위의 폭력을 외면하지 않으려고 애썼다. 존 힐리(John Healy)의 《그래스 아레나(The Grass Arena)》와 잭 헨리 애보트(Jack Henry Abbott)의 《인 더 벨리 오브 더 비스트(In the Belly of the Beast)》와 같은 감옥 회고록을 읽으면서 사람들이 어떻게 인간성 말살의 현장에서 살아남았는지 이해하려고 노력했다. 프리모 레비의 아우슈비츠 수감 경험에 대한 회고록《이것이 인간인가》를 집어 들기도 했다. 역사상 가장 끔찍한 형태의 인간성 말살을 다룬 책이었기에 첫 구절을 읽으며 나는 어리둥절했다. "나는 운이 좋았다……."

레비는 수많은 사람이 처형장으로 행진하는 걸 봤지만 잔인한 무작위의 논리에 의해 자신은 목숨을 건졌다. 그가 살아남은 건 운이 좋아서였다. 하지만 그는 그 행운에 의해 오랜 시간 괴로워했다. 자신이 마치 '형제를 죽인 카인'이라도 되는 것처럼 다른 사람 대신 살아 있다는 느낌을 떨쳐버릴 수 없었다.《가라앉은 자와 구조된 자》의 서문에서 그는 자신이 아우슈비츠의 '진정한 목격자'가 아니라고 말했다. 진정한 목격자는 죽은 이들이라고 여겼던 것이다.《이것이 인간인가》 말미에서 그는 자신이 친구들과 정원에 앉아 있는, 반복되는 꿈에 대해 설명한다. 처음에는 평화로운 느낌이 들지만 슬며시 극심한 고통이 침범한다. 배경, 벽, 사람 등 모든 것이 조금씩 붕괴되고 파괴되다가 흐릿한 회색의 빈 공간 한가운데 그만 홀로 남는다. '수용소' 밖의 것들은 그 무엇도 진짜가 아니다.

레비의 이야기를 읽다가 이해력의 한계에 부딪쳤다. 규모도 훨씬 거대한 데다 구조도 형제 살인범이 된 내 이야기보다 훨씬 소름 끼쳤다. 그럼에도 나는 생존자의 수치심이 현실 감각에 얼마나 치명적인 영향을 미치는지를 정확히 보여준 것에 대해 레비에게 감사했다. 그맘때의 어느 일요일 오후 나는 당시 사귀던 엘레노어의 소파에 누워 그녀의 무릎에 다리를 올리고 있었다. 그녀가 과일을 먹고 있어서 방 안에 오렌지 향이 풍겼다. 그녀가 가녀리고 우아한 손가락으로 내 발바닥을 마사지하기 시작했다. 나는 편안한 기분을 만끽하기 위해 눈을 감았다. 하지만 어떤 기억이 내 머릿속을 사로잡았다.

제이슨을 마지막으로 봤을 때 우리는 함께 호텔방을 썼다. 취침 전에 형은 잠들기 위해 헤로인을 주입해야 했다. 그는 정맥을 찾기 위해 한 시간가량 발바닥에 바늘을 찔러댔다. 그가 내게 계속 미안하다고 했다. 그의 얼굴이 굉장히 고통스러워 보였다.

엘레노어가 계속 내 발을 문질렀다. 나는 눈을 뜨고 그녀의 두 손이 내 발가락을 주무르는 것을 봤지만 더 이상 마음이 편치 않았다. 내 발 속이 텅 빈 것 같았다. 엘레노어가 머리칼을 귀 뒤로 넘기는데 마치 손을 조종당하고 있는 인형처럼 그녀의 움직임이 어딘가 이상해 보였다. 그녀가 그날 있었던 일을 털어놓으며 수다를 떨었지만 말들이 낱낱의 소리로 쪼개지는 것 같았다. 나는 그 말들을 어떻게 다시 합쳐야 할지 몰라 겁에 질렸다. 모든 것이 가짜라는 느낌이 강하게 들었다. 엘레노어에게 뭐라고 대꾸하려 했으나 내 말소리가 개미소리처럼 들렸다. 내 목소리가 내 입에서 나와 사라지는 게 보였다.

10대 후반과 20대 초반 내내 그런 순간들이 자주 있었다. 재미있게 놀다가도 제이슨을 생각하면 그의 현실이라는 힘이 내 현실을 산산조각 내곤 했다. 나는 어디에 있든 형의 고통을 놓지 않고 지켜보아야 했다.

제이슨은 7년 전 아빠가 되고는 더 이상 감옥에 드나들지 않는다. 현재 그는 행복하다. 그러니 나도 내 행복을 주장할 수 있어야 한다. 하지만 감옥에서 일하면서 나는 고통에 여전히 시달리는 사람들을 만난다. 한 달 전 라이스라는 이름의 내 또래 학생이 우리 반에 새로 왔다. 거대한 아프로 스타일의 금발에, 손목에는 가로로 그은 흉터가 여럿 있었다. 그는 흉터 위에 장미나 만화 캐릭터, 아니면 완전히 까만 소매 같은 문신을 새기고 싶다고 했다.

2주 후 교도관이 수업 전에 교실로 와서 빨간색 폴더를 건넸다. 말하자면, 라이스의 자살 관찰 일지였다. 폴더를 열어보니 교도관이 전날 적은 내용이 보였다. "음식 조금 먹음." "조용함." "피곤해 보임." 새벽 2시에 라이스의 감방을 들여다본 교도관은 이렇게 적었다. "침대에 있음. 숨은 쉬고 있는 듯." 오후 4시 내용은 이랬다. "움직였음. 살아 있는 것으로 보임."

그다음 주말, 나는 시골에 사는 친구를 찾아갔다가 언덕 위를 달렸다. 고통의 극한점 너머까지 전력 질주했다. 뇌 속에서 엔도르핀이 폭포수처럼 솟구쳤다. 하늘이 끝없이 푸르렀다. 사과나무에는 흰 꽃이 무성했다. 라이스가 감방에 있는 모습이 불현듯 떠올랐다. 그는 감방에 있었다.

나는 걸음을 멈췄다.

언덕 너머를 바라봤다. 그건 라이스는 볼 수 없는 풍경이었다.

패트릭과 수업을 한 다음 날, 나는 형네 아파트에 있다. 소파 위에 그가 만든 바틱 스타일의 쿠션 두 개가 놓여 있다. 마약 중독을 극복한 사람들을 지원하는 단체에서 형이 직접 만든 것이다. 쿠션에는 스텐실로 찍은 파란색 코끼리들이 박혀 있다. 형은 소파에서 일어설 때마다 쿠션 솜을 정리하고 제자리에 가지런히 둔다. 식사를 마치자마자 설거지를 하고 창턱에 놓인 양치식물에 물을 줘야 하는지 매일 확인하는 것과 더불어 여태 계속하고 있는 회복 의식 중 하나다.

나의 10대 시절, 제이슨은 곁에 없었지만 나는 그를 심장 곁에 두었다. 오늘 그는 내 앞에 서 있다. 하지만 난 뭘 해야 할지 모르겠다. 그의 아파트에 갈 때마다 그를 두 팔로 안고 싶지만 실상은 어디에 서야 할지, 두 손으로 뭘 해야 할지 몰라 어색하기만 하다. 제이슨이 중독에서 벗어났을 때는 그가 사지에서 돌아온 것만 같았다. 하지만 그의 부재에 대한 나의 비통함은 사라지지 않았다. 도마가 예수의 상처를 만지기 전까지는 그의 부활을 믿지 못한 것처럼, 나는 형에게서 형의 몸에 난 상처들에 대해 들어야 했다. 하지만 형이 허벅지에 상처를 얻게 된 이야기를 들려주자 그가 살아 있다는 사실을 실감하기가 훨씬 더 힘들었다.

제이슨이 아파트 벽에 페인트칠을 한 지 7년째, 그가 이곳에 있다는 게 아직도 실감나지 않는다. 가끔 제이슨의 집에서 소파 위의 쿠션, 접시와 그릇과 머그잔, 텔레비전과 커피용 탁자 같은 것들을 보면 그 물건들이 금방 상자에 담겨 거리에 꺼내질 거라는 상상을 한다. 낯선 이들이 물건을 뒤지다가 자기 집에 가져갈 수도 있겠지. 부재 중인 제이슨, 그게 내가 함께 성장한 형이다. 형에 대한 내 사랑은 변함없이 끈질기다.

형에겐 이제 두 살 난 딘도 있다. 소파에서 제이슨은 두 아들이 공원에서 함께 노는 사진을 내게 보여주고 싶어 한다. 그가 주머니에 손을 넣는다.

“망할.” 그가 말한다.

어제 누군가 자전거를 타고 가다가 그의 손에서 휴대전화를 낚아채 갔다.

몇 분 뒤 제이슨이 축구 경기 결과를 확인하려고 다시 주머니에 손을 넣는다. “망할. 개자식.” 그가 말한다. “내 사진들, 내 연락처들. 맹세하건대, 앤디. 두 번 다시 휴대전화는 안 훔칠 거야.”

나는 웃음을 터트린다.

제이슨은 가끔 자신이 범죄의 피해자가 되는 순간에 자신 역시 가해자였다는 사실을 떠올린다. 작년 어느 아침에는 현관을 나서다가 여자 친구의 자동차 앞 유리가 박살나 있는 것을 발견했다. 그리고 그는 15년 전 자신이 하룻밤에 자동차 30여 대를 털었던 일을 떠올렸다. 딘의 베이비시트에서 유리 파편을 주울 때까지 까맣게 잊고 있던 과거였다.

20분 뒤 제이슨과 나는 그의 부엌에 있다. 그가 나를 위해 특별히 구입한 비건 소시지를 전자레인지에 돌리고 있다.

“아직도 교도소에서 가르쳐?” 그가 묻는다.

“응.” 내가 답한다.

“전 직장에서 무슨 문제가 있었었기에?”

“난 이 일이 좋아.”

“조심했으면 좋겠어. 누가 덤비진 않아?”

“사람들이 휴가 때 남자 친구와 뭐 하냐고 물어봐.”

“왜 교도소에서 일해야 하는 거야?” 그가 묻는다.

내가 열여덟 살일 때 제이슨이 이렇게 말하며 친구에게 나를 소개했다. “이쪽은 내 동생이야. 마약, 술, 심지어 담배에도 손댄 적이 없어." 몇 달 뒤 그 친구는 약에 취해 잔디밭에서 잠들었다가 영영 깨어나지 못했다. 몇 년 뒤 제이슨이 또 다른 친구에게 나를 소개했다. "얘가 내 동생이라는 게 믿겨? 나쁜 일엔 한 번도 손댄 적이 없어." 그 친구는 4년 동안 감옥 신세를 졌다. 출소하던 날, 그는 차를 훔쳐 벽에 처박고는 사망했다. 오늘 제이슨은 친구들에게 나를 소개하며 여전히 이렇게 말한다. "앤디는 마약도, 술도, 아무것도 한 적이 없어." 제이슨은 내가 교도소에서 일하는 것을 좋아하지 않는다. 내가 순수함을 지키기를 원한다.

부엌에 있는 제이슨이 휴대전화를 꺼내려고 주머니에 손을 넣는다. "개자식." 그가 말한다.

나는 또 그를 보고 웃는다.

"어느 감옥에서 일해?" 그가 묻는다.

"경비가 삼엄한 곳. 빅토리아 시대의 교도소 두어 군데. 개방형 교도소. 다음 달에는 몇 군데 더 시작할 거야." 내가 말한다.

전자레인지가 띵 하고 울린다. 그가 전자레인지 문을 열고 접시를 꺼내서 내게 음식을 건넨다.

"대박이네, 동생." 그가 말한다. "거의 나만큼 들락거렸어."

이틀 뒤 교도소로 걸어가는데 어금니 하나가 아파온다. 진통제를 사러 약국에 들르지 않고 두 군데를 그냥 지나친다. 20분 뒤 나는 교도소 부속건물에 들어선다. 500명이 열네 시간 동안 갇혀 있다가 풀려나는 중이다. 내 머리 위쪽의 감방에서 고함 소리, 발걸음 소리, 알람 소리가 들린다. 아드레날린이 사지로 퍼져나가자 더 이상 치통이 느껴지지 않는다.

몇 분 뒤 나는 교실 의자를 원형으로 배열한다. 오스만이 더 이상 오지 않으니 좌석이 하나 줄었다. 내 책상 위에 라이스의 빨간색 폴더가 놓여 있다. 교도소 벽면과 마주한 창문으로 회색빛이 들어와 교실을 적신다. 밖에서 교도관이 외친다. "자유롭게 이동."

베리가 일등으로 도착한다. 그는 오른손 손가락 하나가 없는 웨일스 사람이다. 일전에 그가 친구가 싫어하는 장난을 쳤다가 감옥에 왔다고 말해준 적이 있다. 그는 경망스러운 웃음소리를 가지고 있다. 그 소리가 나를 뚫고 지나간다. 이빨이 다시 욱신거린다.

라이스가 들어와 자리를 잡는다. 깨끗한 흰색 티셔츠 차림에 멍한 표정을 짓고 있다. 졸린 게 아니라 약에 살짝 취했거나 복용하는 약을 막 바꾼 것처럼 얼이 빠져 있다. 나머지도 하나둘 들어와 자리에 앉는다. 라이스 양쪽에 앉은 두 남자가 서로 대화를 나누지만 라이스는 시큰둥하게 자기 손톱만 바라보고 있다.

나는 문을 닫고 수업을 시작한다.

"로마의 정치가 보에티우스가 감옥에 갇혀 있을 때의 일입니다. 철학이라는 여인이 그의 앞에 나타나죠."

"감옥에 여자가 와요?" 베리가 묻는다.

"보에티우스가 상상해낸 존재예요. 문학적 장치죠. 그가 운이 나빠 감옥에 갇혔다며 탄식합니다. 철학 부인이 그에게 가르침을 주죠."

"나도 감방에서 신세 한탄을 할 때 철학 부인을 만날 뻔한 거네." 베리가 말한다.

몇몇 남자들이 낄낄댄다. 이빨이 아프다.

베리가 말한다. "죄목이 뭔데요?"

"반역이요." 내가 말한다. "그렇지만 그는 권력이 교체되는 동안 구체제에 대한 충성심을 버리지 않은 것뿐이었어요. 그는 처형되기를 기다리며 이렇게 울부짖습니다. '행운은 무고한 사람을 벌한 것에 대해 부끄러운 줄 알거라.' 그러자 철학 부인이 그에게 행운의 여신 포르투나가 실제로 어떤지 알려주죠."

"감방에 여인에 이어 여신까지 나타나요?" 베리가 말한다.

"우린 부부 면회도 금지인데." 제롬이 말한다. 제롬은 50대 초반으로 10대 시절부터 감옥을 들락거렸다. 그의 억양은 어린 시절 살았던 아일랜드 사투리와 현재 살고 있는 런던 사투리 사이를 왔다 갔다 한다. 두툼한 양팔은 회색이다. 혈관이 망가져 피부 아래로 정맥이 하나도 보이지 않는다. 그는 이곳 교도소장이 수습 교도관일 때 처음 만났다고 한다. 제롬은 소년 같은 미소를 지녔으며 한 손에 수전증이 있다.

내가 말한다. "철학 부인은 보에티우스에게 사실 그가 운이 좋다고 말합니다."

"맞아." 제롬이 말한다. "감옥에 갇혔다는 게 운이 없다는 뜻은 아니니까."

사람들이 수긍한다. 한 사람은 엄마가 아직 면회를 오는 것을 보면 자신은 운이 좋은 거라고 중얼댄다. 또 한 사람은 자신에겐 라디오가 있다고 말한다. 말들이 교실 안에서 물결처럼 번져나간다. 다들 자신이 얼마나 운이 좋은지 이야기한다. 독방을 쓰는 것, 칼에 찔리고도 살아남은 것, 층계참을 걸레질하는 일을 얻은 것. "제가 여기 있어야 사랑하는 사람들을 보호할 수 있어요." 라이스가 말한다.

어금니가 통증으로 욱신거린다. 나는 한 손으로 얼굴을 감싸고 눈을 감는다.

"치통이에요? 치료를 받으러 가요!" 베리가 말한다.

나는 얼굴에서 손을 뗀다. "아무것도 아니에요."

"치과의사한테 뭐라도 달라고 해요. 사동에서 좀더 센 걸 구할 수도 있을 거예요." 베리가 말한다.

베리가 자기 농담에 웃는다. 나는 통증을 누그러뜨리기 위해 혀로 잇몸을 문지른다.

"나도 데려가면 안 돼요?" 베리가 말을 잇는다. "몇 달 동안 치과의사를 만나려고 애썼는데 진료일마다 봉쇄 명령이 떨어져서 못 갔어요."

"고름이 찰 수도 있어요." 내가 말한다.

"지금은 통증이 고만고만해요." 베리가 말한다.

"전 그냥 치아가 너무 예민해서 그래요." 내가 말한다.

"그걸 어떻게 알아요? 스스로를 돌봐야 해요, 앤디."

*

몇 분 뒤 라이스가 펜 뚜껑을 열어 앞니 사이에 끼우고 깨문다. 그러다 뚜껑을 어금니로 옮겨서 아작아작 씹는다. 플라스틱이 깨지는 소리가 들린다.

내가 말한다. "철학 부인은 보에티우스에게 그가 실은 운이 좋다고 말합니다. 보에티우스의 고난에 대해 분노하는 장인어른도 있고, 그를 아직 사랑하는 아내도 있고, 됨됨이가 훌륭한 자식들도 있다고 상기시키죠. 철학 부인이 말합니다. '세상에 끔찍한 일은 없어요. 전부 생각하기 나름이죠.'"

"운이라는 건 모두 인식의 문제야." 제롬이 말한다. "아무리 상황이 안 좋아도 운이 좋다고 생각할 수 있어. 내 감방 동기는 에리트레아 출신이야. 녀석은 이곳이 너무 좋아서 믿기지 않는다는군. 자기 나라에서는 죄수들을 선박용 컨테이너에 가둬서 사막 한가운데에 둔다는 거야. 한꺼번에 서른 명을 말이지. 그 말을 들으니 세상을 크게 보게 되더라고."

"하지만 모든 상황에서 운이 좋다고 생각하는 건 망상이야." 베리가 말한다.

"상상력을 아직 잃지 않은 것이거나." 제롬이 말한다.

"내 감방 동기 중에 하루 종일 한마디도 안 하다가 밤새 자면서 웃는 놈이 있었어." 베리가 말한다.

"거기서도 긍정적인 것들을 발견할 수 있어." 제롬이 말한다.

"그쪽도 나처럼 한숨도 못 자게 되면 뭐라고 하는지 보자고." 베리가 말한다.

제롬의 손이 떨린다. "긍정적인 게 늘 좋다는 말이 아니야."

내가 몸을 앞으로 기울이며 묻는다. "왜죠?"

"감옥에선 자신이 운이 좋다고 느끼기 정말 쉬워." 제롬이 말한다. "주변을 둘러보면 2초 만에 나보다 불쌍한 놈들을 찾을 수 있거든. 이놈은 아빠가 누군지 모르고, 저놈은 아빠나 엄마 없이 컸고. 한 놈은 입양아고, 또 한 놈은 학교 문턱도 넘어보지 못했고. 내가 운이 좋았다고 생각하면 다시 일어나는 데 도움이 되더군. 하지만 그렇게 회복을 잘하는 게 더 이상 자랑거리는 아니야. 최악의 상황에서도 회복할 수 있다는 걸 아니까 최악의 상황에 빠지든 말든 신경을 안 쓰게 되더라고."

"내가 운이 좋다는 생각을 그만둬야 한다는 뜻일까요?" 내가 묻는다.

"난 내가 재수가 없다고 생각하지 않아. 하지만 주야장천 재수 좋은 놈이라고 부를 수도 없어. 다른 단어가 필요해." 제롬이 말한다.

"그 단어가 뭘까요?" 내가 묻는다.

문에서 열쇠 소리가 들린다. 교도관이 문을 연다. 주방에 일자리가 생겨 수업을 그만둔 오스만이 들어온다. 그가 교실 가장자리에서 의자를 가져와 원형 대열에 합류한다. 교도관이 문을 잠근다.

내가 말한다. "주방에서 일자리를……."

"그 얘긴 하고 싶지 않아요." 그가 말한다.

"그래요. 우린 로마의 여신 포르투나에 대해 얘기하던 중이었……"

"빌어먹을 동생 놈!" 오스만이 말한다. "엄마가 그 녀석이 여기 있다는 말을 안 해줬어요. 놀랄 일은 아니죠. 엄마는 녀석이 이상한 짓을 할 리가 없다고 생각하니까."

"무슨 일이 있었는데?" 제롬이 말한다.

"지난 며칠 동안 주방에서 일을 했어요. 젖 먹던 힘을 다해 열심히 일했어요. 너무 좋았죠. 어린애처럼 잠도 잘 오고. 그런데 오늘 주방에 갔더니 동생이 있는 거예요. 주방에 일자리를 얻어낸 거죠."

"포기하지 말고 계속해, 오스만. 그냥 녀석이 거기 있다는 걸 잊어." 제롬이 말한다.

"녀석은 요리도 설거지도 싫어해요. 그냥 나를 약 올리려고 그 일을 얻은 거예요." 오스만이 말한다.

사람들이 서로를 쳐다보며 어색한 표정을 짓는다. 오스만이 무릎에 팔꿈치를 대고 엄지로 관자놀이를 주무른다.

몇 분 뒤, 제롬과 베리가 "세상에 끔찍한 일은 없어요. 전부 생각하기 나름이죠"라는 철학 부인의 생각에 대해 논쟁을 벌인다.

베리가 허공에 한 손을 올리고 말한다. "행복한 사람들은 자신이 운이 좋다고 말하지, 안 그래? 보에티우스는 운이 좋다고 자기 최면을 걸어서 역으로 행복해지려고 노력하는 거야. 철학 부인이 그에게 돈을 찍어내도록 허락한 것과 같아. 하지만 우리 모두 그가 실은 운이 좋지 않다는 사실을 알지. 그는 그저 빌어먹을 자결을 하지 않으려고 자신이 운이 좋다고 말해줄 여자를 상상해낸 것뿐이야."

나는 라이스를 쳐다본다. 그는 혀를 이용해 펜 뚜껑을 입 이쪽에서 저쪽으로 옮긴다. 그가 침을 삼키고는 계속 뚜껑을 씹는다.

제롬이 몸을 앞으로 숙이며 말한다. "하지만 보에티우스는 감옥에 억울하게 갇혔어. 나도 한 번은 내가 하지 않은 일로 11개월 형을 받은 적이 있어. 내가 감옥을 좀 많이 들락거렸거든. 6년 6개월 형을 받은 적도 있지만 그때는 죄를 지었으니 하루하루 죗값을 받아 마땅했지. 하지만 그 11개월은 6년보다 견디기 힘들더군."

"왜죠?" 내가 묻는다.

제롬이 말한다. "6년 형은 나도 수긍했으니까. 그래서 독서도 하고, 운동도 하고, 모임도 지원하고, 막 감옥에 들어온 신참들도 도와줬지. 하지만 그 11개월 동안은 화만 나는 거야. 너무 억울해서 넘어갈 수가 없었어. 매일을 겨우 살아내는 기분이었지."

"보에티우스가 자신이 운이 좋다고 생각한다는 뜻인가요?" 내가 묻는다.

"안 그러면 아마 화병으로 죽을 거야." 제롬이 말한다.

이빨이 다시 욱신거린다. 나는 사람들을 둘러본다. 오스만은 아무도 자기에게 말을 안 걸었으면 하는 표정이다. 라이스는 눈꺼풀이 처져 있어서 기분을 알 수 없다. 내가 그에게 묻는다. "보에티우스는 자신이 운이 좋다고 생각해야 할까요?"

라이스가 입에서 펜 뚜껑을 꺼낸다. 검정 플라스틱에 이빨자국이 나 있다. 그가 침을 마저 삼킨다. "보에티우스는 얼마나 오래 갇혀 있었죠?" 라이스가 말한다.

"처형될 때까지만요. 길지 않았어요." 내가 말한다.

"철학 부인이 10년 후에 보에티우스를 찾아와도 여전히 그가 운이 좋다고 말할까요?" 라이스가 묻는다.

"모르겠네요. 그렇게 말해야 할까요?" 내가 말한다.

라이스가 어깨를 으쓱한다.

내가 말한다. "독일 철학자 헤겔은 보에티우스의 태도가 시간이 지나면서 사람들에게 이상한 영향을 미쳤다고 생각했어요."

라이스의 얼굴에 감정이 살짝 스친다. "어떤 이상한 영향이요?"

"헤겔은 세상에 진짜로 나쁜 건 없고 모든 건 생각하기 나름이라고 계속 주문을 외우면 세상과의 연결고리를 잃을 거라고 했어요. 우주가 인간의 머리 크기를 넘지 못할 거라고 말이에요. 고립되고 소외되고 불행해지는 거죠."

"보에티우스는 세상으로 돌아갈 일이 없잖아요." 라이스가 말한다. "어쨌거나 감옥에서 죽을 텐데요."

베리가 말한다. "헤겔의 말은 보에티우스가 상상의 여자와 그렇게 오래 있는 짓을 그만둬야 한다는 거야. 안 그러면 진짜 벗은 여자를 만났을 때 헛짓거리만 하게 될걸."

베리가 자기 농담에 웃는다. 라이스가 펜 뚜껑을 다시 입에 넣고 계속 으득으득 씹는다.

20분 뒤 복도에 있는 교도관이 소리친다. "자유롭게 이동." 재소자들이 감방으로 돌아갈 시간이라는 신호다. 내 학생들이 줄지어서 문으로 향한다. 베리가 내 팔을 툭툭 치며 치과에 꼭 가보라고 말한다. 오스만이 뒤에 남는다. "아까는 죄송해요, 앤디. 제 빌어먹을 동생 때문이에요."

"가족이란 게 참……."

"정말 열심히 일했어요. 그래서 좋았고요. 이제 녀석이 이곳에 있어요. 솔직히 말해 지금은 그냥 교도소를 나가고 싶어요."

오스만이 자리를 떠나고 나는 그의 뒤로 문을 닫는다. 책상으로 가서 오늘 라이스가 어땠는지 기록하기 위해 빨간색 폴더를 펼친다. 아무 표시도 없는 페이지로 휙 넘겨서 라이스가 좀 멍해 보였지만 의견도 제시하고 진행 상황을 대체로 잘 따랐으며, 몇몇 지점에서 웃긴 했지만 남의 말에 웃은 것은 아니라고 적는다.

이빨이 또 한 번 욱신거린다. 나는 내가 쓴 글을 바라본다. 내 글이 얼마나 의미 있는지 모르겠다. 침착했지만 걱정스러울 정도로 차분하진 않았다고 내용을 덧붙인다. 하지만 크게 나아 보이지 않는다. 나는 혀로 잇몸을 문지른다. 공격적이지도 않았고 나머지 사람들과도 잘 지냈다고 추가하지만 공허한 진술만 보탠 것 같은 기분이다.

몇 분 뒤 연한 적갈색 머리칼의 교도관이 교실로 들어온다. "빨간 폴더를 찾고 있는데요, 선생님?"

"금방 끝납니다." 내가 말한다.

그가 내 뒤로 걸어와 어깨 너머로 쳐다본다. "자살 보고를 많이도 썼네요. 무슨 일이 있었나요?"

"오늘은 양호했어요."

교도관이 책상에서 폴더를 집어 겨드랑이 밑에 끼운다. "점심시간입니다. 나가시죠."

5장

결과를 예상할 수 있다면 아무것도 안 하는 게 현명할까요?

"만약 시시포스가 바위를 밀어 올리는 것과
아무것도 안 하는 것 중에서 선택할 수 있다면
바위를 밀어 올리는 쪽을 택할 거예요." 거먼이 말한다.
"시시포스는 그냥 그게 끝나기를 바랄 거야."
살바토레가 말한다.

교도소에서 일을 시작하기 전, 나는 신원 확인서를 여러 장 작성해야 했다. 한 문서에 이런 질문이 있었다. "친척 중에 수감된 사람이 있습니까? '네' 또는 '아니요'에 체크해주세요." '아니요' 옆에 나는 이렇게 적었다. "현재는 없음."

2년 전 엄마가 내게 문자를 보냈다. 프랭크 삼촌이 3년 형을 마치고 막 출소했다는 것이었다. 그는 런던 이스트엔드에 사는 할머니의 공영 아파트에 머물고 있었다. 삼촌을 마지막으로 본 건 20년 전 가족 결혼식에서였다. 그는 2000파운드짜리 아르마니 정장을 입고 있었다. 당시 나는 새 컴퓨터가 필요했는데 삼촌이 최근 노트북 300개가 생겼지만 안타깝게도 전부 내장 부품이 없다고 했다.

나는 할머니의 아파트까지 버스를 탔다. 건물의 콘크리트 계단에서 오줌 냄새가 났다. 건물 반대편에는 창문 네 개 모두에 세인트 조지 깃발(흰 바탕에 붉은 십자가가 그려진 깃발-옮긴이)이 걸린 주택이 있었다. 그 옆집은 복음주의 교회였다. 교회는 빨간 벽돌과 이중유리로 돼 있었다. 나이지리아 억양의 여성 무리가 출입구에서 대화를 나누고 있었다.

할머니 집에 노크를 하자 프랭크 삼촌이 문을 열었다. 감옥에서 3년 동안 규칙적으로 식사를 한 덕에 결혼식 때보다 얼굴이 더 둥글둥글해 보였다.

"좋아 보여요, 삼촌." 내가 말했다.

그가 자신의 배를 철썩 때렸다. "돼지가 되어가는 중이야. 이대로만 가면 좋겠는데 말이지." 그가 말했다.

삼촌이 나를 부엌으로 데려가 차를 두 잔 끓였다. 그가 자신의 차에 설탕 세 스푼을 넣은 뒤 내게 몇 스푼이냐고 물었다. "안 넣어요." 내가 말했다. 그가 오래된 복권 가장자리를 찢더니 거기 담배를 말았다. "담배 피울래?" 그가 물었다.

"안 피워요." 내가 말했다.

우리는 거실로 갔다. 할머니가 40년 동안 가지고 있던 빛바랜 마릴린 먼로 사진이 벽에 걸려 있었다. 희뿌연 초록색 카펫은 할머니가 이틀에 한 번 청소기를 돌린 덕에 폭신폭신했다. 나는 안락의자에, 삼촌은 소파 팔걸이에 앉았다. 창문 너머로 카나리워프(런던 템스 강변 도크랜드에 들어선 신도시-옮긴이)가 보였다. 할머니는 낮 시간대 요리 프로그램을 시청했다. 할머니의 틀니가 커피 탁자 위 유리병에 들어 있었다.

프랭크 삼촌도 틀니를 끼고 있지 않았다. 그가 담배를 빨더니 8~9년 전 보안이 느슨한 교도소에 수감 중일 때 운동장에서 겪은 일을 말해줬다.

"날이 찌는 듯이 더웠어. 비니와 나, 우리 둘이 배구장을 독차지하고 있었지." 그가 말했다.

나는 몸을 앞으로 기울이고 텔레비전 소리 사이로 그의 말에 귀를 기울였다.

그가 말했다. "원래는 한 시간밖에 못 있는데 간수들이 시간을 좀더 줬어. 그들은 넥타이를 풀고 우린 전부 광합성을 했지."

할머니가 한숨을 쉬었다. 삼촌은 감옥 이야기를 하기 좋아했지만 할머니는 듣기 싫어했다. 할머니가 커피 탁자 위 유리병에서 틀니를 꺼내 입에 넣었다. 삼촌의 감옥 이야기에 초연히 대처하는 할머니만의 방식이었다.

"우리끼리 공을 튕기며 주거니 받거니 하고 있는데……."

삼촌이 소파 가장자리로 조금씩 이동하더니 양손을 벌렸다. "벽에 벌집이 있는 거야. 며칠 동안 거기 있었던 모양이야. 모두들 멀리했던 거지. 그러니까, 비니가 나를 쳐다봤어. 하지만 난 날이 너무 좋아 조금 더 즐겨야 한다고 생각했지."

할머니가 리모컨을 집어서 쇼핑 채널의 볼륨을 올렸다. 홈쇼핑에서 노화 방지 아이섀도를 소개하고 있었다.

"간수들이 사람들을 불러 모으며 밖에 있는 시간이 끝났음을 알리려 했어. 간수가 호루라기를 입에 갖다 대는 걸 보고 비니가 벌집을 향해 공을 찼지. 직접 봤어야 해, 앤디. 하늘이 새까매졌다니까. 사방이 벌어먹을 벌 천지였어."

할머니가 텔레비전을 끄고는 끙 하고 신음소리를 내며 느릿느릿 거실에서 사라졌다.

"그 바람에 우리 형기가 3일 늘어났지." 그가 말했다. "교도관들이 무슨 죄목을 붙일지 몰라서 서류에 '벌들을 약 올림'이라고 적었더라니까."

"왜 그랬어요?" 내가 물었다.

"무슨 말이야?"

"왜 벌집을 건드렸냐고요?"

"꿀 같은 하루를 더 꿀같이 만들려고."

프랭크 삼촌은 열네 살에 이스트엔드의 한 가게에서 코카콜라 한 상자를 훔쳤다. 그 일로 경찰에 체포되어 4개월간 유치장에 구금됐다. 이윽고 재판을 받게 되었을 때 판사는 그 또래 아이를 그 시간 동안 구금하는 건 끔찍한 행위라면서 사건을 기각했다. 삼촌은 1년도 채 되지 않아 다시 절도를 저질렀고 감옥으로 돌아갔다. 그리고 전문 절도범으로 진화했다. 그는 일반 주택은 손도 대지 않았고 무장 강도에 합류하라는 제안도 거부했다. 그의 말에 따르면 "형기가 너무 길기 때문"이었다. 창고와 백화점 물품 보관소가 그의 목표물이었다.

2년 전 출소한 삼촌은 대부분의 친구가 죽었거나 장기 복역 중이거나 또다시 판을 벌이기에는 너무 늙었다는 것을 알게 됐다. 비니는 힌두교도가 되었지만 개종 전에 저지른 범죄 때문에 결국 체포되었다. 감옥에서 다른 재소자들이 비니가 손목에 찬 염주를 보고 비웃었다. 사람들과 어울리는 시간이 되면 그는 염주를 가리기 위해 오른 손목에 쇼핑백을 걸쳤다. 그 후 비니는 감옥에 돌아가길 싫어했다.

프랭크 삼촌이 출소한 그 여름, 나는 삼촌을 여섯 차례 만났다. 그는 내가 자신에 대해 궁금해한다는 것을 알고, 함께 있을 때면 언제나 이를 이야기보따리를 풀어놓을 구실로 삼았다. 어느 평일 오후, 내가 할머니 집에 갔을 때였다. 그가 30년 전 비니와 함께 캔터베리 교도소에서 2년 형을 살던 시절에 대해 들려줬다.

"첫날에는 다들 우리를 싫어했어. 층계참을 걸어가는데 '이 망할 런던 개새끼들' 하고 소리를 치는 거야. 내가 비니에게 말했지. '여기서 뒈질 수도 있겠는데.' 두 번째 날 샤워를 하는데 두 놈이 들어왔어. 놈들이 덮칠 걸 알고 나도 탁자에서 뜯어낸 나무 조각을 챙겨놨었지. 한 놈이 양말에 건전지를 넣어왔더라고."

"보안요원은 어디 있었어요?" 내가 물었다.

"놈들은 눈뜬장님이었어, 앤디."

"왜요?"

"앤디, 그때는 간수들이 제복에 국민전선당(유색인종이나 이민자에 대한 반감, 백인의 우월성, 대영제국의 영광에 집착하는 극우 소수당-옮긴이) 배지를 달고 다니던 시절이라는 걸 잊지 마. 어쨌거나 그 녀석이 양말에 건전지를 넣어 왔는데 양말이 긴 데다가 놈이 윗부분을 잡고 있어서 양말이 발까지 내려와 있더라고. 그걸 보고 놈들이 초짜라는 걸 알았지. 원래는 건전지보다 10여 센티미터 위를 잡아야 해. 놈이 비니한테 양말을 휘두르는 순간 내가 중간 부분을 붙잡는 바람에 양말이 무용지물이 됐지. 그때 비니가 나무 조각으로 머리에서 피가 날 때까지 그 망할 놈들을 두들겨 팼어. 그랬더니 다들 내뺐지."

"다시 덤비지 않았어요?" 내가 물었다.

"결국 그놈들과 함께 '구름과자'를 만드는 사이가 됐어. 캔터베리는 끝내주는 곳이었지. 도버항이 지척이어서 연락선으로 트럭이 왔다 갔다 했거든. 거기서 블론드 레바니즈, 레드 모로칸, 아프가니 핑거스처럼 생전 처음 보는 약들도 맛을 봤어. 2년 뒤에 형기를 다 채우고 비니와 함께 그곳을 나오는데 정말 떠나고 싶지 않더라고."

"그런데 늘 안정제를 복용했잖아요? 하루를 수월하게 보내려고요."

"감방에서 LSD를 했지. 밤새 우리가 너무 크게 웃으니까 간수들이 소리를 낮추라고 했어. 내가 했던 그 모든 경험들, 감옥에서 만난 별의별 사람들, 온갖 약들. 어느 것도 후회는 없어."

나는 혹시 그의 입에서 나오는 말과 상충되는 감정이 조금이라도 있을까 싶어서 그의 얼굴을 살폈다. 그가 정말 그렇게 생각하는지 아닌지 구분하기 어려웠다.

"체포됐을 땐 어땠어요?" 내가 물었다. "그땐 후회되지 않았어요?"

"지지난번에 체포됐을 때 경찰이 우리한테 '선생님'이라고 부르면서 차에 우유와 설탕을 넣느냐, 혹시 뭐 필요한 건 없느냐고 묻잖아. 우리를 깍듯하게 대하더라고. 많은 경찰관이 대개 허접한 범죄자나 소매치기, 약쟁이들을 잡으려고 사투를 벌이지. 하지만 우린 프로였어. 2년이나 우리를 잡으려 애를 썼다고. 벽에 영국 지도를 붙여놓고 우리가 작업한 곳에 전부 핀을 꽂아놓았더라니까."

베를린 장벽이 무너진 뒤 동베를린 사람들은 '가상의 벽'에 가로

막혀서 도시 반대편으로 여전히 이동할 수 없을 거라고 느꼈다. 일부 재소자들도 출소 뒤에 계속 감금돼 있다는 기분을 느낀다. 몸은 밖에 나와 있지만 머릿속으론 여전히 안에 있는 것이다. 지난여름에 삼촌과 대화하면서 나는 "왜 그랬어요?" 아니면 "그런데 그 일로 곤란해지지 않았어요?"와 같은 질문을 하며 계속 이야기에 끼어들었다. 삼촌은 기본적인 것들에 대해 설명하기 위해 얘기를 앞으로 돌려야 했다. 그가 결정적인 농담을 던지면 몇 박자 뒤에야 웃음이 터지는 경우도 잦았다. 뭐가 농담이고 뭐가 진담인지 구분이 안 갔다. 나는 의심과 무지 사이를 오갔다. 머릿속으로 벽을 경험하는 듯한 기분이었다. 그것도 벽의 반대편을. 나는 안으로 들어갈 수 없었다.

이 경험은 오랜 상처를 악화시켰다. 나는 감옥에 형을 빼앗겼고, 아빠가 떠난 것에 안도했음에도 여전히 아빠를 그리워했다. 사람들은 너무 자주 내가 닿을 수 없는 곳에 있었다. 나는 삼촌과도 또다시 그런 이별을 경험했다.

오늘은 빅토리아 시대 감옥이다. 이곳은 층계참이 다섯 개이고 단일 사동들에 일부 교도소 전체보다 더 많은 재소자가 수용돼 있다. 나는 두 번째 층계참, 그러니까 여기 말대로라면 '2번 층'을 걸어서 교실로 향한다. 감방 문에 난 감시구로 한 남자가 소리친다. 교도관들을 향해 외친 것이다. "이건 불공평해. 내가 너희들 다 조져버릴 거야!" 그의 외침은 다른 감방의 재소자들이 문을 치고 고함을 질러 만들어내는 불협화음에 묻힌다.

나는 걸음을 늦추고 문이 열려 있는 감방 안을 흘깃거린다. 한

방에서 추리닝 바지 차림의 중년 남자가 보인다. 그가 침대에 앉아 텔레비전을 보면서 차를 마시고 전자담배를 피운다. 삼촌도 수십 년에 걸쳐 이 교도소를 들락거렸다. 이 중 한 곳이 그가 지내던 방이었을 것이다.

나는 철제 계단을 올라가 3층으로 향한다. 한 젊은 남자가 자신의 감방 앞 난간에 구부정하게 기대어 "미스, 이건 말도 안 돼요"라고 말한다. 조끼를 걸친 그의 쇄골 위에 "후회는 없다"라는 문신이 새겨져 있다. 여성 교도관이 그의 감방에서 텔레비전을 들고 나온다. 재소자가 규칙을 어기면 교도관이 '기본형'을 내릴 수 있다. 이는 교도소 측이 재소자의 면회 시간과 노동으로 벌 수 있는 금액 한도를 줄이고 텔레비전을 압수하는 것을 의미한다.

교도관이 그의 텔레비전을 빼앗아 사무실로 향한다.

"빌어먹을, 내가 눈 하나 깜짝하나 봐라. 다른 걸로 구하면 그만이지."

재소자들은 기본형을 받게 되면 때로 다른 감방에서 텔레비전을 슬쩍한다.

화장실이 급하지만 직원 화장실에 가면 수업 시작 시간에 맞추기 힘들 것 같다. 그래서 나는 교육관 복도에 있는, 학생과 교사가 모두 사용할 수 있는 한 개짜리 좁은 칸막이로 향한다. 문은 낙서투성이이고 커다란 사각형 구멍이 뚫려 있다. 구멍에는 유리가 덮여 있지 않다. 문을 열고 안으로 들어간다. 고약한 지린내가 진동해 구역질을 하지 않으려면 숨을 참아야 한다. 세면대는 벽에서 떨어져 있다. 변기 표면에 구릿빛 세로줄이 너무 짙게 그려져 있어 마치 조각을 새긴 것처럼 보인다. U자 부분은 썩어서 색이 시커멓다. 물 표면에는 쪽빛과 초록빛이 일렁이는 얇은 막이 떠 있다.

나는 소변을 본다. 그리고 손끝으로 레버를 누른다. 물이 내려간다. 썩은 지린내가 훨씬 강해진다. 나는 코를 막고 화장실을 서둘러 나온다.

몇 분 뒤 교실이다. 나는 가방에서 책을 꺼내 책상 위에 올려놓는다. 의자들을 원형으로 배열한다. 벽을 흘깃 올려다보는데 원래 시계가 있던 자리에 시계가 없다. 내겐 손목시계가 없는데. 나는 문밖으로 고개를 내밀고 복도를 걷고 있는 교도관을 확인한다.

내가 말한다. "실례합니다만 다른 방에서 시계 하나만 빌릴 수 있을까요?"

교도관이 교실로 들어온다. 나이는 예순쯤으로, 말랐지만 단단한 몸에 팔뚝에는 인어 문신이 얼룩져 있다. 신분증 배지에 이름이 적혀 있다. 애덤슨. 그가 나를 위아래로 훑어본다.

"시계를 가져왔어야 하는데 말이죠." 내가 말한다.

"여기선 물건들이 별별 이유로 사라져요. 지난달엔 한 교실에서 CD가 분실됐어요. 한 재소자가 칼로 쓰려고 훔친 거죠."

"시계로도 서로 공격하나요?" 내가 묻는다.

"여기선 손목시계를 차고 다니는 게 좋아요."

"알겠습니다. 그냥 물어봐야겠다 싶었어요."

"재소자들이 무엇을 무기로 둔갑시키는지 알면 깜짝 놀랄 거요. 이 사람들은 새로운 걸 발명할 시간이 차고 넘쳐요."

애덤슨은 삼촌처럼 옛 런던 동부의 억양을 사용한다. "변기용 청소 솔을 부러뜨려 칼을 만드는 자들이에요. 재소자들이 당신 펜을 슬쩍해 가지 않게 주의해요. 그걸로 웬 놈 목에다 끔찍한 짓을 하는 걸 봤으니까."

수업 준비를 해야 한다. 보통 교도관들은 내게 이렇게 길게 말을 하지 않는다. 무언가를 하던 중에 내가 훼방이라도 놓은 것처럼 대개 딱 할 말만 하고 만다. 하지만 애덤슨은 내가 시계를 빌릴 수 없는 이유를 줄줄이 늘어놓는다. 나는 그가 서둘러 장광설을 끝내고 떠나기를 바라면서 고개를 끄덕이고 "이해했습니다", "네", "그러지요"라고 답한다.

"시계에서 건전지를 꺼내 양말에 넣은 뒤에 누군가의 머리를 후려치는 거죠." 그가 말한다.

나는 컴퓨터로 걸어가 화면을 활성화시키기 위해 마우스를 건드린다.

"여기 시계가 있네요, 보세요." 내가 말한다.

애덤슨이 말을 이어나간다. "그러면 우리는 사건이 생기는 거죠."

내가 화면 모서리를 가리킨다. "벌써 시간이 이렇게 됐네요?"

"사건이라는 건 서류 작업을 의미해요."

내가 말을 멈추면 그도 멈추리라 생각하며 나는 턱을 악문다.

"그런데 여기서 무슨 일을 하시나요?" 그가 묻는다.

"철학 강사입니다." 내가 말한다.

"그러니까 뭘 하냐고요?"

그가 내 책상에 놓인 철학책 더미를 내려다본다. 《행복의 철학》이라는 책을 손가락으로 툭툭 친다. 부끄러운 짓을 하다가 할아버지한테 딱 걸린 10대라도 된 것마냥 당황스럽다.

"이곳의 많은 재소자가 감옥을 좋아해요." 그가 고개를 절레절레 흔든다. "난 감옥은 힘든 곳인 줄 알았어요."

복도의 교도관이 "자유롭게 이동"이라고 소리치자 애덤슨이 몸을 돌려 자리를 뜬다.

짐이라는 재소자가 가장 먼저 나타난다. 전직 특수부대 군인 출신으로 떡 벌어진 어깨와 단단한 팔을 가졌다. 그가 내게 평소처럼 어깨를 부딪치며 인사를 건넨다. 나는 배에 힘을 꽉 준다.

"안녕하세요." 내가 말한다.

그가 한숨을 쉬며 교실을 둘러본다. 짐은 육체적으로 강한 만큼 정신적으로는 지쳐 있다. 마치 층계참에서 나는 소리를 막으려는 듯 적갈색 털이 두 귀를 촘촘히 덮고 있다.

새 학생이 들어와 자신을 살바토레라고 소개한다. 옅은 푸른 눈동자에 티셔츠 앞에는 미국 시트콤 제목인 '치어스'라는 글자가 쓰여 있다. 그가 따라 하기 힘든 복잡한 악수를 내게 건넨다. 그가 다시 악수를 시도하며 내게 말로 손동작을 알려준다. 손을 움켜쥐고 엄지를 걸고 손가락을 꼼지락대다가 하이파이브. "안녕하시오, 형제여." 그가 말한다.

"잘 지냈나요?" 내가 묻는다.

"그냥저냥요." 그가 말한다. 그가 자신의 가슴 위에 손을 얹는다. "난 늘 괜찮아요, 형제여." 그가 말한다. 그가 짐과 악수하기 위해 몸을 돌리지만 짐은 팔짱을 풀지 않는다. 살바토레가 손을 가슴 위에 올린다. "나마스떼." 그가 말한다.

살바토레는 스물다섯이 조금 넘어 보인다. 그는 징역 9개월을 선고받고 22일을 복역했다고 한다. 옥살이는 이번이 처음이다.

"유감이군요." 내가 말한다.

"왜 유감이죠?" 그가 말한다. "나는 받아들였어요. 내 시간은 빨리 흘러가요. 진실에 저항하지 않기 때문이죠. 난 이 안에 있어요. 여기가 내가 있어야 할 곳이에요. 나를 비참하게 만들도록 내버려두지 않을 겁니다. 이건 학습 경험이에요. 난 이 경험에서 배움을 얻고 있어요. 형제여, 유감스러워하지 마요. 난 받아들였으니까. 이제 무언가를 돌려줄 차례예요. 감방 동료에게 도마뱀 자세를 가르쳐주겠다고 했어요. 있는 그대로를 받아들이게 하는 요가 자세죠. 우리에게 일어나는 일을 더 빨리 받아들일수록 시간은 더 빨리 지나가요. 시간은 나고……."

"그냥 수업 시작하면 안 될까요?" 짐이 말한다.

짐은 14년 형을 받고 3분의 1을 복역한 상태다. 그가 살바토레 맞은편에 자리를 잡는다.

여섯 명이 더 들어온다. 유수프라는 이름의 스물한 살 청년이 들어와 원형 대열에 등을 돌린 채 책상에 앉는다. 내가 다가가 그가 괜찮은지 확인한다. 그는 독방으로 옮겨달라는 신청서를 작성하고 있다. 그의 말에 따르면 지난주에 교도관이 그와 같은 무슬림과 한 방을 쓰겠느냐고 물어봤다고 한다. 유수프는 좋다고 대답했다.

"하지만 이놈과는 못살겠어요." 유수프가 말한다. "이놈이 할랄이 아니라면서 내 초콜릿 비스킷을 전부 버렸어요. 간밤에는 영화를 보다가 짧은 치마를 입은 여자가 나오니까 채널을 바꾸는 거예요. 경건하지 못한 장면이라면서요. 화면에 여자 다리만 나오면 그래요. 심지어 어깨만 나와도요. 빌어먹을 어깨만요!"

"신청서를 작성하세요. 끝나면 수업에 참여해요." 내가 말한다.

"그 양반들이 나를 꼭 옮겨줘야 해요. 난 독방이 필요해요. 이렇게 살 순 없어요."

나는 걸어가 문을 닫는다. 화이트보드에 "벤담"과 "행복=쾌락"이라고 쓴다. 내가 말한다. "철학자 제러미 벤담은……."

교실 문이 열리면서 애덤슨이 안으로 들어온다. 그의 손에 흰색 벽시계가 들려 있다. 그가 컴퓨터 앞에 시계를 세워놓는다.

나는 어리둥절해하며 내 뒤에 놓인 컴퓨터 화면을 가리킨다. "그냥 이걸 사용하면……."

애덤슨이 밖으로 나가더니 문을 닫는다.

학생들이 수업을 진행하길 기다리며 나를 쳐다본다.

나는 말한다. "벤담은 행복과 쾌락이 같다고 생각했어요. 행복하다고 말하는 건 쾌락을 경험하는 중이라는 거죠. 즐겁다고 말하는 건 행복하다는 뜻이고요."

"감옥에서도 행복할 수 있어요, 알고 계세요?" 살바토레가 말한다.

유수프가 몸을 돌려 금방이라도 레이저를 쏠 것 같은 눈빛으로 살바토레를 쳐다본다.

"나는 여전히 매일 쾌락을 느껴요. 이 안에서도 말이죠. 오늘 아침 커피를 마시면서도 진심으로 즐겼어요. 맛이 뛰어나진 않았지만 불평하지 않았죠. 이 안에 있는 걸 받아들이게 되면 그런 쾌락을 다시 즐길 수 있어요."

살바토레의 입에서 한마디씩 나올 때마다 짐의 표정이 더욱 지쳐 보인다.

살바토레가 말을 잇는다. "사람들은 내게 지겹다고들 해요. 그게 무슨 뜻인지 아세요? 난 몰라요. 살면서 지겨워본 적이 없거든요. 내 마음속엔 감옥이 없어요. 사람들은 말하죠. '살바토레, 넌 어째서 늘 그렇게 많이 웃는 거야?' 그러면 내가 말하죠……."

"그자가 감옥을 설계했어요." 짐이 화이트보드의 '제러미 벤담'이라는 이름을 가리키며 끼어든다. "그가 팬옵티콘을 설계한 사람이에요."

"뭘 설계했다고요?" 살바토레가 묻는다.

"감옥에 대해선 모르는 게 없는 줄 알았더니." 짐이 말한다.

살바토레가 짐에게 성직자 같은 미소를 지어 보인다.

"벤담이 밀뱅크 감옥을 설계했어." 짐이 말한다. "가운데에 감시하는 곳이 있는 원형 감옥이야. 간수들은 죄수를 볼 수 있지만 죄수는 그들을 볼 수 없지. 그래서 간수들이 죄수를 감시하는지 안 하는지 절대 알 수 없어. 이 감옥도 그곳을 토대로 한 거고."

"그러면 이런 감옥을 설계했으니 벤담이 행복에 대해 안다고 생각하세요?" 내가 묻는다.

"모르겠어요. 누군지 깨닫는 순간 그에 대해 생각하길 멈췄어요." 짐이 말한다.

"이보세요, 형제여. 인상을 쓰면 미소를 지을 때보다 근육이 두 배나 많이 쓰인다는 걸 아세요?" 살바토레가 말한다.

"얼마나 많은 근육을 써야 네놈 입을 다물게 할 수 있지?" 짐이 말한다.

두 밤 뒤, 나는 할머니 집 거실에서 프랭크 삼촌 옆에 앉아 있다. 난방이 틀어져 있고 창문은 닫혀 있다. 저녁에 먹은 생선 튀김 냄새가 공기 중에 희미하게 남아 있다. 커피 탁자 위에는 할머니가 접시에 담아둔 펭귄 초콜릿 바가 놓여 있다. 초콜릿 비스킷이 12개, 초콜릿 에클레어가 세 개다.

프랭크 삼촌은 내가 지금 교도소에서 일한다는 사실을, 깜빡이도 넣지 않고 감옥 얘기를 시작할 추가적인 구실로 써먹고 있다. 감옥에서 일하면서부터 삼촌 이야기를 듣는 방식에 변화가 생겼다. 그의 말 주변으로 공간이 넓어진 느낌이다. 그가 사동을 언급하면 마치 그 주위를 걸어 다닐 수 있을 것 같은 느낌이 든다. 층계참의 소음이 들리고 탁한 공기가 느껴지는 듯하다.

나는 삼촌에게 그가 수감됐던 교도소에서 강의를 시작했다고 말한다.

"방 번호가 뭔지 기억나요?"

"운동장이 예전에 묘지였던 건 기억하지." 그가 말한다. "몇 년 동안 교수형에 처해진 죄수들의 시체가 가득했어."

그가 한쪽 눈을 감고 생각에 잠긴다.

그가 말한다. "비니가 나한테 항상 골을 냈어. 내 똥 냄새가 너무 지독했거든. 그 시절엔 그냥 양동이에다 똥을 쌌어. 나는 신문지로 똥을 싸서 창밖으로 던지곤 했지. 많은 사람이 그렇게 했거든. 운동장이 똥 꾸러미로 가득했어. 간수들한테 밉보이면 나가서 그걸 죄다 주워야 했지."

"어느 사동이었는지 기억나요?" 내가 묻는다.

"아니. 솔직히 거긴 두세 번밖에 안 간 것 같아." 그가 말한다.

거실 공기가 따뜻하고 답답하다. 나는 삼촌을 쿡 찌르며 말한다. "다음 주엔 날씨가 좋대요. 들판에 나가실래요?"

"네가 원하면." 그가 어깨를 으쓱한다. "내가 있던 감옥에서 일한다니 멋지구나. 지금 거긴 어때?"

"지금은 좀 소란스러워요." 내가 말한다.

프랭크의 얼굴이 환해진다.

"흡연을 금지하고 나서부터 사람들이 짜증을 잘 내요." 내가 말한다.

"뭘 금지해?"

"작년에 모든 교도소에서 흡연을 금지했어요. 심지어 운동장에서도요."

"오, 주여."

"실내에서 담배는 불법이에요. 이젠 다들 전자담배를 피워요."

"놈들이 무슨 짓을 한 거야? 그렇군. 이제 다시는 감옥에 안 가야겠어. 감히 어떻게 그런 짓을."

어릴 적, 삼촌은 표도 없이 기차에 올라타 검표원의 눈을 피해 켄트의 샌드위치까지 가곤 했다. 그리고 해안을 끼고 있는 자연보호구역에 가서 해변에 앉아 해가 지는 풍경을 감상했다.

프랭크 삼촌이 그날 오후에만 여섯 번째로 차를 타더니 거실로 돌아와 내게 건넨다. 나는 찻잔의 김을 분다. 그가 내 옆 소파 팔걸이에 앉자 그의 팔꿈치가 내 어깨에 닿는다. 그의 옷에서 담배 냄새가 난다. 창밖으로 태양이 카나리워프를 비추고 있다.

내가 삼촌을 또 쿡 찌르며 말한다. "샌드위치에 가는 거 어때요?"

"어릴 때 그곳에 알 놀이를 하러 가곤 했지."

"알 놀이요?"

"새 알을 터는 거야. 난 새 알을 모았거든. 옅은 푸른빛의 까마귀 알을 털었지. 황조롱이 알은 갈색이고 반점이 있어. 하지만 지금은 못 털어. 경비가 너무 삼엄해."

"샌드위치에 갈래요? 같이 바람 쐬고 와요." 내가 말한다.

"그래, 날이 맑으면 같이 가자. 맑은 날에는 하늘과 숲에서 오만 가지 새들을 원 없이 볼 수 있어. 물총새, 뻐꾸기, 물수리도 있지."

"지금도 날씨가 나쁘지 않은데요." 내가 말한다.

"그래, 맑은 날을 기다려보자." 그가 말한다.

잠시 후 삼촌이 열다섯 살에 6개월 동안 소년원에서 지냈던 일에 대해 들려준다. 소년원은 한때 '짧지만 강력한 처벌'이란 체제로 유명했다. 나는 차를 식히기 위해 커피 탁자 위에 머그잔을 내려놓는다.

"배식 시간이면 감방 밖에서 차려 자세로 서 있다가 이름이 불리면 행군하듯 걸어가야 했어." 그가 말한다.

그가 소파 팔걸이에서 일어나 입을 꽉 다물고 심각한 표정을 지으며 슬랩스틱처럼 과장된 몸짓으로 거실을 가로질러 몇 걸음 행군한다.

"하지만 나는 그냥 이렇게 걸었지." 그가 말했다.

그가 몸을 돌리더니 한껏 뽐내며 몇 걸음 걷는다. 발을 질질 끌면서 걷는 통에 푹신한 카펫에 흔적이 남는다.

그가 소파 팔걸이에 다시 앉으며 말한다. "그렇게 걷는다고 간수가 주먹으로 내 배를 때렸지. 하지만 다음 날 난 또 행군하지 않고 그렇게 걸었어. 매일 그렇게 했지. 매일 간수가 내 배를 때렸어."

그가 활짝 웃는다.

"그러다 간수들이 방법을 바꿨어. 녀석들이 내 이름을 부르더라고. 어슬렁어슬렁 걸어가서 저녁을 받았는데 접시가 온통 소금 투성인 거야. 나이프로 소금을 몽땅 긁어내야 했어. 하지만 난 매일같이 행군을 거부했지. 놈들도 내게 소금이 뿌려진 새하얀 음식 접시를 계속 줬어. 일주일을 그렇게 하더니 나를 벌방에 처넣더군."

벌방은 징벌방을 의미한다.

나는 커피 탁자에서 머그잔을 집어 양손으로 감싼다.

그가 말한다. "거기는 그냥 콘크리트 선반이 침대야. 간수들이 아침마다 나를 깨워 밖으로 내보내더니 삽 한 자루를 주면서 2.5미터 깊이의 구덩이를 파게 하더라고. 빌어먹을, 죄다 축축한 진흙 바닥에서. 하루가 끝날 무렵엔 다시 구덩이를 메워야 했지. 다음날 아침, 녀석들이 나를 깨워 밖에 내보내더니 또 그 삽질을 시켰어. 구덩이를 팠다가 다시 메우는 걸 말이지."

"결국 누군가의 머리에 삽을 휘두른 건 아니죠? 완전 열 받았겠는데요." 내가 말한다.

"간수가 아침에 문을 열면 나는 벌떡 일어나 그를 보며 환하게 웃었어. 그리고 이렇게 말했지. '전 삽질을 좋아합니다.'"

"하지만 실제론 싫어했죠?" 내가 묻는다.

"그냥 매일 좋아하는 척했던 거야. 난 그 일이 좋았어."

또다시 그와 벽을 사이에 두고 있는 것 같은 기분이 든다. 나는 탁자에 머그잔을 내려놓고 고개를 돌려 삼촌의 눈을 똑바로 쳐다본다.

"하지만 그 일을 좋아한 건 아니죠?" 내가 묻는다.

그가 소파 팔걸이에서 일어나 말아 피우는 담배를 귀 뒤에서 꺼내더니 입에 문다. "좋아했어, 앤디. 매일 좋아하는 척했던 것뿐이야."

며칠 뒤, 나는 경비가 삼엄한 교도소에 있다. 교무실에서 요리 교사가 이틀 전에 일어난 보안 문제 때문에 칼, 뜨거운 물, 대부분의 주방 기구를 일시적으로 사용할 수 없다고 말해준다. 사동으로 몰래 반출돼 무기로 사용될 경우에 대비해서다. 교정 당국이 직원의 마약 밀반입을 엄중히 단속하는 바람에 요리 교사는 음식도 반입할 수 없다. 그녀가 오늘 아침 칼도 양파도 없이 재소자들에게 양파 써는 법을 어떻게 가르쳤는지, 칼에 베이지 않으려면 손가락 마디가 손가락 끝보다 앞으로 나와야 한다는 것을 어떻게 가르쳤는지 말해줬다. 재소자들이 그녀의 동작을 따라 하면 그녀가 잘못을 바로잡아줬다. 한 사람은 양파가 매워서 우는 척을 했다.

다음 날 아침, 빅토리아 시대 교도소에서 그 끔찍한 화장실을 지나치다 썩은 지린내를 포착한다. 교실에 들어가니 화이트보드에 지난주 분노 조절 수업 때 적은 필기가 한가득이다. '존중', '단계적 고조', '분노'라는 글자가 대문자로 적혀 있고 그 사이를 빨간색 화살표가 연결하고 있다. 지우개를 들어 글자를 지워보지만 소용없다. 더 세게 문질러도 글자가 없어질 생각을 하지 않는다. 누군지 몰라도 네임펜을 사용한 것이다.

나는 복도로 고개를 내밀고 애덤슨 교도관을 찾는다. 그에게 신호를 보내자 그가 나를 향해 걸어온다. 그는 슈퍼마켓에서 파는

BLT 샌드위치와 하리보 젤리 한 봉지를 들고 있다.

"화이트보드 스프레이가 어디 없을까요?" 내가 묻는다.

"그런 액체류는 뭐가 됐든 교도소에 반입하려면 밀폐해야 합니다." 그가 말한다.

"따뜻한 비눗물로 해볼게요."

그가 외계인이라도 보듯이 나를 쳐다본다. "뜨거운 물을 들고 건물을 통과하겠다고요?"

"화이트보드가 다른 수업 내용으로 뒤덮여 있어요. 어디서 다른 화이트보드를 구할 수 없을까요?"

"선생님의 심리학 수업 때문에 화이트보드를 찾으려고 이 자리를 비우면……."

"그냥 종이에 필기할게요."

"제가 이 자리를 비웠을 때 뭔가 터지기라도 하면……."

무전기에서 소리가 나자 그가 귀에 가져다 댄다. 나는 이 기회를 틈타 도망친다. 교실로 돌아가 문을 닫는다.

나는 A4 용지를 꺼내 거대한 바위를 언덕 위로 밀어 올리는 남자를 그린다. 그리고 원형으로 배치된 의자 정중앙 바닥에 종이를 놓는다.

복도에서 교도관이 외친다. "자유롭게 이동." 거먼이라는 남자가 맨 처음 나타난다. 그는 20대 중반으로 감옥에 오기 전에 야외 활동 강사였다. 수염은 깔끔하게 정리되었고 에너지도 넘친다. 10분이 지나도록 아무도 오지 않는다. 교도소 내 가장 큰 사동에서 사건이 터져 아직 봉쇄가 해제되지 않은 탓이다.

"그냥 시작하면 안 될까요?" 거먼이 말한다.

"나머지 학생들이 오면 처음부터 다시 설명해야 해요." 내가 말한다.

"한참 기다려야 할 거예요." 그가 잡지와 신문이 보관된 교실 뒤쪽 책상으로 가서 가장 최근 신문을 뒤진다. 그는 2주 전 신문을 찾아 네다섯 페이지를 획획 넘기다가 책상에 도로 떨어뜨린다.

몇 달 전 거먼은 엄마에게 감방에서 쓸 시계를 보내달라고 부탁했다. 엄마가 보내준 시계에는 째깍거리지 않고 연속해서 부드럽게 움직이는 초침이 있었다. 거먼은 그 초침이 "억척스럽다"고 말했다. 며칠 뒤 그는 시계를 비스킷 한 봉지와 맞바꿨다.

10분 뒤 짐이 온다. "어떤 또라이가 간수한테 오줌이 든 컵을 던졌어요." 그가 말한다. "간수들이 그놈을 징벌방으로 끌고 가고 그 난장판을 치우는 동안 우리는 봉쇄가 해제되길 기다렸어요. 내 아침을 개판으로 만드는 이 빌어먹을 영웅 놈들한테 신물이 나요."

살바토레가 교실로 느릿느릿 걸어 들어온다. 그의 푸른 눈이 피부가 벗겨진 듯 벌겋다. 그가 짐의 옆자리에 앉는다. 짐은 반갑지 않은 표정이다.

모두 교실에 도착했다. 나도 원형 대열에 자리를 잡는다. 내가 바닥 한가운데 놓인 그림을 가리킨다. "이 사람은 시시포스입니다. 그는……."

"간수들이 내 감방 동료를 데려갔어요." 살바토레가 말한다. "징벌방에 처넣었어요. 이제 나 혼자예요."

"뭐가 불만인 거야? 난 혼자 쓰면 좋기만 하더구먼." 짐이 말한다.

"그 친구가 바퀴벌레를 잡았거든요." 살바토레가 말한다. "간밤에 놈들이 내 몸을 기어 다니는 느낌이 자꾸 드는 거예요. 한숨도 못 잤어요. 그 망할 벌레들이 사방을 기어 다녀요."

살바토레 뒤에 서 있는 남자가 살바토레의 귀를 간지럽힌다. 살바토레가 그의 손을 치우면서 "제발"이라고 말한다. 그의 목소리가 금방이라도 울음을 터트릴 것 같다. "여기서 8개월을 더 지내야 한다니 믿기지 않아요. 8개월이라니!"

"남의 기분도 좀 생각해주면 안 되겠나?" 짐이 말한다. "이 중 일부는 10년, 20년을 복역하고 있어. 네가 8개월이나 남았다고 징징대는 소릴 들으면 기분이 어떻겠어?"

네다섯 사람이 동의한다는 의미로 끙 하는 소리를 낸다. "난 겨우 9일 나가 있다가 이리로 소환됐어." 한 사람이 말한다. 또 다른 사람이 말한다. "우리 애들이 여기까지 나를 보러 오려면, 기차로 오는 데 세 시간, 가는 데 세 시간이야. 돈이 얼마나 깨지는지 알아?"

살바토레가 말한다. "미안해요. 불평하면 안 되는데, 그래도……."

"불평하지 말라고 한 적 없어." 짐이 말한다.

살바토레의 얼굴이 누그러진다. 짐의 말에 용기를 얻은 듯한 표정이다. "우리 모두 같은 처지인 거 알아요. 그저 가끔……."

"불평하는 건 네 마음이야." 짐이 말한다. "그냥 나한테 불평하지만 마. 난 이곳에서 하루하루 행복하게 눈을 떠. 내일도 모레도 그럴 거고. 누구도 그걸 망치게 놔두지 않을 거야."

살바토레의 얼굴이 절망으로 일그러진다. "왜 내게 다른 동료를 보내주지 않을까요? 이 망할 곳은 초만원일 줄 알았는데."

"난 댁이 여기 뭔가를 돌려주려고 온 줄 알았는데." 짐이 입 꼬리에 미소를 띤 채 말한다.

살바토레의 양어깨가 축 처져 있다. 얼굴은 창백하다. 더 이상 떠들지 않고 그저 침묵을 지키고 있다. 자신이 감옥에 있다는 걸 깨달은 모양이다. 나는 의자에서 일어나 수돗물이 든 물통과 플라스틱 컵들이 놓인 교실 구석으로 향한다. 물을 한 잔 따라서 살바토레에게 건넨 뒤 자리에 앉는다. 살바토레는 의자 다리 옆에 컵을 내려놓는다.

살바토레 옆에는 아미르라는 스물한 살의 청년이 앉아 있다. 양팔뚝에 하나씩, 총 두 개의 사자 문신이 새겨져 있다. "여기 있는 시간을 최대한 이용해야 해요." 그가 말한다. 그가 권투 선수처럼 얼굴 위로 두 주먹을 치켜올린다. "감옥은 내 훈련소예요."

"여기 권투장이 있어요?" 살바토레가 묻는다.

모두 그를 보고 비웃는다.

"감옥은 링이에요." 아미르가 말한다. "난 플로이드 메이웨더의 세 가지 원칙을 따릅니다. 거리를 유지하라. 잽을 사용하라. 싸움을 피하라."

살바토레가 어리둥절한 표정을 짓는다.

"거리를 유지하라. 나는 남의 말에 딱 15초만 귀를 기울여요. 만약 대화가 부정적이면 자리를 떠요. 잽을 사용하라. 들어갔다가 나오는 거죠. 음식을 받아서 방으로 가져와요. 샤워를 하고 방으로 돌아와요. 사람들과 어울리면서 층계참을 돌아다니지 않아요. '혼자'를 유지해요. 이곳은 친구를 사귀기에 좋은 시간도 장소도 아니에요. 싸움을 피하라. 난 허튼 수작에 휘말리지 않아요. 이곳 사람들은 싸움을 오락거리로 사용하지만 그건 힘만 빼는 일이에요. 나는 폭력배가 되고 싶지 않아요. 난 전사예요."

"고마워요, 형제여." 살바토레가 말한다. "교도관들이 오늘 밤이 되기 전에 새 동료를 보내줄까요?"

"난 아무것도 생각하지 않아요. 난 거리를 유지하고, 잽을 사용하고, 싸움에 휘말리지 않아요."

살바토레가 눈을 깜빡인다. 그의 얼굴에 근심이 더 깊어진다.

나는 살바토레, 짐, 거먼, 아미르, 그리고 나머지 학생들과 함께 원형 대열에 앉는다. 그리고 바닥에 놓인, 한 남자가 언덕 위로 바위를 밀어 올리는 그림을 가리킨다. "이 사람은 시시포스입니다." 내가 말한다. "지하 세계의 신들이 그에게 언덕 위로 바위를 밀어 올리는 벌을 내렸죠. 그가 바위를 꼭대기까지 밀어 올리면 바위가 다시 굴러떨어집니다. 그러면 언덕 아래로 내려가 다시 바위를 밀어 올려야 하죠. 꼭대기에 도착하면 거대한 바위는 다시 아래로 굴러떨어집니다."

사람들이 웃는다. 살바토레의 표정이 훨씬 심각해진다.

"언덕 아래로 내려가 바위를 꼭대기까지 밀어 올리면 다시 굴러떨어지고, 그러면 왔던 길을 되돌아가 꼭대기까지 밀어 올리기를 죽어라 반복해야 하죠."

"우리도 그런 적이 있소. 그땐 쓰레기통이었지." 브렌든이 말한다. 브렌든은 일흔셋이다. 수년 동안 마약에 찌든 탓에 고장 난 듯한 콧소리로 말한다. "열여섯에 근무지 이탈로 영창에 들어간 적이 있지.” 그가 문장과 문장 사이에 숨을 들이마신다. “간수들이 우리한테 거대하고 까만 강철 쓰레기통을 주면서 까만 페인트를 사포로 벗기게 했어. 그러고는 얼굴이 비칠 정도로 광을 내게 했지.” 그가 또 숨을 빨아들인다. “결과물이 만족스러우면 간수가 우리한테 까만 페인트 통을 줬어. 그러면 우린 다시 페인트칠을 해야 했지.”

“차라리 그게 나을 것 같아요.” 거먼이 말한다. “전 감옥에 와서 벌을 받을 거라 생각했는데, 그냥 하루 종일 감방에서 텔레비전만 보고 앉아 있어요. 이곳은 그냥 시간 낭비예요.”

브렌든이 거먼을 쳐다본다. “텔레비전이 보기 싫으면 내가 가져감세.”

“카뮈라는 철학자에 따르면 시시포스는 영웅이었어요.” 내가 말한다.

짐이 지쳐서 나를 쳐다본다.

내가 말한다. “살아 있을 때 시시포스는 반항아였습니다. 죽음이 그를 결박해 지하 세계로 데려가려 하지만 그는 죽음을 속여 스스로의 손을 결박하게 만들죠. 이후 마침내 죽음이 그의 목숨을 앗아갔을 때도 시시포스는 지하 세계의 여왕을 구슬려서, 반나절 동안 산 자들의 세계로 돌아갑니다. 그러고는 그날 밤 지하 세계로 돌아오겠다는 약속을 지키지 않죠. 신들은 분노합니다. 그의 반항적 기질을 없애고 싶어 해요. 그래서 그가 영원토록 언덕 위로 바위를 밀어 올리게 만들죠.”

“그러면 이제 영웅이 아니네요?” 짐이 묻는다.

"카뮈는 시시포스가 바위를 밀어 올릴 때조차 여전히 영웅일 수 있다고 생각해요." 내가 말한다.

"어떻게요?" 짐이 말한다.

"시시포스는 바위가 언덕 꼭대기에 멈추어 있으리라 기대하지 않기 때문에 실패가 당연하다는 걸 알아요. 그런데도 바위를 꼭대기로 밀어 올리죠. 시시포스가 영웅이 되는 지점은 그가 꼭대기에 도달할 때가 아니에요……."

"도로 내려올 때죠." 아미르가 말한다.

"맞아요. 시시포스는 즐거운 마음으로 돌덩이를 다시 밀어 올리기로 결심했어요. 그게 신들에 대한 그의 가장 위대한 반항이었죠. 그는 자신을 공허하게 만들려는 것들을 역으로 자신을 채우는 데 사용해요."

"어떻게 그걸 즐거운 마음으로 할 수 있죠?" 살바토레가 말한다. "화가 무지 날 텐데요."

"시시포스는 화난 게 아냐. 반항하는 거지." 아미르가 말한다.

"화. 반항. 불행한 건 똑같아." 살바토레가 말한다.

아미르가 어깨를 똑바로 편다. "화가 난다는 건 자신의 상황을 받아들이지 못한다는 의미야. 자기 상황을 못 받아들이는데 행복할 리가 없지. 반항은 상황을 받아들이되 어쨌거나 투덜대는 거고. 시시포스는 반항하기 때문에 즐거운 거야."

문이 열린다. 애덤슨이 화이트보드를 가지고 들어온다. 교도관이 교실에 들어오자 사람들이 말을 멈춘다. 애덤슨은 다리가 평평한지, 흔들리지는 않는지 확인하며 화이트보드를 설치한다.

애덤슨 교도관은 내가 뭔가를 부탁하면 단호히 안 된다고 거절한다. 하지만 왜 안 되는지 자세히 설명하도록 내버려두면 나중에 내가 그것 없이도 지낼 만해졌을 때 다시 돌아와 부탁한 것을 들어주곤 한다.

"고맙습니다." 내가 말한다. 그가 고개도 끄덕이지 않고 나간다.

20분 뒤 아미르가 메모지에 바위를 밀어 올리는 시시포스를 그린다. 살바토레는 때를 벗기듯 두 손으로 자신의 얼굴을 문지른다. 아직 물 컵에는 손도 대지 않았다.

"시시포스가 '알게 뭐야. 더 이상 이딴 바위는 밀기 싫어'라고 하면 어떻게 되나요?" 짐이 말한다.

"신들이 기본형에 처하겠지." 브렌든이 말한다.

"만약 시시포스가 바위를 밀어 올리는 것과 아무것도 안 하는 것 중에서 선택할 수 있다면 분명 바위를 밀어 올리는 쪽을 택할 거예요." 거먼이 말한다.

"시시포스는 그냥 그게 끝나기를 바랄 거야." 살바토레가 말한다.

내가 말한다. "카뮈는 시시포스가 끝을 바라면 그 일의 중압감을 마주하지 못할 거라고 말했어요."

"희망을 품으면 마음속에 의심이 생기니까요." 아미르가 말한다. "자신의 반항에 대한 믿음이 사라지겠죠. 바위가 꼭대기에 머물기를 바라면 꼭대기에 도달할 때 행복에 취할 거예요. 하지만 돌이 굴러떨어지는 것을 지켜보며 우울해지겠죠. 행복을 느끼며 언덕을 내려갈 수 있을 거란 희망이 없으니까요. 시시포스는 희망하지 않기 때문에 계속 해내는 거예요."

살바토레가 눈꺼풀을 내린다. 눈물이 고이더니 눈썹이 촉촉해진다. 아미르가 그에게서 고개를 돌린다.

나는 원형 한가운데 놓인 시시포스 그림을 가리킨다. "만약 시시포스가 행복하다고 말한다면 믿으시겠어요?"

살바토레가 말한다. "바위가 언덕 아래로 굴러떨어지고, 시시포스가 옆 산에서 바위를 밀어 올리는 남자한테 이렇게 소리치는 모습이 눈에 선하네요. '염병, 죽을 맛이야, 안 그런가? 카뮈가 사람들한테 내가 행복하다고 말했다는군.'"

사람들이 그에게서 고개를 돌린다. 거먼이 살바토레의 목소리에서 감정의 균열을 포착하고는 낄낄대지 않으려 애를 쓴다. 짐은 누가 봐도 살바토레의 절망에 진저리가 나는 모양이다.

나는 살바토레의 의자 옆에 놓인 물 컵을 가리킨다.

"살바토레, 마셔요. 이젠 자신을 돌봐야 해요." 내가 말한다.

한 달 뒤, 나는 할머니 집 화장실에서 소변을 보고 있다. 깨끗하고 새하얀 도자기 변기에서 레몬 표백제 냄새가 난다.

볼일을 마치고 거실로 가서 소파에 앉은 삼촌 옆에 자리를 잡는다. 삼촌의 배가 티셔츠 아래로 불룩하다. 그는 〈레버넌트〉라는 영화를 보고 있다. 추운 야생에서 홀로 살아남기 위해 사투를 벌이는 남자에 대한 영화다. 화면 속에서 레오나르도 디카프리오가 죽은 말의 내장을 제거하고 그 안으로 기어들어가 잠을 청한다. 프랭크 삼촌의 얼굴에 온화한 미소가 서려 있다.

내가 그에게 묻는다. "그 소년원이요, 삼촌이 삽질하던 곳 말이에요. 반항심 때문에 도망친 적은 없어요? 그저 그만했으면 하고 바란 적은요?"

그가 화면에서 고개를 돌리며 말한다. "그게 말이야, 앤디. 그 일이 더럽게 싫다는 건 동시에 그 일을 어느 정도 좋아한다는 의미이기도 해. 그게 끝까지 가니까 나도 끝까지 가야 하는 거야. 다른 걸 하면 얼마나 좋을까 하고 바랄 새도 없어."

"감방으로 돌아갔을 때는요? 교도관이 사라져서 굳이 그 일을 좋아하는 척하지 않아도 되었을 땐 어떤 기분이었어요?"

"정신없이 잤어. 온종일 삽질을 했으니까."

"잠에서 깼을 땐 기분이 어땠어요? 콘크리트 감방에 있을 때요."

"간수들이 나를 깨웠어. 그럼 내가 침대에서 벌떡 일어나 말했지. '그럼 시작해볼까요.'"

그가 다시 화면으로 고개를 돌린다.

날씨가 화창하더니 이제 하늘이 어두워지고 있다. 삼촌과 나는 해안에 가지 않았다. 우리는 소파에 앉아 텔레비전을 본다. 그는 추리닝 바지와 슬리퍼 차림으로 차를 마시며 말아 피우는 담배를 즐기고 있다.

영화가 중간 광고로 중단된다. 삼촌이 다시 내 쪽으로 몸을 돌린다. "여하튼 벌방에는 일주일만 있었어. 간수들이 나를 원래 감방으로 돌려보내고 나서 배식 시간에 내 이름을 불렀지. 하지만 난 여전히 행군하지 않았고, 간수들은 또다시 내 접시를 소금 천지로 만들었어. 그래도 난 행군하지 않고 버텼어."

"정말 삽질이 좋았던 거 아니에요?"

"그러던 어느 날 똑같이 어슬렁어슬렁 걸어가서 음식을 받았는데 소금이 하나도 없는 거야."

"간수들의 존중을 얻어냈네요."

"나를 포기한 거지. 간수가 접시를 건네자 내가 말했어. '지금 장난치는 거죠! 내 망할 소금 어디 갔어요?'"

6장

내일은 오늘의 반복일까요?

"내가 감옥에서 제일 싫은 게 뭔지 알아?
간수한테 무슨 부탁을 하면 내일 다시 하라고 말하는 거야.
다음 날 부탁하면 그 간수가 자리에 없어. 휴일이거나 비번이지.
빌어먹을, 거짓말이 아니길 바랄 뿐이야."

25년 전에 처음 형을 면회한 이후 수감자의 숫자는 두 배로 늘었지만 공간은 전혀 그렇지 못했다. 1인용 감방에 2층 침대가 배치됐다. 싱글 침대 두 개가 들어가는 감방에는 트리플 침대가 들어갔다. 숫자가 증가한 원인은 주로 과거 범죄에 대한 유죄 판결과 늘어난 형량 때문이다.

몇 달 전, 루쿠스라는 남자가 내 수업을 들었다. 30대 중반인 그는 수업 내내 옅은 금발을 눈가에서 계속 쓸어 올렸다. 감옥 이발소에서 그에게 머리를 깎자고 수차례 말했지만 그는 절대 이발소에 가지 않았다. 그는 수업에서 사용된 고대 그리스 용어를 자신있게 발음할 수 있었음에도 읽어달라는 내 제안을 받아들이지 않았다. 대부분의 시간 동안 그는 줄 쳐진 종이에 《성경》에서 뽑은 구절을 필사했다. 알아보기 힘든 글씨가 종이 뭉치를 빼곡히 채웠다.

한 달쯤 후 그는《쿠란》으로 같은 일을 반복했다.

한 주는 그가 교실에 앉아《법화경》을 필사하고 있었다. 내가 웃으며 말했다. "그러다 메모지가 바닥나겠어요. 불교 경전은 작은 도서관을 가득 채울 정도로 분량이 엄청나요." 루카스는 내 말에 웃지 않았다. 책 한쪽에 한 손가락을 올려놓은 채 다른 손으로 필사를 이어나갈 뿐이었다.

수업이 끝날 때 다른 학생이 루쿠스는 IPP형을 받았다고 말해줬다. 루쿠스가 왜 웃지 않았는지 이해됐다.

공공의 안전을 위해 수감된 이른바 IPP 재소자들은 이를테면 5년처럼 최소한의 형량을 선고받지만 지방 정부가 99년 동안 그들을 재량껏 붙잡아둘 권한을 가진다. 5년 형기를 채우고 나면 누구나 가석방 심의위원회에 석방을 신청할 수 있다. 그렇지만 위원회가 불허할 경우 형을 더 살다가 2년 후에 다시 석방을 신청해야 한다. 2005년 도입된 IPP형은 가장 심각한 범죄를 대상으로 한다. 정부는 IPP형이 200~300건가량 선고될 거라 예상했지만 실제론 8000건 이상 선고되었다. 어떤 사람들은 좀도둑질, 휴대전화 절도, 20파운드 미만의 기물 파손을 저지른 대가로 IPP형을 선고받았다. IPP형은 2012년에 폐지됐지만 소급 적용은 이루어지지 않았다. 루쿠스와 같은 사람들은 감옥에 얼마나 있게 될지 알 수 없다.

그리스 신화에서 제우스는 아버지 크로노스에게 가장 미칠 것 같은 처벌을 내리고 싶어서 그로 하여금 초, 분, 시…… 그리하여 영원까지 모든 시간을 세게 만들었다. IPP형은 크로노스의 고문을 법문화시킨 것이다. 2007년 셰인 스트로튼이라는 19세 소년이 징역 2년 6개월 형과 99년의 IPP형을 받았다. 10년 뒤 그는 감방에서 목을 맨 채 발견됐다.

루쿠스는 이후 두 달 동안《법화경》을 들고 계속 내 수업에 왔다. 말수가 적었지만 나는 더 많이 말하라고 압박하지 않았다. 평소처럼 강의를 하면서 이따금 그가 아직도 그 심원한 경전 구절을 필사하고 있는지 슬쩍 확인했을 뿐이다.

시시포스에 대한 수업을 끝낸 다음 주, 나는 경비가 삼엄하지 않은 교도소의 층계참에서 데이비스라는 회색 머리 보안요원과 대화를 나누고 있다. 데이비스는 층계참의 거의 모든 재소자와 관계가 좋다. 한 번은 석방을 앞둔 한 재소자가 내 수업 시간에 그에게 보낼 두 장짜리 편지를 쓴 적이 있다. 거기엔 이렇게 적혀 있었다. "저의 잠재력을 알아봐주신 교도관님께 감사드립니다. 절 안전하게 지켜주신 교도관님께 감사드립니다." 그는 '교도관님께'라는 단어를 펜으로 대여섯 번이나 겹쳐 칠했다.

데이비스가 말한다. "G사동의 스키너가 일전에 선생님 수업에 대해 얘기하면서 우리가 자유로운지 아닌지 어떻게 아냐는 둥의 질문을 한참 하더군요. 머리가 제대로 얼얼했죠. 선생님 교실에 10분만 앉아 있고 싶습니다. 이들이 세상에 대해 어떻게 생각하는지 알고 싶어요."

그가 프레더릭이라는 남자가 두 달 전 항고심에 갔다가 형량이 늘어났다고 말한다. 그 후로 그는 교도소에서 제공하는 어떤 수업도, 일자리도, 활동도 하고 싶어 하지 않는다. 데이비스가 말한다. "그 사람이 좀 걱정됩니다. 통 말이 없어요. 그를 선생님 수업에 등록시키고 싶어요. 얼마나 참여할지는 모르겠지만 솔직히 감방에서 교실까지 걸어만 가도 변화가 있지 않을까 싶어서요."

다음 주에 프레더릭이 우리 교실에 온다. 10대이던 10년 전에 층계참에서 벌인 싸움 때문에 한쪽 눈이 반쯤 감겨 있다. 폴로셔츠의 색이 바래고 천도 빳빳하지만 앞으로 그 어떤 모욕도 거부하겠다는 듯 단추가 끝까지 채워져 있다. 오른팔에는 눈금 문신이 여러 줄 새겨져 있다. 팔꿈치에서부터 위로 올라가다가 티셔츠 소매 아래에서 자취를 감춘다. 내가 그에게 그 눈금이 뭐냐고 묻는다. 그가 어깨까지 소매를 걷는다. 46개의 자국이 보인다. 몇 년 전 46개월의 복역을 끝내고 석방될 때 새겼다고 한다.

나는 수업을 시작한다. 제논의 화살에 담긴 역설이다. "제논은 화살이 표적에 닿기 전에 표적까지의 거리 중 절반을 먼저 이동해야 한다고 말했어요. 그런 뒤에 남은 거리의 절반을 또 이동해야 하고요. 그러고 나면 다시 남은 거리의 절반을 먼저 이동하고. 그런 식으로 남은 거리를 이동해야 합니다."

학생들이 짜증의 신음소리를 낸다.

"심지어 표적의 1밀리미터 앞에 도착한다 해도 표적을 맞히려면 1밀리미터의 절반을 이동해야 합니다. 그러고 나서 1밀리미터의 반의반을 이동해야겠죠. 그리고 또다시 남은 거리의 반, 그다음에 또다시 남은 거리의 반을 이동해야 해요. 제논은 화살이 절대 표적을 맞히지 못할 거라고 말해요. 아무리 가까워져도 언제나 남은 거리의 절반이 남아 있다는 거죠."

사람들이 역설에 대해 토론한다. 대부분이 주제를 짜증스러워한다. 그들이 계속 이렇게 말한다. "그래도 표적을 맞힐 겁니다." "실제 현실에서는 맞힐 거예요." "엄청 가까워지다가 더 가까워지면 표적을 맞히겠죠. 맞히고 만다니까요."

사람들이 짜증이 난 데다가 집중도 못 하는 듯해서 15분 동안 쉬기로 한다. 그들이 전자담배를 피우기 위해 복도로 나간다. 나도 교실에서 나가 그들과 함께 선다. 프레더릭의 왼팔에도 티셔츠 소매 아래로 눈금이 비어져 나와 있다. 그가 내 시선을 포착하고는 소매를 걷어올린다. 눈금은 20여 개밖에 없다.

"이번에 여기 와서 형량을 표시하기 시작했어요." 그가 말한다. "매달 눈금을 하나씩 늘렸는데 팔에 여백이 많이 남은 걸 보니 너무 우울하잖아요. 그래서 한 주가 끝날 때마다 하나씩 추가하기 시작했죠. 그랬더니 기분이 훨씬 안 좋아졌어요. 결국 포기했죠."

내 친구 데이비드 브랙스피어는 몇 년 동안 옥살이를 했다. 10대 시절 그는 친구들과 함께 경찰에 전화를 걸어 자신들이 한 짓을 신고한 뒤에 전화기를 내려놓고 도망가곤 했다. 20대가 됐을 무렵 교도소는 그에게 집과 같았다. 최근 그가 내게 말했다. "사람들이 나한테 그러더라고. 옥살이가 싫으면 법을 어기지 말라고. 하지만 난 옥살이를 하고 싶었어. 범죄는 목적을 위한 수단이었고 처벌은 그 보상이었지." 나는 그에게 감옥에서 시간을 어떻게 보냈냐고 물었다. "밤마실을 다니면서." 그가 말했다. '밤마실'은 약에 취하는 것을 의미하는 완곡한 표현이다. 5시에 교도관들이 잠을 자라고 문을 잠그면 그는 헤로인을 하면서 시간이 존재하지 않는 현실로 떠나곤 했다. 그러다 의식이 돌아오면 물을 벌컥벌컥 들이켰다. 혹시 소변 테스트를 하게 되면 당국이 그의 체내에서 헤로인을 발견할 것이고 그러면 추가로 30일을 더 갇혀 있어야 했기 때문이다. 밤마실을 다니는 것은 도박이었다. 시간을 죽일 수도 있었지만 또한 형기에 시간을 보탤 수도 있었다. 헤로인은 보통 흡입 후 72시간 동안 소변 검사에서 나타나게 되는데 데이비드는 물을 충분히 들이켜 20분마다 소변을 보았다. 이튿날 12시까지 체내에서 약을 씻어 내리는 그만의 입증된 방법이었다.

데이비드는 오십이 되기 직전에 마지막으로 출소했고 지난 5년 동안 감옥 개혁 운동가로 열정적으로 일해왔다. 요즘 그의 하루 일과는 감옥에 있을 때와 똑같다. 집에서 그는 체제의 시간에 맞춰 눈뜨고, 잠들고, 식사를 하고, 낮잠을 잔다. "하지만 더 이상 밤마실은 필요 없어." 그가 말했다. "진행 중인 프로젝트가 너무 많아서 하루에 24시간으로도 모자라."

주말에 나는 우리 집 책상 앞에 앉아 수업에 사용할 아이디어를 찾으려고 컴퓨터를 들여다본다. 우연히 1960년대에 사무엘 베케트의 연극 〈고도를 기다리며〉가 캘리포니아의 샌 퀜틴 주립교도소에서 상연됐다는 내용의 기사를 발견한다. 연극은 한때 교수대가 있던 자리에 세워진 권투 링에서 막이 올랐다.

20대 초반, 나는 사무엘 베케트의 연극 〈크라프의 마지막 테이프〉와 〈난 아니야〉를 한 달 간격으로 예약했다. 그 대단한 베케트의 작품을 난생처음 경험한다는 사실에 신이 나서 극장에 들어가 자리에 앉았다. 조명이 꺼지고, 〈크라프의 마지막 테이프〉가 시작되었다. 한 노인이 우중충한 방에서 자신이 녹음한 테이프를 듣더니 자신의 목소리를 또 녹음했다. 연극이 끝났다. 나는 한숨을 돌리며 극장을 나온 뒤 몇 집 건너 이탈리아 식당에 가서 티라미수를 먹었다. 한 달 뒤 〈난 아니야〉를 보러 가기로 돼 있던 날, 퇴근을 하고 집에 돌아와 텔레비전을 켰다. 〈난 아니야〉가 칠흑같이 까만 무대에서 여배우의 입에만 조명을 비춘 채 진행된다는 소리를 들은 터였다. 입이 맹렬한 속도로 뒤죽박죽된 문장들을 뱉어낸다고 했다. 몇 시간 뒤 극장으로 출발해야 하는데 텔레비전에서 〈프렌즈〉가 연속 방송되기 시작했다. 나는 전화기를 집어 들고 피자집에 마르게리타피자를 배달시켰다.

나는 노트북의 스크롤을 내리며 계속 기사를 읽는다. 샌 퀜틴 주립교도소에서 복역하던 중에 베케트를 알게 된 릭 클루치라는 사람의 이야기가 실려 있다. 클루치는 석방되자마자 이 극작가와 친구가 되었고 베케트의 지도를 받으며 〈고도를 기다리며〉를 연기했다. 베케트 학자인 랭스 두어파드는 클루치가 "연기 학교를 거친 사람들은 꿈도 못 꿀 방식으로 베케트의 인물을 살아냈다"고 주장했다.

나는 노트북에서 고개를 들어 멀지 않은 허공을 응시한다. 보통 때면 프리뷰 채널 중 한 곳에서 〈심슨 가족〉의 예전 에피소드를 방영할 시간이다.

나는 다시 화면을 바라보며 집중하려고 애쓴다. 나는 〈고도를 기다리며〉를 다운받고 메모를 한다.

이틀 후 교실이다. 지기라는 남자가 가장 먼저 나타난다. 양끝이 올라간 넓은 콧수염이 좁은 얼굴을 덮고 있다. 오늘 그는 여벌의 티셔츠를 한 손에 들고 있다. 그가 의자에 축 늘어져 앉더니 얼굴에 티셔츠를 걸친다.

"괜찮아요, 지기?" 내가 묻는다.

그가 마치 베일이라도 되는 것처럼 머리 위로 티셔츠를 반쯤 들어 올리고 말한다. "우리가 어제 이 수업을 했던가요?"

"어제는 일요일이었어요." 내가 말한다.

"귀신이 밤새 나한테 말을 걸었어요. 잠을 거의 못 잤어요."

"배려심이 넘치는 귀신은 아닌 것 같네요."

티셔츠를 들고 있어서 지기의 양팔꿈치가 바깥쪽 위를 향하고 있다. "실은 몹시 유쾌하긴 했어요."

"여자 귀신이었어요?" 내가 묻는다.

"이곳은 남자 교도소예요." 지기가 말한다.

"귀신 교도소에서 복역 중이래요?"

지기가 혀를 쯧쯧 찬다. "예전에 제 감방 옆에 교수대가 있었대요."

"이웃을 만나는 건 늘 좋은 일이죠." 내가 말한다.

"됨됨이가 괜찮아 보였어요."

"교수형은 왜 당했는지 궁금하군요."

"그건 물어보고 싶지 않았어요." 지기가 머리 위로 티셔츠를 덮고선 팔짱을 낀다.

잠시 후 웨인이 들어온다. 웨인은 형량이 정확하지 않다. 13년 전에 징역 6년 형을 받았고 4개월 전에 이곳으로 왔다. 이전 교도소에서 그는 감방을 벗어나기 위해 패션 수업을 들었다. 수업 때면 그는 늘 만들던 바지를 바느질하다가 수업 종료 20분 전에 이미 끝낸 바느질의 일부를 풀었다. 계속 수업을 듣기 위해서였다. 웨인의 이감은 그가 바지를 완성하기 전에 갑작스레 이루어졌다. 이전 교도소의 패션 선생님이 봉투에 바지를 넣어 이곳으로 보냈다. 지난주에 그 봉투가 도착했다.

웨인이 앉지 않고 의자 뒤에 서 있다. 그가 내게 묻는다. "몇 살이에요?"

"서른둘이요." 내가 답한다.

"젠장, 어떻게 서른둘일 수가 있어요? 나는 서른여덟인데!"

웨인이 머리 위에 티셔츠를 걸친 지기를 쳐다보고는 다시 나를 본다.

"감방 동료가 말이 아주 많다는군요." 내가 말한다.

"난 머저리랑 같이 쓰고 있어요." 웨인이 말한다. "감옥에 들어온 이유가 고작 노숙을 하는데 겨울에 잘 곳이 필요해서래요. 간밤에 그 머저리가 모범수로 12월에 석방된다는 통지서를 받았다면서 투덜댔어요. 내가 IPP인 걸 알면서도 밖에 나가기 싫다며 계속 징징대잖아요."

지기가 얼굴에서 티셔츠를 들어 올린다. "IPP는 안 돼요. 난 IPP가 도입되고 나서 폭력적인 범죄에서 손을 뗐어요. 무시무시한 형이에요."

"내가 그 망할 IPP요." 웨인이 말한다.

"오, 와우." 지기가 얼굴 위로 다시 티셔츠를 내린다.

잠시 후 윔이 들어온다. 40대 초반의 네덜란드인으로, 지난 9개월 동안 성공적으로 마약을 끊었다. 길고 풍성한 머리칼을 가지고 있으며 교도소에서 발급해준 신분증 사진에 비해 10년은 더 어려

보인다. 그가 깜짝 놀라 지기를 다시 쳐다본다. "여기가 아부 그라이브 수용소요?"

"밤새 누가 잠을 못 자게 했대요." 내가 말한다.

"지난주에 우리 방에 열아홉 살짜리가 딱 하룻밤을 묵었어요." 웜이 말한다. "아침에 보석으로 풀려날 건데도 가만히 있지를 못하는 거예요. 밤새 안 자고 10분 간격으로 간수를 호출해서 이렇게 묻잖아요. '저 내일 법원에 가는 거 아시죠?' 그러다 또 20분 뒤에 버저를 눌러서, '내일 법원에 간다는 서류에 제 이름이 올라가 있는 거 확실하죠? 까먹지 마세요, 네?' 그러곤 결국 잠이 들었어요. 너무 열 받아서 잠이 안 오더라고요. 그놈한테 인생을 낭비하지 말라고 소리치는 상상을 계속했다니까요."

웜이 지기의 의자로 걸어가서 묻는다. "지기, 누구랑 같이 방을 쓰는 거야?"

"난 독방이야." 지기의 말이 티셔츠 때문에 작게 들린다.

웜이 머리를 긁적인다. 그가 무언가를 말하려는 듯 입술을 움직이다가 그냥 자리에 앉는다.

마지막 몇 사람이 들어와 원형 대열에 자리를 잡는다. 30대 초반의 자메이카계 영국인인 앤드루가 마지막으로 들어온다. 안경다리 두 쪽이 모두 투명 테이프로 고정돼 있다. 그와 마지막으로 대화를 나눈 게 14일 전이다. 그 14일 동안 그는 출소했다가 다시 교도소로 돌아왔다. 나는 그가 떠났던 것도 눈치채지 못했다.

"이곳으로 돌아온 나 자신에게 너무 화가 나요." 그가 말한다.

"유감이군요. 얼마나 있어야 다시 나가나요?" 내가 묻는다.

"열 달이요." 그가 한숨을 쉰다. "빨리 지나갔으면 좋겠어요. 감옥에 오면 이상한 게 그거예요. 선고를 받는 순간 시간의 소중함을 깨달으면서도 어서 시간이 흘러가길 바라게 되죠. 다시 밖으로 나가고 싶어서요."

앤드루가 자리에 앉는다. 나는 문을 닫는다.

"극작가 사무엘 베케트는 파리에서 교도소 맞은편에 살았어요." 내가 말한다. "창문으로 교도소 담벼락 너머가 보였죠. 그는 발코니에서 조명과 거울을 이용해 재소자들과 소통했어요."

"마약 거래상이었어요?" 윔이 말한다.

"그는 디디와 고고라는 두 노인이 등장하는 연극을 썼어요. 두 노인은 후줄근한 정장 차림으로 죽은 나무 옆에 서 있죠. 두 사람은 고도라는 사람을 기다려요. 하루 종일요. 해가 지기 직전 한 아이가 와서 고도 씨가 오늘은 못 오지만 내일은 올 거라고 말해주죠. 해가 지고 디디와 고고는 계속 기다려요."

지기는 티셔츠가 머리 위에서 흘러내리지 않도록 매만진다.

"디디와 고고는 다음 날에도 온종일 기다립니다. 밤이 오기 직전 그 아이가 다시 와서 고도 씨가 오늘은 못 오지만 내일은 꼭 올 거라고 말해요. 디디가 아이에게 어제도 그렇게 말하지 않았냐고 묻죠. 하지만 소년은 자신은 어제 오지 않았다면서 분명 자기 형이었을 거라고 해요. 소년은 떠납니다. 고고가 말하죠. '계속 이렇게 있을 순 없어.' '그건 네 생각이고.' 디디가 답합니다."

웨인이 나를 보고 눈을 찌푸린다.

내가 말한다. "시간이 느릿느릿 흘러가요. 디디와 고고는 정신 팔 곳을 간절히 원하죠. 연극 내내 그들은 서로에게 애걸합니다.

'이제 뭐 하지?' '우리 뭐 할까?' '기다리는 동안 뭘 해야 하지?'"

"둘은 뭘 하나요?" 앤드루가 묻는다.

"그들은 많은 것을 시도해요. 한번은 서로 싸우면서 시간을 보내려 하죠." 내가 말한다.

"내 옆방에 있는 두 놈도 간밤에 제대로 붙었어요." 윔이 말한다. "교도관들이 둘을 떼어놔야 했죠. 한 놈은 BBC를, 다른 한 놈은 ITV를 보려고 했어요."

앤드루가 말한다. "처음 감옥에 왔을 땐 감방에 TV가 있는 걸 보고 '난 살았다'라고 생각하잖아. 그런데 지금은 그날이 그날이야."

앤드루가 어젯밤 방송된 드라마 〈이스트엔더스〉에서 두 인물이 말다툼을 벌인 것에 대해 얘기하기 시작한다. 윔이 합류한다. 한 무리가 〈심슨 가족〉과 〈러브 아일랜드〉에 대해 떠든다. 나는 학생들의 주의를 끌기 위해 한 손을 든다. 내 움직임을 알아챘음에도 이제 거의 대부분이 텔레비전에 대해 수다를 떤다. 나는 손을 내리고 의자에 등을 기댄 채 잡담이 끝나기를 기다린다. 〈홀리오크〉, 〈패밀리 가이〉, 〈지상 최악의 교도소에 가다〉라는 다큐멘터리 시리즈에 대한 얘기가 오간다.

나는 3~4분 동안 의자에 등을 기댄 채 텔레비전에 대한 수다가 잦아들기를 기다린다. 대화가 잦아들자 나는 똑바로 앉아 〈고도를 기다리며〉에 대한 수업을 이어나간다. "디디와 고고는 시간을 죽이기 위해 잠을 자기로 합니다. 하지만 한 사람이 꿈을 꾸기 시작하면서 잠도 꺼리게 되죠."

"잠은 수감 생활을 때울 가장 긴 방법이에요. 물속에서 옥살이를 하는 것과 같죠." 윔이 말한다.

지기가 티셔츠를 반쯤 들어 올린다. "난 어젯밤에 한숨도 못 잤어요."

"디디와 고고는 왜 그냥 가지 않나요?" 웨인이 말한다.

"그들은 그만 떠나기로 합의하고도 그냥 계속 서 있어요." 내가 말한다.

"고도는 대체 뭔가요?" 웨인이 말한다.

"디디와 고고는 고도가 어떻게 생겼는지도 몰라요. 고도가 그들을 만나고 싶어 했다는 사실도 확실하지 않아요. 고도가 '아주 확실한 건 어떤 것도' 제공할 수 없으며 '무엇도 약속할 수 없다'고 말한 것만 대강 떠올려요."

"그러면 그냥 사기네. 고도는 아무것도 아니에요."

"우리는 모두 기다려요." 윔이 말한다. "어쩌면 신일 수도, 죽음일 수도 있죠. 깨달음일 수도 있고요."

"이게 뭔가 심오한 거라고 생각하나 본데, 윔. 맹세컨대, 그렇지 않아." 웨인이 말한다. "고도는 공포영화 속의 괴물과 비슷해. 보이지는 않고 느껴지기만 하니까 늘 두려운 거야. 공포영화 감독들이 머리를 써서 그렇지, 전혀 심오하지 않아. 베케트는 그냥 널 가지고 놀려는 거야."

"어쩌면 우리도 우리가 뭘 기다리는지 모를지 몰라. 그냥 핑계 대기에 그럴싸한 것을 기다리는 걸지도." 윔이 말한다.

"심오한 소리 같지만 도통 뭔 말인지 하나도 모르겠군." 웨인이 말한다.

윔이 양손으로 머리칼을 쓸어 넘긴다. "구걸하던 시절에 내가 할 수 있는 최악의 행동은 인내심을 잃는 거였어. 이성을 잃거나 빈정대면 아무도 돈을 주지 않아. 천번 만번 거절당해도 그냥 계속 참아야 해."

웨인이 비웃으며 고개를 흔든다.

내가 말한다. "디디는 시간을 죽이려고 농담을 하죠. 하지만 웃음 포인트에 다다르기 직전, 전립선이 약해 소변을 보러 가야 해요. 이후 개의 죽음에 대한 노래를 부르려 하지만 자꾸 가사를 까먹죠. 그들의 모든 시도는 실패하거나 역효과를 일으키거나 금세 김이 빠집니다."

"필요하면 자살도 떠올릴 수 있을 텐데 말이에요." 웨인이 말한다. "자살을 해야 한다는 말이 아니에요. 하지만 그것도 선택지라는 걸 알면 일이 훨씬 쉬워지죠."

내가 말한다. "연극 말미에 그들은 고고의 허리띠 끝을 한쪽씩 붙잡고 목을 맬 정도로 튼튼한지 시험합니다. 허리띠가 끊어지면서 둘은 넘어질 뻔하죠. 고고의 바지가 발목까지 내려가고 연극은 막을 내립니다."

웨인이 콧구멍을 벌름거린다. "베케트는 그냥 우리를 엿 먹이려는 거야."

내가 학생들에게 묻는다. "디디와 고고는 고도를 어떻게 기다려야 할까요?"

"아직 오는 중일 수도 있잖아요. 그냥 '흑타'라서 그렇죠, 흑인 타임 말이에요." 앤드루가 말한다.

흑인 학생 몇 명이 웃는다.

앤드루가 말을 할 때 그의 안경이 흔들린다. "흑인이 12시에 보자고 하면, 그건 12시 반쯤 출발한다는 의미예요. 12시에 약속 장소에 도착하면 한 시간은 기다려야 해요. 제 생각에, 정부가 그토록 많은 흑인을 감옥에 처넣는데도 우리가 봉기하지 않는 이유도 그래서예요. 우리는 시간에 관심이 없어요. 솔직히 디디와 고고는 자메이카에서 고도를 기다려봐야 해요."

지기는 여전히 머리에 티셔츠를 걸친 채 의자에 축 늘어져 있다. 웨인은 점점 짜증이 치미는 모양이다.

윔이 눈가에서 머리칼을 치우며 말한다. "디디와 고고가 고도가 오는지 확인하려고 길만 쳐다본다면 금세 미쳐버릴 거예요. 하지만 고도 생각을 안 하려고 해도 미치겠죠. 분홍 코끼리를 생각하지 않으려고 애쓰는 것과 같아요. 그러니까 고도에 대해 생각하지도 말고, 고도에 대한 생각을 피하려고도 하지 말아야죠."

"그걸 어떻게 동시에 해?" 웨인이 묻는다.

"정신을 딴 데 파는 거지."

"생각을 피하는 거랑 뭐가 달라." 웨인이 아랫니를 앞으로 조금씩 내밀면서 말한다.

"고도에 대한 생각을 피한다는 건 고도가 늘 생각의 중심을 차지한다는 뜻이야. 정신을 딴 데 파는 건 잠시 그에 대해 잊어버리는 거고. 여기 있는 나도 마찬가지야. 취업 지원서를 쓰고 몇 주가 지나면 마주치는 교도관을 모두 붙잡고 잘 처리됐는지 확인해 달라고 부탁하겠지. 어제 답을 받았으면 좋았겠지만 항상 내일까지 기다려야 해. 원하지 않는 답일 것이 뻔한데도 말이야. 생각을 딴 데로 돌리지 않으면 나도 미쳐버릴 거야."

"디디와 고고는 한눈팔 데가 없어." 웨인이 말한다.

"다음 날 꼬맹이가 올 때마다 한푼씩 꼬박꼬박 갖고 오게 하면 돼." 윔이 말한다.

교실의 모든 사람이 웃는다.

"나라면 디디와 고고를 흠씬 두드려 패줄 거야." 웨인이 말한다.

"맞아, 디디와 고고가 문제야." 윔이 말한다. "만약 내가 거기 있으면 그들과 떨어져 혼자 기다릴거야. 그 두 사람이 우왕좌왕하면서 불평하는 소리를 들으면 기운만 빠질 테니까. 그들과는 달리, 시간을 통제할 수 있게 내 생각을 지켜야 해. 그들은 시간한테 통제당하고 있으니까."

"어떻게 해야 디디와 고고가 시간을 통제할 수 있을까요?" 내가 묻는다.

윔이 말한다. "눈을 뜨면 정오까지 온 힘을 다해 버텨야 해요. 정오에는 초저녁까지, 그다음에는 밤까지 버티는 거예요. 그게 안 되면 그다음 몇 시간, 아니 그다음 20분이라도 버티려고 해봐야죠. 아니면 2분이라도요."

웨인이 얼굴을 찌푸린다. "그러다 그 꼬맹이가 와서 그 짓을 처음부터 다시 해야 한다고 말하겠지. 내가 감옥에서 제일 싫은 게 뭔지 알아? 간수한테 무슨 부탁을 하면 내일 다시 하라고 말하는 거야. 다음 날 부탁하면 그 간수가 자리에 없어. 휴일이거나 비번이지. 빌어먹을, 거짓말은 안 했으면 좋겠어. 그냥 안 된다고 말하라고. 거절은 참을 수 있으니까."

나는 웨인에게 묻는다. "디디와 고고가 그 아이에게 뭐라고 말해야 할까요?"

"무시해야죠." 웨인이 말한다.

윔이 양팔로 기지개를 켠다. 앤드루는 옆 사람에게 시간을 묻는다. 교실의 기운이 흐트러진다. 지기가 머리에서 티셔츠를 내리고 하품을 하며 말한다. "아직 그 두 거지에 대해 얘기하고 있어?"

"디디와 고고가 어떻게 기다려야 할지 토론하는 중이야." 윔이 말한다.

"그놈이 언제 오는지에 달려 있지." 지기가 말한다.

"그건 둘 다 몰라." 웨인이 말한다.

"그걸 알아야지. 아니면 왜 아직 거기 있는 거야?" 지기가 말한다.

"언제 오는지 둘 다 모른다니까." 웨인이 말한다.

"글쎄, 언제 오는지 알아내야 해."

"이 친구야, 귀를 열어. 빌어먹을, 그건 알 수가 없다니까. 그게 이 멍청한 이야기의 핵심이야."

"그 부분에서 졸았나 봐."

"그러면서 대체 의견은 왜 내는 거야?" 웨인이 말한다.

"그가 언제 오는지 꼭 알아내야 하니까." 지기가 말한다. "불확실성은 좋지 않아. 그자가 안 오면 그냥 떠나야지."

"그냥 도로 자." 웨인이 말한다. 그가 일어서서 교실 밖으로 나간 뒤 문을 쾅 닫는다.

우리 모두 서로를 쳐다본다. 윔이 꼴사나운 듯 오만상을 찌푸린다.

“그냥 그 꼬맹이를 따라가야지. 그러면 고도한테 가게 될걸.” 지기가 말한다.

나는 학생들에게 잠시만 그들끼리 얘기하라고 한다. 문으로 가서 유리창 너머를 바라본다. 웨인이 복도를 이리저리 서성이고 있다. 그가 낮은 소리로 중얼거린다. 내 뒤에서 앤드루와 윔이 〈러브 아일랜드〉에 대해 이야기한다. 누군가 〈드래곤즈 덴〉을 언급한다. 교실의 소음이 높아진다. 모두가 텔레비전에 대해 떠든다.

7장

우리는 무엇을 용서할 수 있을까요?

애시가 설명한다.
“그는 자신이 저지른 짓을 깨달았어요.
자신이 죽어도 싸다고 생각했고…….
하지만 그걸로 충분하지 않았어요.
그러니 눈을 뜨고 계속 고통을 겪어야 하는 거죠.”
“그가 용서받을 수 없다는 뜻인가요?” 내가 묻는다.

두 달 넘게 집을 태워먹을까봐 불안에 떨고 있다. 아침마다 현관을 나선 뒤 집 앞 거리 끝에 다다르면 가스레인지를 켜놓고 나온 것 같다는 생각이 든다. 켜놓지 않았다고 아무리 나 자신을 타일러봐도 소용없다. 혹시 퇴근하고 집에 왔을 때 소방관들이 건물을 집어삼킨 화재를 진압하고 있으면 어떡하지? 시커멓게 불탄 내 동거인의 시체가 밖으로 실려 나오는 모습을 보게 된다면?

나는 집으로 달려가 가스레인지를 확인한다. 가끔 처음에 제대로 확인했는지를 확인하기 위해 두 번 집으로 달려갈 때도 있다. 그날 아침에 가스레인지를 사용하지 않았는데도 머릿속의 사형집행인이 내게 뭔가 잘못을 저질렀을 거라고 말한다. 두려움이 너무 강렬해서 나는 집으로 돌아가 아무 짓도 하지 않았음을 확인해야 한다.

시간을 아끼려고 집을 나서기 전에 가스레인지 사진을 찍기 시작했다. 이제는 거리 끝까지 갔다가 가스레인지를 켜놨다는 공포가 닥치면 휴대전화를 보고 아무 문제 없음을 확인할 수 있다. 때론 사진을 보면 마음이 놓이고 사형집행인이 입을 다문다. 하지만 어떤 날엔 그래도 두려움이 가시지 않는다. 죄책감이 너무 뿌리 깊어 내용 따윈 필요 없다. 나를 질식시키는 유해 가스처럼 그 속이 어렴풋하다.

3개월 전, 어느 아름다운 여름 날, 나는 20년 지기 조니와 함께 강에서 보트를 탔다. 물 위로 고개 숙인 수양버들이 보일 때면 흔들리는 가지 사이로 배를 몰았다. 우리는 버들잎이 머리를 스칠 때마다 키득키득 웃었다. 어젯밤 나는 그날 사진을 보려고 휴대전화를 꺼냈다. 앨범을 스크롤하면서 가스레인지 사진을 60개가량 지나고 나서야 강에서 찍은 사진이 나왔다.

오늘 나는 취약 죄수들을 대상으로 수업을 하기 위해 교실에서 기다리고 있다. 취약 죄수란 나머지 죄수들과 섞여 있으면 머리통이 박살날 수도 있는 재소자들을 말한다. 대다수의 취약 죄수들이 성범죄자지만 일부는 마약 빚이 있거나 일반 재소자 틈에 껴 있는 깡패들로부터 위협을 받는 자들이다. 이 교실에는 층계참이 내다보이는 커다란 창문이 있다. 창문은 강화유리다. 보안요원이 내게 항상 문을 잠그고 있어야 한다고 말한다. 특정한 일반 재소자들이 교실로 들어올 경우 '피바다'가 될 수도 있기 때문이다. 하지만 창문의 블라인드는 항상 걷어놓아야 한다. 그래야 취약 죄수들이 서로 공격할 경우에 대비해 교도관들이 교실 안을 주시할 수 있다.

취약 죄수 일곱 명이 두 교도관의 호위를 받으며 나타난다. 그들은 교실의 양쪽 끝에 앉는다. 왼쪽 집단이 오른쪽 집단보다 서른 살이 어리다. 취약 죄수 사동에 수감된 대부분의 죄수들이 10대이거나 20대 초반이다. 나머지는 주로 50대나 60대다.

교도관이 교실을 나서면서 문을 잠근다.

애시와 데번이 나란히 앉는다. 애시는 수감 전에 지리학과 교수였다. 나보다 서른 살이 많고 교육 경력도 두 배나 길다. 빨간색과 파란색 체크무늬가 들어간 긴팔 셔츠 차림으로, 그가 강의실에서 그 옷을 입고 있는 모습을 쉽게 상상할 수 있다. 6월에 그의 감방에 읽을거리를 가져갔다가 그의 침대 옆에 아직도 크리스마스카드가 놓인 것을 보았다.

데번은 감옥에서 지급하는 신발을 신고 앞면에 야자수와 석양이 그려진 티셔츠를 입고 있다. 낼모레 마흔이지만 글을 읽지 못한다. 내가 보기엔 학습장애가 있는 것 같다. 지난주에 몇몇 학생이 토성에 대해 얘기하고 있었다. 데번이 당황스러운 표정을 지었다. 토성이 달과 같다고 생각한 것이었다. 사람들이 토성과 달은 다르다고 말하자 그는 자신이 놀림 받는다고 생각하고는 화를 냈다. 오늘 데번이 교실에 법률 문서를 가져와서 애시가 내용을 설명해주고 있다. 애시가 발음을 가르치려고 노력한다. 데번이 말한다. "ㅂㅂㅂ ……." 그가 종이를 보며 눈을 찡그린다. "ㅂㅕ……ㄴ…… ㅎㅎ……ㅗ……ㅅ……ㅏ."

교실 반대편에서 누군가 헛기침을 하며 '아동성범죄자'라고 말한다. 그의 옆에 앉은 젊은 남자들이 웃음을 터트린다. 열아홉 살인 에도는 자신이 마약 범죄로 수감됐고 사동에 불만이 많아 취약 죄수 사동으로 옮겨졌다고 말했지만 실제 죄목은 성범죄다.

재소자 여섯 명이 창문 앞을 지나 자신들의 감방으로 이송되고 있다. 한 사람이 창문을 쾅 하고 치면서 "망할 놈의 아동성범죄자들"이라고 소리친다. 에도가 의자에 앉은 채 몸을 앞으로 숙이고 신발 끈을 풀었다 다시 묶으며 얼굴을 숨긴다. 그는 사람들이 지나갔는지 확인한 뒤 다시 몸을 일으켜 앉는다.

*

학생들은 수업이 시작되길 기다리며 나를 쳐다본다. 일반 재소자들은 잡담을 멈추고 내게 주목하기까지 한세월이 걸리지만 이들은 서로 대화가 없다.

내가 말한다. "《성경》에는 예수님이 성전에 갔다가 고리대금업자들과 마주치는 장면이 나와요. 예수님은 채찍을 내리치며 그들을 몰아내죠. 탁자를 던져버리면서 그들에게 '내 아버지의 집을 장사하는 집으로 만들지 말라'라고 말합니다."

"내 생각에 그 구절은 '내 아버지의 집을 강도들의 소굴로 만들지 말라'인 것 같은데." 애시가 말한다.

"죄송해요, 애시. 강도들의 소굴이긴 하죠." 내가 말한다.

"예수님은 왜 탁자를 던졌나요?" 데번이 묻는다.

"화가 나서지." 애시가 말한다.

"왜?" 데번이 말한다.

"그들이 성전에서 장사를 하고 있잖아. 성전은 성스러운 곳인데." 애시가 말한다.

"성스러운 게 뭔데?"

"성스럽다는 건 뭔가가 특별해서 절대 해를 입히면 안 된다는 거야."

"웩!" 앨피가 역겹다는 듯 입꼬리를 내리며 말한다. 앨피는 마약 빚으로 취약 죄수 사동에 들어왔다. 나이는 열아홉 즈음이다.

성전을 정화하는 것에 대해 대화를 나눠보려 하지만 사람들이 계속 서로를 비난한다. 수업이 시작된 지 몇 분 만에 벌써 진이 빠진다.

루이라는 학생은 묘하게도 내 첫 여자 친구의 아빠와 닮았다. 중고차를 팔았던 여자 친구의 아빠는 양손에 금반지를 끼고 선탠한 피부를 자랑했다. 루이를 볼 때마다 내 여자 친구의 아빠에 비해 혈색이 참 안 좋다는 생각이 불쑥 떠오른다. 루이는 첫 수업 때부터 애시를 좋아하지 않았다. 당시 애시가 "나는 기숙학교에 다니면서 감옥에서 살아남는 법을 배웠소"라고 말하자 루이는 "나는 공영 주택단지에 살면서 감옥에서 살아남는 법을 배웠소"라고 쏘아붙였다.

나는 수업을 진행하려 노력한다. "예수님은 고리대금업자들을 성전에서 몰아냈습니다. 장사를 하면 안 되는 장소로는 또 어디가 있을까요? 캘리포니아에선 재소자가 82달러를 내면 호화로운 감방에서 하룻밤을 보낼 수 있어요. 인터넷에선 사과 전문 업체에 돈을 내면 대신 '사과' 편지를 써주기도 하죠."

"돈이면 어떤 문제든 해결할 수 있죠." 루이가 말한다.

애시가 고개를 흔든다.

루이가 말한다. "나와 똑같은 죄를 저지른 놈들이 있었어요. 하지만 돈을 써서 법망을 빠져나갔고 감옥에도 안 갔죠."

"그렇다고 문제가 해결되진 않아." 애시가 말한다.

루이가 몸을 앞으로 숙이며 말한다. "부자들이 더 오래 살잖아. 잘 먹거든."

"그건 돈과 아무 상관이 없어. 맥도날드가 신선한 과일과 채소보다 훨씬 비싸." 애시가 말한다.

"댁은 가난이 뭔지 몰라."

"사람들은 자신을 통제하는 법을 배워야 해."

루이가 의자에서 일어나 블라인드를 친다. 내가 블라인드를 다시 걷기 위해 창문으로 다가간다.

"블라인드는 닫아도 돼요." 루이가 말한다.

"교도관이 열어놓으라고 했습니다." 내가 말한다.

"아무튼 간수 절반이 썩었잖아요." 루이가 말한다.

나는 블라인드를 걷는다.

다음 30분 동안 나는 언쟁할 틈을 주지 않고 수업 속도를 유지하기 위해 토론에 새로운 생각거리를 계속 던진다. 내가 말한다. "미국에는 많은 논란거리를 낳는 자선 단체가 있어요. 이 단체는 헤로인에 중독된 여성들에게 불임수술 비용으로 300달러를 지불하죠."

"법적 문제가 제기되었을 텐데요?" 애시가 말한다.

에도가 앨피를 슬쩍 찌른다. 두 사람이 웃는다.

"왜 웃는 거야?" 데번이 묻는다.

"괜히 저러는 거야. 데번. 저 사람들 말 듣지 마." 애시가 말한다.

일주일 뒤, 나는 가스레인지 사진을 찍고 집을 나선다. 수업을 하러 교도소로 가고 있는데 불행한 운명이 감지된다. 휴대전화를 꺼내 오늘의 가스레인지 사진을 보지만 마음이 놓이지 않는다. 사형집행인이 내게 아직은 문제 없다 해도 곧 잘못하게 될 거라고 말한다. 이걸 바꾸기 위해 내가 할 수 있는 건 아무것도 없다. 싸우기엔 너무 늦었다. 내가 할 수 있는 최선은 조용히 가던 길을 가는 것이다.

한 시간 뒤 교실에서 나는 블라인드를 걷는다. 교실에 책상이 세 줄로 늘어서 있다. 나는 배낭을 바닥에 떨어뜨리고 책상을 벽으로 밀어 교실 중앙에 의자로 원형을 만든다. 교도관이 들어와 철학 수업 교실이 바뀌었다고 말한다. 재소자들에게 콜센터 실무 경험을 제공하려고 책상을 열 맞춰 놓은 것이다. 재소자들이 컴퓨터로 사람들에게 전화를 걸어 설문 조사에 참여해달라고 부탁할 것이다. 그러면 하루에 3파운드가량을 받게 된다.

나는 가방을 집어 들고 문 쪽으로 걸어간다.

교도관이 말한다. "가시기 전에 책상은 원위치로 돌려놓으세요."

나는 책상을 원위치로 돌려놓고 교실 문을 잠근다. 그리고 새 장소로 향한다. 복도 벽에 40~50명의 인물 사진이 걸려 있다. 교도소에서 매달 범죄 이후의 삶에 대해 강연을 부탁하는 예전 재소자들의 얼굴이다. 마약 거래, 무장 강도, 조직범죄 또는 살인으로 수감됐던 사람들이 어떻게 마라톤 선수, 상을 받은 예술가, 사업가, 청소년 센터 일꾼, 대학 강사, 책을 출간한 작가가 되었는지 들려준다. 그들은 재소자들에게 그들 역시 악덕을 미덕으로 바꿀 수 있다는 영감을 주는 본보기다. 그 사진 중에 성범죄자는 없다.

나는 보안검색대에 갔다가 서명을 하기 위해 사무실에 들어간다. 50대 후반의 교도관이 의자에 등을 기댄 채 찻잔을 들고 있다. 스타일스라는 이름의 무뚝뚝한 요크셔 사람이다. 내 또래의 또 다른 교도관이 책상에서 서류 작업을 하고 있다. 나는 출입기록부를 펼친다.

"보건 담당이시오?" 스타일스가 묻는다.

"취약 죄수 대상으로 철학을 가르칩니다."

"철학이요? 이자들한테? 이자들은 짐승이요." 그가 말한다.

나는 얼굴을 찡그린다. 내 감방 열쇠를 가진 사람이 나를 짐승 취급하는 감방에서 지내면 기분이 어떨까 상상한다. 그런 감방에 내가 갇혀 있는 모습을 그려본다. 사형집행인은 그곳이 내가 있어야 할 곳이라고 말한다.

좀더 어린 교도관이 큰 소리로 말한다. "그럼 우리는 뭘 해야 하죠? 저들한테 그냥 빵과 물만 줘야 해요?"

"너 같으면 저놈들한테 네 새끼를 봐달라고 맡기겠냐?" 스타일스가 말한다.

"그게 문제가 아니죠. 그래도 우리는 저들을 돌봐야 해요." 젊은 교도관이 말한다.

나는 기록부에 내 이름 등을 적은 뒤 말다툼하는 교도관들을 두고 나온다.

나는 내 교실로 간다. 블라인드를 걷고 학생들을 기다린다. 15분 뒤, 재소자 무리가 창문 앞을 지나간다. 일반 재소자들이다. 이들이 자기 위치로 이송돼 안에 갇힌 다음 교도관들이 취약 죄수 감방

문을 열고 학생들을 데려올 때까지 기다려야 한다. 이 두 집단은 동시에 이동해서는 안 된다. 같은 이유로 취약 죄수들은 일반 재소자들보다 일찍 감방으로 돌아가야 한다.

나는 화이트보드를 지운다. 책상 위에 화이트보드용 펜들이 빨강, 검정, 초록, 파랑 순서로 줄 서 있다. 나는 펜의 순서를 검정, 파랑, 빨강, 초록으로 바꾼다. 그리고 기다린다.

10대 시절, 나는 마음 한켠으로 머릿속 사형집행인이 비이성적이라는 것을 알고는 난 잘못한 게 없다고 되새기려 안간힘을 썼다. 그런데 그즈음 〈뉴스 오브 더 월드〉지가 유죄 판결을 받은 소아성애자들의 이름, 사진, 추정 소재지를 공개했다. 곧이어 신문에 언급된 한 남자의 아파트 앞에서 150명의 사람들이 폭동을 일으켰다. 그들은 창문에 돌을 던지고 차를 전복시킨 뒤 불을 질렀다. 한 경찰관의 얼굴에도 벽돌을 던졌다. 영국 내 다른 지역에선 신문에 이름이 실린 또 다른 사람들이 공격을 받았다. 일부는 소아성애자였지만 일부는 단순히 소아성애자와 동명이인이었다. 나는 텔레비전을 켰다가 자경단원들이 한 소아과 의사의 집에 '소아성애자'라고 낙서를 휘갈긴 것을 보고 속이 메스꺼웠다. 내가 머릿속 사형집행인이 비이성적이라는 사실을 아는지 모르는지가 문제가 아니었다. 텔레비전은 내가 아무 이유 없이 처벌받을 수도 있음을 보여주었다.

40분째 취약 죄수들을 기다리는 중이다. 의자에 앉아 있기 지겨워서 텅 빈 교실 안을 이리저리 서성인다. 내 책상 위에 재소자들을 위한 신문인 〈인사이드 타임〉이 한 부 놓여 있다. 나는 책상에 앉아 신문을 펼친다. 첫 장에 항소 전문 로펌의 광고가 여러 개 실려 있다. 다음 장에는 지난 2년 내에 교도소에서 본인 잘못이 아닌 일로 사고를 당했으면 수천 파운드를 보상받을 권리가 있다는 광고가 실려 있다.

최근 간경화로 숨진 한 중년 남성에 대한 기사를 발견한다. 그는 1980년대에 소년원에 있다가 네빌 허즈번드라는 이름의 교도관에게 강간을 당했다. 허즈번드는 교도소에서 일하는 동안 300명이 넘는 소년들을 성폭행한 것으로 알려졌다. 그는 시설에서 자랐거나 가족이 돌보지 않는 아이들을 목표물로 삼았다. 한 희생자의 말에 따르면 허즈번드는 강간이 끝나고 나면 언제나 다시는 그러지 않겠다고 약속한 뒤 이 일이 새어 나가면 감방에서 시체로 발견될 거라고 협박했다. 많은 교도관이 허즈번드가 하는 짓을 알았지만 어떤 조치도 취하지 않았다.

나는 신문을 덮는다. 속이 울렁거리며 이상한 수치심이 든다. 내가 재소자들이 저지른 위법 행위만큼이나 해로운 수준으로 인간성을 파괴하고 정신적 외상을 초래하는 기관을 위해 일한다는 사실을 잊을 수 없다. 권력 남용에 대한 기사를 읽을 때마다 나도 공범인 듯한 느낌이 든다.

문이 열린다. 스타일스 교도관이다. 그 뒤에는 취약 죄수들이 줄지어 있다. 그가 그들을 방으로 안내한다. 나는 신문을 접는다.

"문제를 일으키는 놈이 있으면 무전을 치세요. 제가 처리할게요." 스타일스가 말한다.

나는 아무 대꾸도 하지 않는다. 공모를 피하기 위한, 실패한 시도다.

스타일스가 문을 잠그고 가버린다. 재소자들이 착석한다. 이번 주에는 다섯 명뿐이다. 앨피는 소아성애자를 괴롭힌 탓에 취약 죄수 사동에서 쫓겨났다. 교도소의 주요 건물로 돌려보내졌지만 그곳 마약상들에게 아직 빚이 남아 있어 교도관이 밖에서 상근하며 지키는 감방에 수감됐다.

루이가 창문으로 걸어가 블라인드를 친다. 내가 다시 블라인드를 걷기 위해 창문으로 걸어가는데 루이가 다가와 말을 건다.

"앤디, 할 말이 있어요. 당신한텐 매우 특별한 뭔가가 있는 것 같아요. 이야기를 하는 방식이나 가만히 있는 모습 같은 걸 보면요. 며칠 전엔 어떤 배우와 닮았는지 생각해봤는데, 크리스천 베일과 톰 크루즈, 둘 중에 결론을 못 내렸어요. 당신에겐 재주가 있어요. 당신의 미래에서 가르치는 것, 그 이상이 보여요. 아마 배우가 될 수 있을 거예요."

"난 가르치는 게 좋습니다, 루이." 내가 말한다.

"알아요. 훌륭한 일이죠. 하지만 더 많은 사람이 당신의 재능을 보지 못한다는 게 그저 속상해요. 내 동료 몇 명을 소개해줄게요, 어때요?"

"그건 안 됩니다." 내가 말한다.

"TV, 영화, 뮤지컬을 말하는 거예요, 앤디. 당신을 유명하게 만들어줄 사람들을 알아요. 내가 만나는 사람마다 붙잡고 이러지는 않아요. 당신한테서 엄청난 게 보여요."

"고마워요. 하지만 그런 일은 없을 겁니다." 내가 말한다.

"꼭 오늘 대답하지 않아도 돼요. 조금 고민해봐요."

나는 블라인드를 걷는다.

수업을 진행하지만 힘이 나지 않는다. 일반 재소자들을 가르칠 때는 그들이 떠들 때 나는 그 웅성거림을 즐긴다. 취약 죄수들과는 그런 형제 같은 느낌을 경험하지 못한다. 나는 더 격식을 차린다. 한편으론 루이가 내 선을 침범하지 못하게 거리를 유지하고 싶어서지만 어쩌면 스타일스처럼 내가 이들과 다른 종이라고 믿을 만큼 교만해서일 수도 있다.

이번 주에 에도는 누구에게도 '아동성범죄자'라고 부르지 않는다. 그는 말이 없다. 내가 질문을 던져도 단답형으로 대답한다. 그에게 좀더 말해보라고 해도 초조하게 피식 웃기만 한다. 말을 적게 할수록 들킬 가능성도 적어진다. 취약 죄수들 사이에 침묵의 문화가 있다는 사실이 그를 도와준다. 대부분의 일반 재소자들은 그들이 어떻게 사기로 수감됐는지 대수롭지 않게 떠들거나 자랑스럽게 자신을 마약 거래상이라고 칭하지만 취약 죄수들은 자신의 범죄에 대해 거의 입을 열지 않는다. 아주 드물게 말하기도 하지만, 부인, 최소화, 피해자인 척하기, 강한 수치심이 동반된다. 나는 대화를 철학으로 돌리려고 노력한다.

수업이 시작되고 30분이 지나자 애시가 들어온다. 그는 재정착 담당자와 만나 석방 후에 어떤 일자리를 가질 수 있을지 상담을 받고 있다. 지난달 처음 상담을 시작했을 때만 해도 온라인으로 시험 답안지를 채점하며 교육 분야에서 일할 수 있기를 희망했다. 하지만 석방 조건에 인터넷 연결이 포함돼 있을지 확실하지 않았다. 다시 상담을 받은 그가 건설 현장에서 일하면 좋겠다고 하자 다른 남자가 웃으며 말했다. "누군가 당신을 검색할 때까지는 좋겠지." "인터넷이 발명되지 않았으면 좋았으련만." 누군가 말했다. 이번 주에 애시는 옆에 앉은 남자에게 동물구조센터에 지원할 거라고 말한다.

몇 분 뒤 나는 학생들에게 말한다. "데리다는 오직 용서할 수 없는 행위만이 용서할 가치가 있다고 생각했어요."

"나는 이해가 안 되네요." 애시가 말한다.

"용서하기 위해선 일반적인 논리는 잊어야 한다고 했어요. 용서가 특별한 건 계량하거나 계산하지 않기 때문이죠. 그것이 인생에서 유일한 진정한 놀라움이라고요."

"어떻게 그럴 수 있죠?" 애시가 묻는다.

"데리다는 용서를 하려면 일종의 광기에 닿아야 한다고 했어요."

"그 양반, 정신병자였나요? 이 사동에도 그런 놈들이 있어요. 한 순간 사악한 짓을 하고선 돌아서면 까먹는 놈들요."

"용서를 하려면 광기 같은 게 필요하다고 생각하세요?" 내가 묻는다.

"난 이곳에서 매 순간 미치지 않으려고 노력해요."

내가 이야기를 들려준다. "시몬 비젠탈은 유대인 건축가로, 1943년 렘베르크 강제수용소에 감금됐어요. 그러다 수용소에서 병원으로, 그것도 칼 세이들이라는 죽어가는 나치 군인의 병상 옆으로 옮겨졌죠. 칼은 자신이 어떻게 300명가량의 유대인들을 한 집에 밀어 넣고 수류탄을 던지는 일에 일조했는지 설명했어요. 2층 창문에서 뛰어내려 도망치려던 일가족을 칼이 총으로 쏴 죽였죠. 몇 주 뒤, 칼은 러시아군의 포격에 맞서 전투를 치러요. 그리고 전장 한가운데서 얼어붙죠."

"이런 젠장." 루이가 말한다.

"그가 비젠탈에게 말했죠. '불타는 가족을 봤어요. 아이를 안고 있는 아빠와 그 뒤에 서 있는 엄마를요. 나를 만나러 온 거였어요. 안 돼, 그들을 두 번 쏠 수는 없었어요.' 포탄이 터졌고, 칼은 의식을 잃었죠."

데번은 코를 골고 있다. 애시가 그를 쿡 찔러 깨운다.

내가 말한다. "칼은 병원에서 눈을 떴고 부상으로 곧 죽을 운명이었어요. 그래서 용서를 구할 수 있게 자신의 병상에 유대인을 데려와 달라고 부탁했죠."

"뭘 용서해요?" 루이가 말한다.

내가 강의를 계속한다. "시몬은 무슨 말을 해야 할지 몰랐어요. 그냥 칼과 함께 말없이 앉아 있었죠. 숨소리는 점점 옅어졌고 칼은 결국 숨을 거뒀어요. 그 후 몇십 년 동안 시몬은 철학자, 작가, 종교인들에게 자신이 세이들에게 무슨 말이라도 했어야 하는 거냐고 집착적으로 물어봤죠."

루이가 허공으로 양손을 날리며 말한다. "칼은 용서를 구할 필요가 없어요."

"칼이 시몬에게 그렇게 부탁한 건 폭력이에요. 칼은 시몬을 인간이 아니라 유대인으로 봤던 겁니다." 애시가 말한다.

"시몬이 칼로 태어났어도 똑같이 했을 거예요." 루이가 말한다.

10분 뒤, 애시가 말한다. "죽음을 두려워한 건 칼만이 아닐 거예요. 난 그가 자신의 잘못을 알았기에 진심으로 용서를 구했다고 생각해요."

"왜 그렇게 생각하죠?" 내가 묻는다.

애시가 설명한다. "그는 조준경으로 여자와 아이를 보고 자신이 저지른 짓을 깨달았어요. 자신이 죽어도 싸다고 생각했고, 자기 머리에 총알이 박히기를 바라면서 그 자리에 얼어붙었죠. 하지만 그걸로 충분하지 않았어요. 그러니 눈을 뜨고 계속 고통을 겪어야 하는 거죠."

"그가 용서받을 수 없다는 뜻인가요?" 내가 묻는다.

애시가 내 어깨 너머를 쳐다본다.

나는 몸을 돌린다. 재소자 세 명이 유리창에 이마를 맞댄 채 창문 안쪽을 응시하고 있다.

자유롭게 이동하기 20분 전, 스타일스 교도관이 재소자들을 데려가기 위해 교실로 들어온다.

"한창 얘기하는 중입니다." 애시가 교도관에게 말한다.

"가만히 있어." 교도관이 말한다.

애시가 이를 악문다.

학생들이 일어나 열을 지어 나간다. 애시가 나와 악수하며 우리 수업이 일반 재소자들의 수업보다 짧으니 두 번 더 연장할 수 없냐고 묻는다. 나는 생각해봐야 한다고 답한다.

학생들이 떠난다. 나는 그 뒤로 문을 잠그고 의자에 털썩 앉는다. 눈을 감고 혈압이 돌아오길 기다린다.

창문을 쾅 치는 소리에 깜짝 놀란다. 눈을 뜨니 한 남자가 보인다. 그의 묵직한 주먹이 유리창을 누르고 있다.

그가 나를 뚫어지게 쳐다본다. 나는 두려운 티를 내지 않으려 애쓰며 그를 되쏘아본다. 양 허벅지를 꽉 쥔다.

그가 눈을 가늘게 뜨고 나를 쳐다보다가 웃으며 멀어진다.

나는 한숨을 길게 내쉰다. 양다리를 쭉 펴고 힘을 빼려 하지만 긴장감이 덩어리째 가슴속에 남아 있다.

이 사동에서 일하는 것이 내 머릿속 사형집행인을 너무 강하게 자극함에도 수업을 연장하자는 애시의 요청을 수락하게 될 것 같다. 실은 너무 자극하기 때문에 계속하고 싶다. 사형집행인이 이기도록 내버려두기 싫다. 이미 그가 내게서 너무 많은 것을 가져가게 내버려뒀다. 최근 사진 속의 나를 보면 잔뜩 웅크리고 있어서 키가 5센티미터는 줄어든 것처럼 보인다. 다시 꼿꼿하게 서고 싶다. 난 이 수업을 계속할 것이고, 유독 가스가 나를 감싸도 내 발로 서 있을 수 있음을 증명할 것이다. 사형집행인이 다가오면 그가 질색하도록 노려볼 것이다.

이틀 뒤 나는 집에서 320킬로미터 떨어진 지방 교도소로 향한다. 버스에서 내려 스포티파이가 나를 위해 선곡해준 믹스 음악을 들으며 걸어간다. 마이클 잭슨의 〈빌리진〉 첫 마디가 이어폰에 울려 퍼진다. 내가 휴대전화 화면의 작은 하트 표시를 누르면 스포티파이가 잭슨의 음악을 더 틀어줄 것이다. 그러지 않고 그냥 넘기면 내 향후 선곡에서 잭슨을 제외시킬 것이다.

교도소 정문에 도착한다. 나는 이어폰을 빼고 휴대전화 전원을 끈다.

이 교도소는 성범죄자만 수감한다. 감옥 안에 가드닝과 베이커리 강좌가 있다. 일부 감방에서 클래식 음악이 흘러나온다. 도서관의 책들은 대개 문학적 색채를 띠지만 어린 천사 그림들 때문에 미술사 책은 찾을 수 없다. 이곳에선 내 물리적 공간에 대한 경계심이 덜하다. 일반 교도소보다 폭력, 자해, 마약이 적어서다. 어떤 교도소에선 직원들이 재소자를 '거주자'라 불러야 한다. 이 말이 내게는 너무 전체주의적으로 느껴지지만 이 시설에 리넨 바지를 걸친 재소자가 몇인지를 보면 어울리는 말 같기는 하다.

30분 뒤, 나는 도서관에서 학생 20명을 가르친다. 이들은 자기 의견을 굉장히 잘 밝히고 서로에게 열려 있다. 나는 사람들에게 프로메테우스가 인간에게 불을 전달한 죄로 어떤 벌을 받았는지 들려준다. 이번에는 얘기를 이어가기 전에 교실에 방화로 유죄 판결을 받은 사람이 있는지 다시 확인할 필요가 없다.

수업은 굉장히 재밌다. 언제나 10명에서 12명 정도가 발언을 하겠다고 손을 든다. 다들 유쾌하고 느긋하다. 일반 교도소의 취약죄수들과는 다른 유머러스한 분위기가 있다. 사형집행인을 노려보고 싶어도 여기선 그를 찾는 게 쉽지 않다.

대화가 아직도 활발한데 교도관이 이제 감방으로 돌아갈 시간이라고 말한다. 몇몇 사람들이 다가와 반을 대표해 손수 만든 감사카드를 건넨다.

사람들이 떠난다. 나는 사서에게 카드를 보여준다.

"그들에게 아주 의미 있는 수업이었어요." 사서가 말한다.

"절반은 박사 학위가 있더군요. 그들이 이미 아는 것만 가르친 게 아닌가 싶어요." 내가 말한다.

"다들 좋아하던데요. 이 사람들은 몰두할 수 있는 순간을 갈망

해요."

다음 날, 경비가 삼엄한 교도소의 일반 사동이다. 층계참을 걸어가는데 내 뒤에서 고함 소리가 들린다.

"염병! 뒈져버려!"

나는 돌아선다. 내 뒤로 5미터쯤 떨어진 곳에서 교도관 네 명이 한 남자를 제지하고 있다. 그들이 그를 바닥으로 누른다. 그의 양손을 등 뒤로 돌려놓고 수갑을 채운다. 지켜보자니 괴롭다.

"염병!" 남자가 소리치지만 이번엔 소리가 좀 작다.

교도관 두 명이 더 달려온다. 그들이 남자를 일으켜 세운다. 남자의 얼굴이 옅은 붉은색이다. 그가 거칠게 숨을 쉰다.

교도관들이 그를 징벌방으로 데려간다. 나도 같은 방향으로 향한다. 자칫 아무도 없었을 긴 복도를 통과해 그들 뒤를 따라 걸어간다. 벽은 콘크리트 블록으로 흰색 에멀션 페인트가 듬뿍 칠해져 있다. 남자가 몸을 굽히고 고개를 숙인 채 걷고 있다. 그의 머리가 보이지 않는다.

속이 메스껍다. 교도관들이 긴장을 누그러뜨리려고 일부러 천천히 걷는다. 나는 억지로 내 평소 걸음보다 아주 느린 속도로 걷는다. 그를 앞지를까도 생각하지만 이런 광경을 견딜 힘이 있음을 증명하고 싶다. 나는 계속 그의 뒤에서 걷는다.

그날 밤 나는 침대에서 자고 있다. 발이 도로 경계석에서 미끄러진 것처럼 떨어지는 느낌에 잠에서 깬다. 나는 태아의 자세로 과호흡을 하고 있다. 손가락이 구부러져 있다. 쫙 펼 수가 없다. 침대 밖으로 나가려 애쓰지만 두 다리가 석화된 것 같다.

나는 부엌의 칼에 대해 생각한다. 사형집행인이 내게 그 칼들로 누군가를 해칠 거라고 말한다. 어쩌면 이미 누군가를 죽여놓고 기억을 차단했을지도 모른다고 한다. 나는 내가 아무도 찌르지 않았음을 확인하기 위해 지난주를 하루하루 조심스레 돌아본다. 내 생각이 터무니없다는 걸 알면서도 나의 유죄를 확신한다. 과거에 누군가를 해치지 않았더라도 미래에 그러지 않으리라는 자신이 없다.

두려움이 고조되다 가라앉는다. 호흡이 느려지며 또다시 손가락이 움직이지 않는다. 나는 침대에서 상체를 일으킨다. 나는 괜찮다고, 잘못한 게 없다고 나 자신에게 말한다. 내겐 누군가를 다치게 하고 싶다는 욕망이 없다. 하지만 사형집행인이 너무 강하다. 두려움에는 그런 권위가 있다. 나는 어떻게든 법을 어긴 게 틀림없다.

호흡이 빨라진다. 손가락이 엄지 두덩 쪽으로 말린다. 몸이 다시 한 번 두려움으로 쪼그라든다.

다음 날 아침, 나는 일하러 갈 채비를 마친다. 부엌으로 걸어가 가스레인지 사진을 찍는다. 식기건조대에 약 15센티미터 길이의 칼이 보인다. 서랍을 열어 맨 뒤쪽에 칼을 넣는다. 쾅 소리가 나도록 서랍을 닫는다.

"제발 좀." 내가 말한다.

나는 눈을 감고 한숨을 쉰다. 오늘 아침엔 사형집행인이 이겼다.

몇 시간 뒤, 나는 교실에서 블라인드를 걷는다. 학생들이 들어와 자리를 잡는 사이 루이가 교실 구석에 있는 내게 다가와 말을 건다. “앤디, 우리 프로젝트에 대해 새로운 아이디어가 떠올랐어요. 바로 성우예요. 자동차 광고를 찍게 해줄게요. 당신은 정말이지 훌륭한 목소리를 갖고 있어요.”

“수업 시작해야 합니다.” 내가 말한다.

“내가 당신을 덥석 낚아챌 캐스팅 디렉터를 몇 명 알아요.” 그가 말한다.

“생각을 해봤는데요, 루이.”

“잘했어요!”

“그런 일은 없을 거예요.”

“내 동료들은 업계 최고들이에요.”

“이만 넘어가도 될까요?” 내가 묻는다.

그가 심술 난 아이 같은 표정을 짓는다.

“오늘은 블라인드를 반만 걷어야 할 것 같아요.” 그가 말한다.

“완전히 걷어야 합니다.” 내가 말한다.

루이가 골이 나서 자리에 앉는다.

잠시 후 나는 애시, 루이, 그리고 나머지 사람들에게 에드워드 콜스턴의 동상 사진을 건넨다. 동상 아래 명판에 이렇게 적혀 있다. “이 도시에서 가장 고결한 자, 여기 서다.”

내가 말한다. “콜스턴은 박애주의자였어요. 학교, 병원은 물론이고 브리스틀 전역의 가난한 이들을 위해 집을 지으라고 돈을 기부했죠.”

“끼어들어서 죄송합니다만,” 애시가 말한다. “혹시 수업을 2주 정도 연장할 시간이 되나요?”

"힘들 것 같습니다." 내가 말한다.

애시가 눈꺼풀을 내리깐다. 그가 이를 악문다.

내가 그의 손에 들린 콜스턴의 사진을 가리키며 말한다. "콜스턴은 또한 노예 상인이었어요. 그의 회사는 서아프리카에서 약 10만 명의 사람들을 납치했죠. 그게 그가 부를 축적한 방식이었어요."

애시가 사진을 무릎 위에 놓는다.

"동상을 철거하는 게 맞을까요?" 내가 묻는다.

"계속 거기 둔다면 비인간적으로 행동해도 괜찮다고 말하는 거나 마찬가지예요." 애시가 말한다.

"난 그 단어가 당최 이해가 안 돼." 루이가 말한다. "인간이 어떻게 비인간적일 수 있다는 거야? 어쨌거나 그 시절에는 노예제가 나쁘게 여겨지지 않았어."

"콜스턴은 노예제가 나쁘다는 걸 알았어." 애시가 말한다.

"여기 있는 우리와 똑같아. 200년 전에는 취약 죄수 사동 사람들이 감옥에 갇힌 이유가 범죄로 여겨지지도 않았을 거야."

"콜스턴이 기부한 그 많은 돈을 봐." 애시가 말한다. "자신이 한 짓이 잘못됐다는 걸 알았던 거야."

루이가 말한다. "그러면 그와 같은 사람들이 존재한 적도 없는 척해야 한다는 거야? 이러면 어때, 동상을 철거하자고! 하지만 모든 동상을 철거한다는 조건으로 말이지. 죄가 없는 사람한테 먼저 돌을 던지게 해. 아니, 잠깐만, 더 좋은 수가 있어! 세상 모두를 그들이 저지른 최악의 일로만 기억하자고."

"그렇게 해야 한다는 소리가 아니야." 애시가 말한다.

그가 사진을 들어 쳐다본다.

"톱을 가져와서 동상의 한가운데를 잘라, 반만 남게 말이야." 그가 말한다.

8장

사람의 본성은 바뀌지 않을까요?

"전갈은 자기가 쏠 거라는 사실을 내내 알고 있었을까,
아니면 개구리를 쏘는 순간에야 알았을까?
여기 있는 놈들도 마찬가지야.
'친구니까 네 물건은 훔치지 않을 거야'라고 말하고는 훔치잖아.
자기가 그럴 걸 알았을까? 훔치는 순간에야 깨달았을까?"

몇 주 전에 새 교도소에서 일을 시작하게 되어 12명의 사람들과 함께 답답한 회의실에 착석했다. 우리는 오래 근속한 컨이라는 이름의 교도관으로부터 보안에 대한 강연을 듣고 있었다.

"가끔씩 거주민이 뭘 해달라고 부탁할 때가 있습니다." 그가 말한다. "오늘자 신문을 부탁하죠. 오늘자는 반입이 안 된다는 걸 알면서요. 여러분이 승낙하면 물건을 갖다 주는 데 익숙해질 때까지 매일 신문을 요구할 거예요. 그를 믿어도 되겠다고 느끼게 만드는 거죠. 그런 다음 편지를 부쳐달라고 부탁해요. 여러분은 마음도 안 좋고 해가 될 것도 없겠다 싶어 부탁을 들어주죠. 그러면 돈, 마약, 휴대전화 같은 것들을 갖다 달라고 부탁합니다. 만약 거절하면 신문을 갖다 준 것을 고발하겠다고 협박하죠. 최근 이곳에서도 재소자의 불법 휴대전화에 잔액을 채워준 게 발각돼 한 사람이 해고됐습니다. 그 모든 사건이 2년 전에 무해한 부탁을 들어준 데서부터 시작됐어요. 여러분은 자신이 그루밍되고 있다고 생각하지 않겠지만, 잊지 마세요. 이자들은 남아도는 게 시간입니다. 길고 긴 게임을 할 수 있어요."

그가 손잡이에 철사가 감겨 있는, 약 30센티미터 길이의 사제 칼 사진을 보여줬다. 그런 다음 면도날 칫솔, 못이 가시처럼 박힌 빗자루, 당구공을 넣은 양말 등 소름 끼치게 생긴 무기 사진을 12장 더 보여줬다. "재소자가 부자연스럽게 이동하는 걸 보면 누군가에게 말하세요. 무기를 숨기려는 걸지도 모르겠다 싶을 때요." 그는 지난 10년 동안 층계참에서 폭력이 점점 늘어났다고 말했다. 몇 달 전에는 한 재소자가 다른 재소자에게 주전자질을 해서 일을 수습해야 했다. 주전자질이란 주전자의 물이 끓으면 안에 설탕을 붓고 누군가의 얼굴에 그 물을 끼얹는 것을 말한다. 그러면 뜨거운 설탕이 피부 속으로 타들어가게 된다. 직원에 대한 공격도 늘어나는 추세다. "누구도 너무 가까이 오게 하지 마세요." 그가 말했다. "자신의 공간을 지키세요."

"재소자들이 감방에 소지한 모든 물건이 마약을 숨길 공간입니다." 그가 말했다. "치약 튜브나 데오드런트 통. 비스킷 봉지 한가운데. 운동화 밑창의 벌어진 틈새. 책 표지 안쪽. 강의 시간에 슬쩍한 펜대 속."

"하지만 가장 최신 범죄는 사이버 범죄죠." 그가 자신이 관리하던 재소자가 밀반입한 스마트폰으로 연애 사기를 저지른 사례를 들려주었다. 그는 잘생긴 청년의 사진을 도용해 거짓 프로필을 설정한 뒤 행복을 찾고 있다는 50대 여성을 찾아 그의 은행 계좌로 수백 파운드를 이체하게 했다. "작년에 이곳의 젊은 청년 하나가 도서관 컴퓨터를 해킹해 인터넷에 접속하는 방법을 알아냈죠. 그리고 목격자들에게 접촉해 그들을 위협했어요."

그는 이렇게 말하며 강연을 마쳤다. "눈을 부릅뜨세요. 여러분이 얼치기가 아니라는 걸 일찌감치 알게 하세요. 절대 재소자를 믿어선 안 됩니다."

만약 컨처럼 두려움과 의심을 잔뜩 품고 내 수업을 듣는 학생들을 대했다면 그들은 팔짱을 낀 채 나와 눈을 마주치지도, 입을 열지도 않았을 것이다. 내가 그들을 절대 신뢰하지 않을 거라는 사실을 안다면 그들이 왜 굳이 믿을 만한 사람이 되려고 애쓰겠는가? 컨의 조언은 층계참의 질서를 지키는 데는 효과적일지 모르겠으나 관계를 쌓아나가고 싶을 땐 쓸모가 없다. 사람들이 성장하는 데 도움이 안 된다.

나는 현재 교도소 두 곳에서 수업을 하는데 한 곳은 현대식이고 다른 한 곳은 구식이다. 현대식 교도소는 구식에 비해 더 깨끗하고 복도도 더 넓고 창문도 더 크다. 하지만 건물의 모서리가 더 각져 있는데 각 방의 귀퉁이가 구식 교도소는 둥근 반면, 현대식 교도소는 직각이다. 어떤 시설이 더 엄격한지는 잘 모르겠다. 현대식 교도소는 고해상도로 이루어지는 처벌처럼 보인다.

현대식 교도소에서 처음 일하기 시작했을 때 한 강사가 내게 재소자들을 두려워하지 말라고 했다. "일단 그들을 알고 나면 마음이 아주 따뜻한 사람들이라는 걸 깨달을 거예요." 두 달 뒤 그녀는 한 재소자에게 물건을 갖다 줬다는 이유로 해고됐다. 때로 강사와 교도관은 한 쌍의 문제 부모처럼 서로에게 반응한다. 교도관들이 엄격하고 냉소적일수록 강사들은 관대하고 낭만적으로 행동한다.

몇 달 전, 같은 교도소에서 일반 재소자 반을 가르칠 때였다. 학생들이 짝을 지어 대화하고 있는데 귀여운 얼굴의 미키라는 노인이 내게 다가와 자신의 손목시계를 보여주었다. "배터리가 다 됐어요." 그가 말했다. "몇 주 전에 새 배터리를 달라고 신청했는데 감감무소식이지 뭡니까."

"아마 신청서를 잃어버렸을 거예요. 제가 다시 써드릴게요." 내가 말했다.

"그냥 기다리지요. 걱정 마세요, 난 늘 기다리니까."

"다시 써보세요. 결국엔 받게 될 거예요."

"그래야 할 텐데. 형님이 죽기 전에 차던 시계라오. 선생님은 배터리가 없죠?"

"네." 내가 말했다.

"하." 마치 나와의 점수가 이제 1대 0이라는 것을 인정하기라도 하듯 그가 말했다.

오늘은 그 교도소에서 수업이 있는 날로, 우리 반에는 내 또래의 게이브리얼이라는 학생이 있다. 지난 몇 달 동안 그는 감방에서 감옥 수기를 쓰고 있다. 지난주에 그가 원고를 봐달라며 내게 첫 열 장을 건넸다. "당신처럼 단어를 많이 알지는 못하지만 제겐 이야기가 아주 많아요, 앤디." 원고를 읽어봤지만 다수의 글자를 알아보기 힘들었다. 게이브리얼은 자신이 난독증인 데다 악필이라는 사실을 이용해 맞춤법 실수를 가린다. 나 또한 난독증이라서 손으로 글씨를 쓸 때는 게이브리얼처럼 한다. 워드프로세서와 맞춤법 확인 기능이 장착된 컴퓨터가 없었다면 난 작가로서 첫 발도 떼지 못했을 것이다. 게이브리얼의 원고 중에서 내가 이해한 문장만 보면 그에겐 흥미진진한 이야기와 매우 뛰어난 표현 능력이 있다. 그는 매일 글을 쓰는데 나로서는 읽을 수 없는 페이지가 늘어난다는 것이 두렵다.

오늘 수업이 끝나고 학생들이 차례로 나간다. 게이브리얼이 의자 정리를 도와주겠다며 뒤에 남는다. "내가 할게요, 게이브리얼." 내가 말한다. 하지만 모든 학생이 나갈 때까지 그가 의자를 계속 쌓는다.

나는 짐을 싸서 어깨에 배낭을 둘러멘다. 게이브리얼이 그의 신문을 집어 든다. 일주일 전 신문으로, 앞면에 줄리언 어산지의 사진이 박혀 있다. 내가 문을 향해 손짓한다. 게이브리얼이 가만히 서서 말한다. "제 글 읽었어요?"

"네. 글자를 다 알아보긴 힘들었어요." 내가 말한다.

"저도 못 알아봐요. 빌어먹을 악필이라서."

"도서관에서 컴퓨터로 쓰면 안 될까요?"

"도서관은 일주일에 두 시간만 이용할 수 있어요. 그나마 봉쇄 조치가 떨어지면 소용없지만요. 진짜 유용한 건 노트북이죠."

이 교도소에서는 강사가 원격 수업을 하는 재소자들에게 감방에서 사용하도록 개인용 노트북을 제공할 수 있다. 하지만 먼저 교정 당국의 승인을 받아야 한다. 만약 재소자가 아동 성학대 혹은 불법 이미지를 소지한 죄로 수감됐거나 교정 당국이 다른 위험이 예상된다고 판단하면 노트북을 제공할 수 없다.

"노트북을 쓸 수 있게 도와줄래요?" 게이브리얼이 묻는다.

나는 그의 얼굴을 살핀다.

"글 쓰는 데 도움이 많이 될 거예요." 그가 말한다.

"상급자한테 말해볼게요."

교실 밖에 있던 여성 교도관이 문 안으로 고개를 내밀고 말한다. "이제 이동하셔야 합니다, 선생님."

교도관을 무시한 채 게이브리얼이 신문 속 어산지의 사진을 내려다본다. "벨마시 교도소가 어디죠?"

"플럼스테드요. 울위치 근처예요." 내가 말한다.

그가 나를 보고 눈을 찌푸린다.

"런던 남동쪽이요." 내가 말한다.

"플럼스테드가 어디인지는 나도 알아요." 그가 마치 바보 취급이라도 당한 것처럼 반응한다. "거길 수도 없이 지나쳤지만 교도소를 본 적은 없어요. 하지만 절대 못 보죠, 안 그래요? 지난번에 이곳에 오고 나서야 교도소가 있다는 걸 알았어요. 애들을 학교에 데려다줄 때 매일 여길 지나갔는데도 말이에요."

"선생님, 이제 정말 가야 해요." 교도관이 말한다.

"교도소는 사방에 있어요." 게이브리얼이 말한다. "하지만 다들 보기 흉한 건물이 있는 걸 싫어하니까 늘 도로에서 멀찍이 떨어진 곳에 세우고 나무로 담장을 만들죠. 키가 크고 무성한 관목을 심어서 아무도 못 보게요."

교도관이 교실로 걸어 들어온다.

게이브리얼이 말을 잇는다. "이리로 다시 소환되기 전에 버스를 탄 적이 있는데 길옆에 나무 담장이 많이 보였어요. 마음이 편치 않더군요."

"선생님, 이젠 정말……."

게이브리얼이 몸을 돌리더니 교도관을 밀치고 문 밖으로 걸어 나간다.

교도관이 어이없는 표정을 짓는다.

"가끔 고양이 때를 모는 것 같다니까요." 그녀가 말한다.

다음 날, 나는 구식 교도소에 있다. 누군가의 감방을 수색하는 교도관 세 명을 지나쳐 '2번 층'을 걸어간다. 갇힌 채 살아가는 재소자들의 냄새가 공기 중에 섞여 있다. 사람 체취, 오래된 매트리스 냄새, 마리화나 냄새, 바닥 세척제 냄새, 구취, 칠이 바스러지는 벽과 철창문에 계속 덧바르는 에멀션 페인트 냄새가 한데 섞인 냄새다.

1분 뒤 교실 문을 열자 악취가 코를 찌른다. 나는 교실에 들어가 지난 20시간 동안 닫혀 있던 창문을 연다. 카펫은 낡고 곰팡이가 슬어 있다. 속의 발포 고무가 다 드러난 의자는 이 시설을 거쳐간 수천 명의 재소자들이 앉았던 것이다. 작은 쥐가 굽도리널을 허둥지둥 지나가다가 서랍장 뒤로 사라진다. 신선한 공기가 들어오고 냄새가 사라지면서 교실이 차가워진다.

몇 분이 지나자 대여섯 명이 줄지어 들어와 원형으로 배열된 의자에 자리를 잡는다. 나는 그들이 서명을 하도록 내 책상 위에 놓인 등록부와 펜을 가리킨다. 웨슬리라는 30대 초반의 남자가 말한다. "천국에서 또 하루를 보낼 준비를 해야죠." 그의 머리 한쪽이 자면서 눌린 탓에 반듯하다. 감옥에서 지급하는 파란 티셔츠에 한쪽 팔만 끼워 넣은 탓에 티셔츠가 몸에 사선으로 걸쳐져 있다. 그 바람에 옷 아래로 하얀 러닝셔츠와 맨 어깨, 이두박근이 보인다. 그가 내 펜을 집어 들고 나를 쳐다본다. "펜이 좋네요."

"고맙습니다." 내가 말한다.

"아니요, 펜이 좋다고요." 그가 머리를 살짝 숙이고 랩을 하듯 주먹으로 입을 가린 채 말한다. "여기선 좋은 펜을 못 구해요. 게다가 이건 뾰족하잖아요. 다음에는 싸구려를 가져와요. 잃어버리기 싫으면. 여긴 왜 이렇게 추운 거예요? 창문 좀 닫아요, 친구!"

내가 창문으로 걸어가며 말한다. "냄새가 괜찮다면 닫죠." 사람들이 나를 멍하니 쳐다본다. 다들 냄새에 적응한 것이다. 나는 창문을 반만 닫는다.

나는 화이트보드로 가서 강 옆에 있는 개구리와 전갈을 그린다. 내 발 옆에 바퀴벌레 한 마리가 누워서 꿈틀대고 있다. 내가 걸리적거리지 않게 발로 치운다.

"오늘 토론할 내용은……."

비행기 한 대가 머리 위로 낮게 날아간다. 시끄럽게 웅웅거리는 엔진 소리에 말소리가 묻힌다. 나는 골반에 양손을 올리고 잠시 말을 멈춘다. 소음 아래로 웨슬리가 양쪽에 앉은 두 사람에게 말을 길게 늘어놓는다. 두 친구가 그의 입에서 나오는 말에 고개를 끄덕인다. 비행기 소리가 잦아들자 웨슬리가 말한다. "그렇잖아!" 그가 고개를 낮추고 주먹에 대고 말한다. "감옥에서 닭이 나올 때 보면 항상 오른쪽 다리라니깐."

"그게 오른쪽 다리인지 어떻게 알아요?" 내가 묻는다.

웨슬리가 일어나 양손을 겨드랑이에 붙여 날개를 만들고 한쪽 다리를 바닥에서 뗀다. "닭이 어떤 다리로 서죠?"

나는 웨슬리의 발을 쳐다본다. 왼발이 바닥에 있다. "왼쪽 다리?" 내가 말한다.

"오른쪽 다리요. 오른쪽 다리는 일을 도맡아 하기 때문에 살코기가 적어요. 감옥에서 우리한테 주는 게 그거예요. 왼쪽 다리는 의료보험 서비스로 가죠."

"하지만 어떻게 알죠? 닭다리를 보고 그게 왼쪽 다리인지 오른쪽 다리인지 어떻게 구분해요?"

"불평한다 한들 누가 우리를 믿어주겠어요?" 웨슬리가 말한다. 그의 옆에 앉은 두 친구가 나를 보고 고개를 절레절레 흔든다.

"안 믿는 게 아니에요. 나는 그냥 왼쪽 닭다리와 오른쪽 닭다리를 어떻게 구분하는지 몰라서 그래요." 내가 말한다.

"그러니까 우리가 건강한 음식을 먹는지 어떤지 놈들이 눈곱만큼이라도 신경을 쓴다고 생각하는 거요?"

"내 말은 왼쪽 다리와 오른쪽 다리를 어떻게 구분하느냐, 그거예요."

"난 당신이 마음에 들어요, 앤디. 이봐요, 당신은 바보가 아니잖아요."

"난 채식주의자예요."

문이 열린다. 래블이 면회를 마치고 늦게 나타난다. 그의 치아는 이갈이로 닳은 것처럼 매우 짧고 전부 평평하다. 그가 자리에 앉더니 교실 구석에 독이 든 검은 쥐덫 상자 두 개가 있다고 불평한다. 감방에선 재소자들이 자살할까봐 표백제를 사용하지 않는다. 이 사실이 그를 짜증나게 한다. 감방에서 화장실 냄새가 나는 것을 참아야 하기 때문이다.

"해충조차 우리보다 특권이 많아." 래블이 말한다.

"간수들이 인간용 덫이라도 사용할 줄 알았어?" 웨슬리가 말한다.

내가 말한다. "오늘은 개구리와 전갈이라는 오래된 우화에 대해 토론하려 합니다."

또 비행기 한 대가 머리 위로 지나간다.

나는 말을 잇는다. "이야기는 강 옆 풀밭에 앉아 석양을 바라보는 개구리에서부터 시작합니다……."

엔진 소리가 너무 크다. 나는 비행기가 지나가길 기다리며 또다시 말을 멈춘다.

웨슬리가 몸을 돌려 두 친구에게 다시 말을 건다. 엔진 소리가 잦아들자 웨슬리가 위를 가리키며 말한다. "언젠가 저 중 하나가 여기에 처박힐 거야."

"100퍼센트지." 그의 친구가 중얼거린다.

"여기에요?" 내가 묻는다.

웨슬리가 말한다. "엔진이 고장 나서 지상에 충돌해야 한다고 쳐요. 조종사한테 어디를 박으라고 지시할까요? 가장 가까운 교도소죠."

내가 눈썹을 치켜올린다.

"비행기가 추락하고 있어요. 조종사가 밖을 내다보니 학교, 병원, 부잣집들이 보여요. 당연히 교도소로 향하겠죠." 웨슬리가 말한다.

래블이 고개를 끄덕인다.

"교도소에서 일자리를 제공할 땐 그런 말이 없던데요." 내가 말한다.

"사람들이 어떤 기사 제목을 원할까요? '어린아이들, 비행기 충돌로 사망' 아니면 '도둑과 약쟁이들, 비행기 충돌로 사망'?" 웨슬리가 말한다.

"다들 탈출하지 않겠어요? '도둑과 약쟁이들, 비행기 충돌 후 탈출'이 되지 않을까요?"

웨슬리가 혀를 찬다. "911 테러도 미국인들의 자작극이 아니라고 생각하는 게 뻔하네요."

"그럼 하던 이야기로 돌아가죠." 내가 말한다.

"그렇죠?"

"이 이야기는 여러 가지 해석이 가능합니다."

"내 말이 맞는 거 알잖아요, 앤디." 웨슬리가 말한다.

전에 이곳에서 음모론에 대해 토론한 적이 있다. 두 번 다시는 하지 않을 것이다. 학생들이 우리 모두가 사악한 힘에 의해 통제되고 있다고 말하기에 나는 세상이 그보다 복잡하다고 말했다. 그러자 학생들이 서로를 쳐다보며 깔깔댔다.

"쌍둥이 빌딩에 그 짓을 한 게 알카에다라고 생각하죠?" 웨슬리가 말한다.

"개구리가 풀밭에 앉아 있습니다." 내가 말한다.

"달 착륙은 어때요, 진짜일까요, 가짜일까요?"

"강가에 있어요. 해가 지고 있죠."

"비행기 연기가 당신 뇌를 조종하고 있어요, 앤디."

"개구리가 강가의 풀밭에 있는데 해가 지고 있어요. 풀밭에서 전갈 한 마리가 나오더니 개구리에게 말해요. 집에 가려면 강을 건너야 하는데 자신은 수영을 못 한다고. 해가 떨어진 뒤에 밖에 있으면 위험하니, 자신은 집에 가고 싶다고. 그러면서 개구리에게 자신을 등에 태워 강 건너에 데려다줄 수 있겠냐고 물어요."

웨슬리가 마침내 귀를 기울인다.

"개구리는 싫다고 말하죠." 내가 말한다. "하지만 전갈은 개구리에게 절대 독침을 쏘지 않겠다고 약속해요. '만약 물에서 널 쏘면 네가 물에 빠지겠지. 그 말은 나도 물에 빠지고 우리 둘 다 죽는다는 뜻이야. 난 죽고 싶지 않아. 그러니 믿어도 돼, 약속해. 제발 나를 강 너머로 데려다주지 않을래?'"

웨슬리가 나를 보며 눈을 찌푸린다.

"개구리는 생각에 잠겨요. 그리고 전갈의 말이 일리 있다고 판단하고는 전갈을 강 건너로 데려다주기로 해요. 전갈이 개구리의 등에 올라타고 개구리는 물로 들어가 헤엄을 칩니다. 강을 반쯤 건넜을 때 개구리는 머리에 끔찍한 통증을 느끼죠."

웨슬리가 눈알을 굴린다.

내가 말한다. "통증이 개구리의 등을 타고 몸 전체로 퍼져요. 팔다리가 무거워지는 게 느껴지죠. 전갈이 개구리를 쏜 거예요. 개구리가 가라앉으면서 말해요. '왜 그런 거야? 이제 우리 둘 다 물에 빠질 거야.' 전갈이 말합니다. '나도 어쩔 수 없어. 그게 내 본성이야.'"

"여러 가지 해석이 가능한 이야기라고 했잖아요." 웨슬리가 말한다. "개구리가 마리화나를 했다. 이게 그 해석 아니에요?"

"안 한 게 문제야." 래블이 말한다. "했으면 적어도 이유 없이 의심했겠지. 전갈이 태워달라고 하면 이랬을 거야. '오오오오 싫어어어어! 느낌이 좋지 않아, 친구.'"

"좋아, 그럼 버섯인가 보네. 개구리가 환각 상태였어요?" 웨슬리가 말한다. "왜 전갈을 등에 태운 거예요?"

"가석방 심사에서 새 사람이 됐다고 설득하는 것과 같아. 그러다 또 체포되면 지난번에 나를 풀어준 게 그들의 실수라고 생각하지." 래블이 말한다.

"내가 궁금한 게 뭔지 알아?" 웨슬리가 말한다. "전갈은 자기가 쏠 거라는 사실을 내내 알고 있었을까, 아니면 개구리를 쏘는 순간에야 알았을까? 여기 있는 놈들도 마찬가지야. '나는 네 친구니까 절대 네 물건은 훔치지 않을 거야'라고 말하고는 훔치잖아. 그런데 친구가 될 때 자기가 그럴 걸 알았을까, 아니면 훔치는 순간에야 깨달았을까?"

"내 말이." 래블이 말한다. 그가 화이트보드로 다가온다. 나는 뒤로 물러난다. 그가 주먹을 쥐고는 화이트보드에 그려진 강을 지워버린다. "저기 강이 없었으면 이런 일은 안 일어났을 거야. 문제는 환경이야."

그가 도로 자리에 앉자 웨슬리가 말한다. "하지만 환경은 늘 있어. 환경이 없으면 애당초 동물도 없을 거야."

"하지만 네 물건을 훔친 감방 동료들도 다른 환경에서는 안 그럴 듯싶은데."

"그래서 감방 동료라고 부르는 거야. 이름 안에 있잖아. 그게 그들의 환경이야."

잠시 후 내가 말한다. “다른 사람들은 어떻게 생각해요? 개구리가 잘못했다고 생각하면 손을 들어보세요.”

또 다른 비행기가 머리 위로 지나간다.

총 여섯 명이 허공에 손을 완전히 또는 반쯤 들고 있다. 원형 대열에서 살짝 뒤쪽에 앉은 블레이크만 예외다. 코가 휘어진 블레이크는 매우 큰 이두박근을 갖고 있어 티셔츠 천이 팔뚝 위로 팽팽하다.

비행기 소음이 지나간다.

“블레이크, 이봐, 그 개구리가 바보인 거야.” 웨슬리가 말한다.

“친절하다고 비난하면 어떻게 되겠어? 더 이상 아무도 친절을 베풀려고 하지 않겠지.” 블레이크가 말한다.

“하지만 이 이야기의 전체적인 교훈은 본성에는 친절이 설 자리가 없다는 거야.” 웨슬리가 말한다.

블레이크가 웨슬리를 무시하고 말한다. “전갈이 자신의 본성을 알았다면 개구리에게 미리 말해줄 의무가 있어. 네가 마약 중독이나 가정 폭력으로 감방에 갔다 왔다면 다음에 여자 친구가 생겼을 때 네가 어떤 놈인지 말해줄 의무가 있는 것과 같아.”

“내 본성이 새 여자 친구를 사귈 때도 여전히 같을지 어떻게 알아?”

“중독은 마약 중독자의 본성이야.”

“높은 사람들처럼 말하네. 나를 봐. 난 감방에 한참을 있었어. 설령 저들이 형기 반을 채운 뒤에 날 석방시켜주더라도 여전히 나는 이제까지 보낸 2년에 2년을 더 보내야 해. 이런 개떡 같은 개구리 얘기나 할 시간이 없어.”

블레이크의 두 눈에 분노가 스친다. 웨슬리의 동료가 그를 쿡 찌르며 낮은 목소리로 말한다. 블레이크가 IPP 죄수이며 최근 석방되었다가 4일 만에 다시 수감됐다고.

웨슬리가 말한다. "그러면 댁도 현실 세계가 어떤지 알겠군. 만약 모르는 사람이 댁한테 '아, 잠깐만 그냥 내 감방에 들어와 봐'라고 말하면 어때, 안 들어가겠지? 만약 누군가 '아, 너무 고마워요. 들어갈게요'라고 해놓고 칼이며 뜨거운 물이 돌아다닌다고 불평하기 시작하면 댁은 이렇게 말하겠지. '이봐, 빌어먹을, 뭘 기대한 거야?' 그 사람은 이렇게 물었어야 해. '나더러 당신 감방에 왜 들어오라는 거요? 그러지 말고 여기 층계참에서 얘기합시다.' 개구리는 더 많이 물어봐야 했어."

"15년 전이라면 개구리를 탓했을 거야." 블레이크가 말한다. "난 늘 가해자 편을 들었지. 그땐 피해자가 피해자라는 걸 알지 못했어."

"볼 장 다 본 사람들이 늘 최악의 조언을 하지." 웨슬리가 말한다.

"그리고 자네 같은 젊은이들은 언제나 층계참에서 살아남으려면 전갈이 되는 수밖에 없다고 생각하고." 블레이크가 말한다.

웨슬리가 주먹으로 자신의 입을 톡톡 치면서 활짝 웃는다.

몇 분 뒤 블레이크가 묻는다. "전갈은 개구리를 쏘고 나서야 자신의 본성을 깨달은 건가요? 아니면 계속 알고 있었나요?"

"우리도 몰라요." 내가 말한다. "하지만 만약 내내 알고 있었다면요?"

"그러면 책임이 두 배죠. 내 본성을 자각할수록 책임이 커지더군요. 나도 마약을 하는 게 내 성격이라는 거 알아요. 그래서 약을 할 때 책임이 더 큰 거예요. 지금 나는 10년 전과 같은 죄목으로 이곳에 있어요. 하지만 그 죄에 대해 그때보다 책임이 더 커요."

머리 위로 비행기가 다가오는 소리가 들린다.

"실은, 블레이크, 지금 생각해보니 난 언제나 여자들한테 내가 거짓말쟁이라고 말했어." 웨슬리가 웃으며 말한다. "이렇게 말하지. '나에 대해 알려줄 게 하나 있는데, 바로 내가 진짜 거짓말을 잘한다는 거야.' 그러면 뭐라는지 알아? '솔직히 말해줘서 고마워.' 다들 이래. '솔직하게 말해줘서 너무 좋아.' 이런다고."

그가 다시 크게 웃는다. 하지만 웅웅거리는 비행기 엔진 소리에 묻힌다.

*

어느 점심시간, 교도소 담장을 돌면 나오는 채식 카페에서 라마를 처음 만났다. 그는 교정 공무원 제복 차림이었다. 그는 일할 때 최고의 모습을 보이기 위해 채식을 한다고 했다. 교도소 안에서는 교정 당국이 지급한 가죽 주머니 대신 특별한 천 주머니에 열쇠를 넣고 다녔다. 그는 2년 전 교도관이 되었다. 그리고 교도소를 운영하는 보다 창의적인 방법이 있다고 믿었다. 죄수를 인간처럼 대접하고 재범률도 낮은 노르웨이와 스웨덴의 이례적인 시설들, 자유의지와 자율성을 파괴하지 않고 오히려 길러주는 HMP 그렌든 같은 영국의 치료 위주 교도소에 대해 들어봤다고 했다. 그는 그런 문화를 널리 퍼트리고 싶어 했다. 하지만 근무 1년 차에 라마는 재소자들과 견실한 관계를 발전시키기는커녕 그들을 방 안팎으로 이

동시키고 가둬두는 데만 대부분의 일과를 써버리는 것에 좌절했다. 상사도 그의 야망을 별로 지지해주지 않았다. 그는 20년 동안 교정 공무원으로 근무한 바버라는 교도관과 함께 야간 당직을 서곤 했다. 바버는 라마에게 이렇게 말하곤 했다. "일단 재소자가 스물두 살이 되면 글러먹은 거야. 열아홉이나 스물이면 아직 도움을 받을 여지가 있지만, 스물둘이나 스물셋이 됐는데도 교도소로 돌아오면 이후로도 계속 돌아오게 돼. 그런 놈들은 감옥에 가둬두는 게 나을 수도 있어." 라마는 그 말에 동의하지 않았다. "사람들에게 변화의 기회를 주지 않으면 절대 변하지 않을 거예요." 바버가 키득거렸다. "나도 소싯적엔 너처럼 생각했지. 나만큼 이 일을 오래 하면 어떻게 되나 보자고."

난감하게도 나는 바버의 체념을 이해한다, 단지 그와는 반대편에서. 형이 감옥에 있을 때 나는 마약 중독을 보다 혁신적으로 치료하는 나라들에 대해, 그러니까 그 나라들이 어째서 범죄율과 사망률이 낮은지에 대해 듣기만 해도 금세 짜증이 났다. "원래 그런 걸 어쩌겠어"라고 자위하면 하루를 견디기 좀더 쉬웠다. 제이슨이 도움을 얻을 수 있는 나라에 있다고 상상이라도 하면 쉴 새 없이 분노가 치밀었다. 다른 세계가 가능하다 해도 알고 싶지 않았다.

지난주, 라마가 내게 이런 문화를 바꿀 수 있으리라는 희망을 잃고 있다고 말했다. 재소자가 밤에 버저를 울릴 때마다 한 교도관이 "버저 한 번에 총알 하나씩이야"라고 투덜댄다고 했다. 나는 라마에게 오스카 와일드의 말을 들려줬다. 교도소가 무서운 가장 큰 이유는 "사람의 마음을 아프게 해서가 아니라(어차피 마음은 아프라고 만들어졌으니까) 마음을 돌덩이로 만들어서다."

"계속 여기서 일하다가 교도소에 익숙해지고 무신경해질까봐 두려워요." 라마가 말했다. "나도 재소자들에 대해 말조차 안 하고 있어요."

다음 날, 현대식 교도소에 와 있다. 수업이 끝난 뒤 게이브리얼이 내게 다가와 말한다. "책에 실을 글을 하루에 세 장씩 쓰고 있어요."

"노트북에 대해 물어본다는 걸 깜빡했어요. 너무 바빠서요." 내가 말한다.

"사람들은 늘 깜빡하죠."

"미안해요."

"왜 사람들은 미안하다고 말하죠? 난 그 말 안 믿어요. 정말 미안하면 미안할 짓을 안 했어야죠."

"오늘 물어볼게요, 게이브리얼. 꼭이요."

그가 돌아서서 인사도 없이 자리를 뜬다.

몇 분 뒤 복도에서 상급 교도관인 웰시를 만난다. 40대 초반의 여자로 실용적인 숏컷을 하고 있다. 그녀에게 게이브리얼이 열심히 책을 쓰고 있으며 내게 노트북을 사용할 수 있게 알아봐 달라고 부탁했다는 말을 한다.

웰시가 나를 위아래로 훑어본다. "제 사무실로 오세요." 그녀가 말한다.

우리는 그녀의 사무실로 들어간다. 춥고 눅눅하다. 그녀가 문을 닫는다. "뭘 부탁하던가요?"

"그냥 지금 제가 말한 거요." 내가 말한다.

"지난번에 어떤 재소자한테 노트북을 제공했는데 나중에 보니 사동에서 빚을 졌더군요."

"그래서 그걸 팔았어요?"

"아니요. 빚쟁이들이 그의 감방에 들어가 사이버 범죄 사업에 노트북을 이용했어요. 그가 모든 법적 책임을 지도록요."

"게이브리얼도 빚이 있어요?"

"지금은 사동에 노트북이 더 돌아다니게 할 때가 아니에요."

나는 손가락으로 이마를 문지른다.

"그 친구가 살갑게 구나요?" 월시가 묻는다.

"네, 항상 뒷정리를 도와줘요."

"긍정적인 관심을 끌려는 자들은 대개 무슨 꿍꿍이가 있어요."

월시가 일을 하려고 자신의 책상에 앉는다.

나는 걸음을 옮겨 문을 연다. 그리고 몸을 돌리며 말한다. "진심으로 열심히 책을 쓰고 있어요."

"돕고 싶은 마음은 이해해요." 월시가 말한다. "아주 오래전에는 저도 마음이 흔들리곤 했죠. 하지만 다시는 속고 싶지 않아요."

교도소를 나서는 길에 층계참에서 게이브리얼을 보고 노트북을 구해줄 수 없다고 말한다.

"기대도 안 했어요." 그가 말한다.

"그러면 부탁은 왜 한 거예요?" 내가 묻는다.

그가 어깨를 으쓱한다. "어쨌거나 책을 쓰겠다고 한 것부터 바보 같은 생각이었어요."

"당신에겐 이야기가 있어요. 계속 써봐요."

"아무도 내 글을 이해 못 할 거예요. 나 자신만 부끄럽게 만들 뿐이에요."

이 건물을 무너뜨리고 보다 창의적인 무언가를 세우고 싶다. 단순히 특정한 사람들을 가두는 게 아니라 치료를 목표로 하는 장소를, 신뢰와 신용이 자라는 공간을, 박탈이 극단으로 치달아 사람들이 기본적 욕구를 충족시키기 위해 '조종자'가 될 필요가 없는 곳을, 교정 당국이 모든 사람을 전갈이라고 지레짐작하지 않고 진짜 위험한 사람과 그렇지 않은 사람을 식별할 수 있는 곳을 말이다.

하지만 건물은 아직 그 모습 그대로 서 있다.

철학자 수전 네이먼에 따르면 문제적 세상에서 살 때는 '원래 다 그런 거지'라는 패배주의적 체념이나 '세상이 마땅히 그래야 하는 모습을 갖추지 못했다'는 소모적인 분노에 빠지기 쉽다. 그녀는 그런 세상에서 잘 살기 위해선 현재의 세상을 받아들이는 동시에 바람직한 세상을 위해 분투해야 한다고 말한다. 우리는 **바람직한 세상**만큼이나 **현재의 세상**을 위해서도 살아야 한다. 내가 제정신을 붙들고 싶으면 교도소에서 일할 방법을 찾으면서 교도소를 무너뜨리길 원해야 할 것이다.

다음 날 아침, 라마의 문자에 잠을 깬다. 그가 사직서를 냈다고 한다. 학교에서 퇴학당한 아이들이 감옥에 가지 않게 도와주는 자선 단체에서 일하고 싶단다. 그가 새로 희망을 품었다는 말이 기쁘기는 하지만 교도소에 그와 같은 사람이 한 명 줄었다는 것이 좀 힘들게 느껴진다.

몇 시간 뒤, 구식 교도소에 들어가는데 머리가 아파온다. '2번 층'을 걸어가는데 비둘기 한 마리가 천장에서 15센티미터쯤 떨어진 두꺼운 파이프에 차분히 앉아 있는 것이 보인다. 담장 너머에서 날아와 보안문이 열리는 자유 이동 시간에 안으로 들어온 모양이었다. 이곳으로 들어오기 위해 층계참의 철창문 틈새를 통과한 것 같다.

교도관이 나를 지나친다. 내가 그에게 새를 가리킨다.

"알아요, 못 들어오게 할 방법이 없어요." 그가 다시 걸어간다.

나는 교실에 가서 냄새를 없애기 위해 창문을 연다. 봄 하늘이 푸르고 상쾌하지만 교실은 북향이라 계속 우중충하다. 빛이 환하면 두통이 심해질 것 같아 나로선 다행이다. 래블과 웨슬리가 어젯밤 층계참에서 본 싸움에 대해 이야기하면서 들어온다.

"소리로 먼저 들었어, 본 건 나중이고. 제대로 먹이던데." 웨슬리가 말한다. "쿵 소리가 났다니까! 한 대 세게 맞고 나서 지난 인생에 대해 다시 생각할 때 알지? 남자가 '음, 음…… 음!' 이러더라고." 웨슬리가 턱을 쓰다듬으며 생각에 깊이 잠긴 흉내를 낸다. 몇몇 학생이 손뼉을 치며 웃는다.

그가 내 책상으로 다가와 서명을 하며 말한다. "말했잖아요, 앤디. 좋은 펜이라니까요. 도둑맞고 싶어서 환장했나 보네요."

그가 책상 위에 펜을 떨어뜨린다. 나머지 학생들이 온다. 나는 문을 닫는다. 쥐 한 마리가 굽도리널을 따라 종종걸음을 친다.

내가 말한다. "도스토옙스키는《백치》라는 소설을 썼어요. 이 책의 주인공은 미시킨 공작이라는 인물로, 관대하고 다정하죠. 하지만 주변의 다른 인물들은 모두 부패하고 냉소적이에요. 그들은 미시킨을 조롱하고 모욕하고 협박해요. 그럼에도 그는 그들에게서 선한 면을 끊임없이 찾죠. 그럴수록 사람들은 그를 더욱 조롱해요. 그들은 그를 백치라고 부르죠."

"그는 나머지 사람들한테 자신들의 타락을 비추는 거울이야. 거울에 비친 자신의 모습을 보는 것이 너무 두려워서 떼거지로 그를 괴롭히는 거지." 블레이크가 말한다.

"그가 공작이라고 했죠? 온실 속의 화초처럼 현실 세계에 살지 않아서 그래요." 웨슬리가 말한다.

나는 말한다. "미시킨은 젊은 시절 총살대에 선 적이 있어요. 군인들이 총을 발사하기 직전, 그는 교회 첨탑에서 반짝이는 햇빛을 보죠. 그때 인생이 아름답다는 강렬한 느낌을 얻어요. 그의 처형은 마지막 순간에 취소되죠. 그 후 그는 살아 있다는 게 얼마나 소중한지 절대 잊지 않으려 해요."

"그러니까 사람들이 친절했으면 좋겠다 싶을 땐 면상에 총을 들이대야겠군요." 웨슬리가 말한다.

두통이 점점 심해진다.

블레이크가 말한다. "미시킨은 사방이 부패인 곳에 살고 있어요. 이곳에 있는 우리처럼요. 하지만 범죄자가 아무리 득실거려도 바깥보다 이 안이 친절을 베풀기가 더 쉬워요."

"왜죠?" 내가 묻는다.

"지난번에 석방됐을 때였어요. 친절을 베풀거나 뭔가 좋은 일을 하려고만 하면 사람들이 무슨 꿍꿍이가 있나 하면서 나를 이상하게 쳐다보더군요. 밖에서는 내가 뭘 하든 난 그냥 전과자예요. 말하자면 2D로만 살아가야 하는 거죠. 하지만 이곳에선 옥살이가 처음인 사람한테 조언을 하거나 내 수통을 빌려주기만 해도 타인을 돕는 사람이 돼요. 내 친절을 있는 그대로 봐주죠. 이곳에선 3D로 존재할 수 있어요."

"미시킨한테는 그게 어떤 의미일까요?" 내가 묻는다.

"나머지가 타락했다는 걸 알아도 진정성을 지키기 위해선 어쨌거나 친절하게 대해야 해요." 블레이크가 말한다.

"그런 세상에선 친절한 게 좋지 않아." 웨슬리가 말한다. "그러다 칼 맞지."

"그러면 미시킨에게 바뀌어야 한다고 말할 건가요?" 내가 묻는다.

"바뀔 거라면 진작에 바뀌었겠죠." 웨슬리가 말한다. "여하튼 그 어떤 인간도 진짜로 바뀌지는 않아요. 남들이 내가 변했다고 생각하게 만들 수는 있지만 그건 진짜 변하는 것과 달라요. 나만 해도 감방에 처음 왔을 때는 일부러 평소보다 훨씬 못되게 행동해요. 당국에선 내 파일에 그걸 전부 적죠. 그러다 한두 달 후에 그냥 나처럼 행동하는 거예요. 당국이 그것도 내 파일에 적어요. 형이 끝날 무렵 내 파일을 읽으면 갱생한 것처럼 보이죠. 하지만 나는 여전히 똑같이 나쁜 놈이에요."

"고전적인 수법이네." 래블이 말한다.

블레이크가 말한다. "나라면 미시킨한테 바뀌라고 하지 않을 거예요. 그 세계에서 나오라고 하겠죠."

한 시간 뒤, 수업이 끝나고 학생들이 감방으로 돌아간다. 나는 머리의 긴장을 풀어보려고 손가락으로 두피를 누른다. 교도소에서 나가고 싶은 욕망이 나를 짓누른다. 나는 가방을 움켜잡고 정문으로 향한다.

교도소를 나와 15분 동안 걷는다. 큰 공원에 도착한 나는 나무 아래 벤치에 앉는다. 멀리서 잉꼬앵무새들이 이 나무에서 저 나무로 옮겨 다닌다. 라임그린색이지만 저녁나절 햇빛을 받아 윤곽이 은색처럼 보인다. 산들바람에 머리 위의 포플러 나무가 흔들리면서 바스락거리는 잎사귀들이 백색소음을 만든다. 두통이 잦아들기 시작한다.

팔과 손에 물방울이 느껴진다. 부슬비가 떨어지며 나무 냄새와 흙냄새가 짙어진다. 하지만 뭔가 퀴퀴한 냄새도 난다. 교도소 냄새가 내 옷에 배어 있다.

두 달이 지난 뒤, 내가 교도소에 점점 무뎌지는 것이 느껴진다. 지난주에 교도관 두 명이 층계참에서 싸움을 벌인 탓에 상황이 수습되는 동안 사동이 폐쇄됐다. 가장 짜증이 났던 것은 복사기를 사용할 수 없다는 점이었다. 그렇지만 학생들이 사용할 펜이 충분하지 않거나 고장 난 열쇠 꾸러미를 들고 낑낑댈 때처럼 사소한 일에 지나치게 좌절하기도 했다.

몇 주 동안 게이브리얼을 못 봤지만 오늘 만난 다른 강사가 그가 다시 책을 쓰기 시작했다고 말해준다.

9장

당신도 다시 좋은 사람이 될 수 있을까요?

내가 말한다. “페미니스트 작가 벨 훅스는
좋은 남자라는 생각이 성차별적이라고 말해요.
좋은 남자가 아닌 좋은 사람이 되려고 노력해야 한다고 말해요.”
머빈이 말한다. “훅스의 말은 아예 말이 안 돼요.
어떻게 좋은 남자가 되는 걸 그만둬요? 남자면 남자인 거지.”

2018년, 타이론 기반스라는 재소자가 3주간 구금된 뒤 감방에서 목을 맸다. 조사 결과, 기반스는 보청기 없이 교도소에서 한 달가량을 보낸 것으로 밝혀졌다. 담당 교도관들이 그가 청각장애인이라는 사실을 알아차리지 못한 것이었다. 그들은 천천히 말하기만 하면 그가 자신들의 말을 알아듣는 것 같았다고 했다.

이번 월요일 아침에는 일반 재소자들을 가르친다. 원형으로 앉은 학생들 중 한 명인 글랜튼은 보청기를 착용한다. 20대 초반도 몇 명 있다. 반 전체가 엄청나게 시끄럽다. 금요일 저녁 식사 시간 이후 감방 밖으로 고작 두 시간 밖에 나오지 못했다. 그들의 목소리 음량에서 억눌렸던 에너지를 느낄 수 있다.

나는 긴장을 풀도록 그들에게 10분을 준다. 그러고는 학생들에게 말한다. "플라톤은 보이지 않는 반지를 발견한 기게스라는 남자에 대해 이야기해요. 기게스는 반지를 끼는 순간 아무도 모르게 사람을 죽이고 물건을 훔치는 등 무슨 일이든 할 수 있죠."

"간수들이 그놈 감방을 뒤지지 않는다면 말이죠." 글랜튼이 말한다.

"플라톤은 물어요. 기게스가 윤리적으로 행동할 이유가 있을까?"

"여자들이요." 글랜튼이 말한다.

나는 한쪽 눈썹을 치켜올린다.

글랜튼이 말을 잇는다. "구걸할 때 사내놈 셋이 함께 있으면 땡전 한 푼도 못 얻어요. 얻는다고 해봤자 먼저 나를 웃음거리로 만들어야 하죠. 하지만 여자와 함께 있는 남자는 좀 달라요. 여자 손에는 남자가 조금 전에 사준 선물이 담긴 쇼핑백이 들려 있죠. 둘 사이에 깨가 쏟아져요. 내가 일어나 남자에게 구걸을 해요. 이제 남자에게 자신이 친절하고 현금도 넉넉하다는 걸 보여줄 기회가 생긴 거죠. 웃긴 점은 내가 그에게 고맙다고 인사하지만 사실은 그 남자가 여자의 환심을 사도록 내가 돕는다는 거예요. 내가 없으면 그는 토요일 밤을 그 세 놈처럼 보낼 게 뻔하죠. 그러니 그는 내게 감사해야 해요. 내가 그자의 큐피드니까요."

"그러면 기게스는 여자들 눈에 보일 때는 윤리적으로 행동하겠네요?" 내가 묻는다.

"이곳을 봐요, 앤디. 여자 교사, 여자 간호사, 여자 교도관, 여자 약사. 그들을 몽땅 여기서 내보내면 재소자들이 더 착하게 굴까요, 더 나쁘게 굴까요?"

운동장에서 사람들의 목소리가 들린다. 우리 교실의 청년 셋이 창문으로 달려간다. 그들이 유리창을 쿵쿵 친다. "너희들 다 보여! 망할 놈들 다 보인다니까!" 그중 하나가 소리친다.

나는 그들 뒤에 서서 그들의 머리 너머를 쳐다본다. 취약 죄수들이 사동으로 이송되고 있다.

"내가 맹세코 너희들 거시기를 잘라버릴 거야." 청년 중 하나가 소리친다.

"신사분들." 내가 말한다.

"먼젓번 감옥에서 배식 일을 맡았거든요. 매일 놈들 음식에 침을 뱉었어요."

"플라톤으로 돌아가도 될까요?" 내가 말한다.

글랜튼이 보청기 소리를 줄인다.

청년들이 창문에서 떨어지지 않고 취약 죄수들이 시야에서 사라질 때까지 지독한 협박의 말을 외친다. 내가 청년들에게 다시 앉으라고 부탁하지만 그들은 너무 흥분해 듣지 못한다. 세 사람이 감옥에서 벌어진 싸움에 대해 빠르게 대화를 주고받는다.

10분 뒤 마침내 그들을 자리에 앉힌다. 그들이 아직 격분이 가시지 않은 목소리로 기게스의 반지에 대한 토론을 이어간다.

한 시간 뒤 나는 감옥을 나와 개인 물품 보관함에서 휴대전화를 꺼낸다. 형에게서 부재중 전화가 와 있다. 그에게 전화를 걸지만 받지 않는다.

몇 시간 뒤 다음 달에 여자 교도소에서 수업을 해도 좋다는 메일이 온다. 다행이다. 남자 교도소에서 일하면서 대물림된 죄의식과 이렇게 자주 마주할 거라고는 예상하지 못했다. 여자 재소자들을 가르치면 이 정도로 죄의식이 자극되지는 않을 것이다.

다음 날 아침, 나는 남자 교도소의 보안검색대 앞에 선다. 신발을 벗고 허리띠를 풀어 검사용 바구니에 넣는다. 과산화수소로 머리를 하얗게 염색한 여자 보안요원이 보안 스캐너 앞에 줄 선 사람들에게 "다음!"이라고 외친다. 나도 줄에 합류한다. 상급 교정 공무원 한 명이 내 뒤에 선다. 그가 신발을 벗고 허리띠를 푼 뒤 줄에 합류한다. 발가락 부분에 노란색과 분홍색으로 지그재그 문양이 들어간 양말을 신고 있다. 그와 몇 분 동안 수다를 떨다가 내가 여자 교도소에서 강의를 시작하게 됐다고 말한다.

"여자 교도소에서 딱 하루 일했는데 내가 남자라는 사실에 치를 떨면서 나왔어요." 공무원이 말한다. "그 여자들 이야기를 들어보면 그곳에 들어온 게 죄다 남자 놈들 때문이에요."

"다음!" 보안요원이 외친다.

"이를테면요?" 내가 그 공무원에게 묻는다.

"절반 이상이 가정 폭력의 희생자예요. 가끔 마약 중독인 남자 친구를 돕다가 들어온 사람도 있죠. 상당수는 10대 때 인신매매를 당했거나 성매매 노동자로 팔려 왔고요. 그곳에 딱 하루 있었어요. 내겐 그것도 벅차더라고요. 그날 밤 집으로 차를 몰고 오는데 내가 남자라는 사실에 혐오감이 들더군요."

"다음!" 보안요원이 외친다.

"나는 며칠 동안 있을 거예요." 내가 말한다.

"저기요, 선생님!" 보안요원이 나를 향해 목소리를 높인다.

"다음 차례는 선생님이에요!"

나는 스캐너로 들어간다.

여섯 살 때였다. 아빠가 상의를 벗고 소파에 앉아 텔레비전을 보고 있었다. 그의 가슴과 어깨에 검은 털이 마구 엉켜 있었다. 그는 필터가 달린 담배를 피우며 캔 맥주를 마셨다. 나는 그와 텔레비전 사이 바닥에 앉아 있었다. 굶주린 아이들을 도와달라며 기부를 호소하는 광고가 나왔다. 아이들의 피부 아래로 뼈 모양이 보였다. 아빠가 바로 옆의 커피 탁자에 있던 초콜릿 통의 뚜껑을 열더니 초콜릿 한 알을 꺼내 화면에 던졌다.

나는 그를 보며 간절한 표정을 지었다. 그가 큰 소리로 웃었다. "하지 마요"라고 말하고 싶었지만 말이 목구멍에 걸렸다. 그가 맥주를 한 모금 더 마시고는 통에서 초콜릿 한 알을 꺼내 또다시 던졌다. 초콜릿이 내 머리를 지나 화면에 부딪히며 '띵' 하는 소리를 냈다.

아빠 곁에 있으면 언제나 불안했다. 그는 예측 불가능한 사람이었다. 차를 타고 가는데 누군가 뒤에서 경적을 울린다고 하자. 그가 차를 세우고 밖으로 나가 운전자의 얼굴에 욕설을 퍼부을지 그냥 백미러를 보고 욕을 하면서 계속 차를 몰지, 알 수 없다.

하지만 예측 가능할 때도 있었다. 일요일 저녁마다 가족끼리 펍에 갔는데 엄마가 옷을 차려입고 화장을 하는 동안 아빠와 나는 거실에서 기다렸다. 그 시기에 경찰이나 집행관이 우리집 현관문을 자주 두드렸다. 이웃들이 창문으로 바깥을 내다봤다. 엄마는 완벽한 매무새가 아니면 절대 집밖으로 나서지 않았다.

엄마를 기다리는 동안 나는 아빠의 시선을 피하려고 노력했다. 이윽고 엄마가 립스틱을 바르고 향수 냄새를 풍기며 아래층으로 내려와 아빠에게 어떠냐고 물었다.

"앤드루, 네 엄마 어떠냐?" 그가 물었다.

나는 두려움을 숨기며 그를 올려다보았다.

"창녀 같아요." 내가 말했다.

"그렇지. 네 엄마는 창녀 같아." 그가 말했다.

엄마가 어이없다는 표정을 지었다.

아빠가 내게 언제 처음으로 그 혐오스러운 의식을 훈련시켰는지 생각나지 않는다. 그저 아빠가 "앤드루, 네 엄마 어떠냐?"라고 물었을 때 내가 "창녀 같아요"라고 답하면 그가 "그렇지, 네 엄마는 창녀 같아"라고 말한 것만 기억난다.

내 동료 퍼트리샤는 이 교도소에서 20년을 가르쳤다. 그녀는 몸집이 크고 북부 노동자계층의 억양을 지녔다. 교도소를 뻔질나게 들락거리는 이들에겐 어머니 같은 존재다. 재소자들이 결혼에 대해 조언을 구하거나 자녀의 생일카드 앞면에 직접 그린 그림을 보여주려고 그녀를 찾아가는 모습을 본 적이 있다. 그들이 사실상 그녀의 무릎에 앉아 우는 동안 다른 재소자들은 퍼트리샤의 관심이 다른 사람에게 가 있다며 토라졌다. 그녀가 하는 말을 내가 똑같이 그들에게 했다가는 코뼈가 부러질 것이다. 그녀는 이렇게 말한다. "그 아가리 닥치지 않으면 내가 처닫게 해주지!" "10분 동안 이 방에서 전부 나가. 코가 썩을 것 같아. 너희들이 나가야 내가 숨을 좀 쉬겠어." 그러면 재소자들은 언제나 어린애처럼 "헤, 헤, 헤" 하고 웃는다.

몇 달 전 그녀가 우리 교실에 와서 화이트보드 맨 위에 이렇게 적었다. "수요일은 세계 남성의 날이니 기억할 것."

글랜튼이 말했다. "세계 남성의 날이 왜 있어요? 오랫동안 대접 못 받은 건 여자들 아니에요?"

"그러면 넌 그날 우리 교실에 와서 청소나 해." 퍼트리샤가 말했다.

"지금 생각하니 사실 남자로 산다는 건 꽤 힘든 일이에요." 글랜튼이 말했다.

"어차피 청소도 엉망으로 하겠지. 남자들이 제대로 하는 걸 본 적이 없어."

베라트라는 이름의 알바니아 사람이 말했다. "이 나라에선 첫 번째가 여자고, 두 번째가 어린애고, 그다음이 개예요. 맨 아래가 남자죠."

"그럼 넌 어느 쪽이야, 개야? 어린애야?" 퍼트리샤가 말했다.

"헤, 헤, 헤." 베라트가 킥킥거렸다.

2010년에 28세의 여자 교도관이 전 애인을 강간하고 염산 테러를 저지른 재소자와 성관계를 했다가 감옥에 갔다. 그런 이야기들은 오랫동안 감옥을 떠돌며 남자 교도소에서 일하는 여자 교도관들을 힘들게 한다.

작년에 올루페미라는 30대 교도관과 함께 근무했다. 그녀는 재소자들과 말할 때 정서적 거리를 엄격하게 유지했다. 너무 자상하게 대하다가 그중 한 명과 잠을 잔다는 소문이 돌까봐 걱정했다. 그게 사실이 아니라고 해도 그녀는 여전히 난처할 테고 그녀의 권위는 떨어질 테니까. 어느 날 올루페미는 근무를 하다가 정신질환이 있는 한 재소자가 베개에 그림을 그렸다는 사실을 알게 됐다. 그녀가 거대한 젖가슴을 드러내 놓고 있는 그림이었다. 그는 베개를 껴안고 층계참을 서성거리고 있었다.

그녀는 감정적으로 거리를 두던 태도를 싹 바꾸고는 재소자들에게 대놓고 퉁명스럽게 굴었다. 몇 주 전, 나는 층계참에서 한 재소자가 올루페미에게 특별 인가를 좀더 해달라고 부탁하는 광경을 봤다. 그는 가족과의 면회 횟수를 늘리고 싶어 했다.

"요청을 마냥 들어줄 수는 없어요." 그녀가 말했다.

"제발요, 미스. 그렇게 매몰찬 분이 아니잖아요. 그런 사람 아닌 거 알아요." 재소자가 말했다.

"안 돼요." 그녀가 말했다.

그가 징징댔다. "제발요, 미스!"

"미안하지만 안 돼요."

"찔러도 피 한 방울 안 나올 년." 그가 이렇게 말하고는 가버렸다.

나는 일회성 워크숍을 위해 런던에서 수백 킬로미터 떨어진 시골 교도소에 간다. 일찍 도착한 나는 주차장 벤치에 앉아 형에게 전화를 건다. 전화벨이 울리지만 받지 않는다.

20분 뒤 도서관에서 수업이 시작된다. 분위기가 어색하다. 아무도 입을 열지 않는다. 말을 한다고 해도 나와 생각을 나눌 뿐, 서로 공유하진 않는다. 그들끼리 토론하게 해봤지만 그들은 계속 나한테만 말을 한다. 누구도 반대 목소리를 내지 않는다. 이를테면 이런 식이다. "선생님 의견에 달렸죠." 대화가 계속 흐지부지되며 침묵으로 이어진다.

한 시간 뒤, 수업이 끝나고 학생들이 자리를 뜬다. 쾌활해 보이는 사서가 교실 구석에 의자를 쌓는 걸 도와준다.

"어땠어요?" 그가 묻는다.

"대화에 불이 안 붙어요." 내가 말한다.

"잘됐네요." 그가 말한다. 그가 그들의 반은 일반 재소자, 반은 취약 죄수들이라고 말해준다.

"서로 대화하기를 바랐어요." 내가 말한다.

"최소한 피바다는 면했잖아요." 그가 말한다.

20분 뒤, 나는 교도소를 나와 개인 물품 보관함에서 휴대전화를 꺼내다가 형이 전화한 사실을 확인한다. 그에게 다시 전화를 걸지만 받지 않는다.

친구 클로에의 저녁 파티에 와 있다. 내 맞은편에 검은색 정장을 우아하게 차려입은 폴이라는 의사가 앉아 있다. 내가 무슨 일을 하는지 말하자 그가 말한다. "그러니까 아버지는 감옥에 갔었고 당신은 감옥에서 가르친다고요. 댁이 가르치는 그 사람들을 구원하려고 그러는 거예요?"

"꼭 그런 건 아니에요." 내가 말한다.

다음 날 수업 시간, 나는 몇 년 만에 처음으로 다림질한 셔츠를 걸치고 있다. 눈으로만 출석부를 확인하지 않고 이름을 부른다. 학생들을 평소처럼 "친구들"이 아니라 "신사분들"이라고 부른다. 다른 학생의 말에 끼어드는 학생의 말에 끼어들어 '끼어들면 안 된다'고 말한다. "오늘 기분이 별론가 보네요?" 한 학생이 내게 말한다.

오후에 집으로 가면서 이어폰으로 욕설이 난무하는 시끄러운 음악을 듣는다. 그리고 머릿속으로 폴과의 대화를 가상으로 재연

한다.

"댁이 가르치는 그 사람들을 구원하려고 그러는 거예요?" 가상의 폴이 말한다.

"댁은 부모님 직업이 뭐예요, 폴?" 내가 대답한다.

"두 분 다 의사예요."

"그리고 당신도 의사군요. 그런 유형의 대물림을 의학적으로 정의하지 않다니 참으로 웃기네요."

가상의 폴은 받아치지 못한다. 그의 키가 15센티미터는 더 작아 보인다. 클로에가 내게 두 번째 케이크 조각을 권한다. 나는 케이크를 먹고 입안 가득 랍상소우총(중국산 홍차-옮긴이)을 삼킨다.

그 누구도 더는 가상의 폴과 대화하고 싶어 하지 않는다. 그러자 그는 코트를 챙겨 자리를 뜨려고 한다. 하지만 내가 그에게 팔을 두르며 테라스에서 한잔하자고 말한다. 밤하늘의 별빛 아래에서 내가 그에게 말한다. "이건 누구를 구원하는 문제가 아니라 어떤 지식이 우리의 체계에 심어져 있느냐 하는 문제예요. 무엇을 소화해야 하는지는 우리가 결정할 수 없거든요."

"그런 걸 가르쳐주어서 너무 고마워요." 가상의 폴이 말한다. 지금은 그가 어린아이마냥 수줍어 보인다.

다음 주 금요일 밤, 파티가 있는 클로에의 집으로 간다. 폴이 소파에 앉아 있다. 나는 그에게서 가장 멀리 떨어진 자리를 고른다.

엄마는 어린 시절 미술 수업을 좋아했다. 미술 시간을 제외하면 학교생활은 '감옥 생활' 같다고 생각했다. 수업 분위기는 어수선했다. 이따금 싸움이 나서 경찰이 오기도 했다. 수업 시간에 선생님들은 여자애들을 앉혀놓고 뭔가를 가르치며 이것저것 하는 시늉을 했지만 엄마가 보기에는 알 필요가 없는 것들이었다. 그들에게 기대된 미래는 아내가 되는 것이었다. 그녀는 열다섯에 학교를 그만두고 시장 노점에서 일을 시작했다. 돈을 버는 게 학교에서 살아남기 위해 노력하는 것보다 훨씬 짜릿했다. 얼마 지나지 않아 시내 중심가에서 진열장을 장식하는 일자리를 얻었다. 그 일을 할 때면 학교에서 그림을 그리던 순간이 떠올랐다. 그녀는 열일곱에 결혼했다. 20대와 30대 내내 그녀는 그림을 그리고 책을 읽고 외국어를 배우고 싶어 했다. 하지만 그럴 시간이 없었다. 아빠는 무직일 때가 많았다. 가끔 일을 하긴 했지만 몇 주 만에 누군가와 싸우고 그만두기 일쑤였다. 그러면 엄마가 돈을 벌어야 했다. 만약 엄마가 소파에 앉아 책을 읽기라도 했으면 아빠가 샘을 냈을 것이다.

어린 시절 토요일마다 아빠는 경마장에 가고 엄마와 나는 시내에 나가 '너와 나의 날'을 보냈다. 집 앞 골목 끝에서 모퉁이를 도는 순간 엄마는 한결 여유로워졌다. 우리는 시내의 옷가게에 들렀고 엄마는 옷과 신발을 걸쳐보았다. 비싸서 못 사는 것들도 있었지만 엄마는 이것저것 걸치고 거울에 비춰보았다. 한 번은 미술용품 가게에 간 적이 있다. 엄마는 선반에서 라임색, 비취색, 에메랄드색 등 다양한 녹색 물감을 집어 들었다. 엄마가 말했다. "넌 서른 전에는 절대 결혼하지 마." 그러곤 물감을 도로 내려놓았다.

우리는 주로 맥도날드에 갔다. 음식을 다 먹고 나서 내가 말했다. "집에 꼭 가야 해?"

"나도 알아, 친구. 나도 무서워." 그녀가 말했다.

나는 그녀의 기분을 돋우기 위해 아빠 흉내를 냈다. 나는 운전하는 척하면서 리버풀 사투리로 내 옆을 지나가는 상상의 운전자를 향해 끝장내 버리겠다고 협박했다. 엄마는 눈물을 흘리며 웃다가 혹시 아빠가 뒤에 있지 않은지 주위를 둘러보곤 했다.

이제 엄마는 거실에 자신이 그린 그림을 걸어둔다. 초록과 파랑의 산이 그려진 소박한 풍경화다. 10년 전, 엄마는 영어-그리스어 사전을 샀다. 냉장고, 의자, 커튼 같은 것들을 그리스어(프시이오, 카레클라, 쿠르티나)로 찾기 위해서였다. 이제 그녀는 어설픈 그리스어 문장으로 역사, 유적, 신에 대해 말할 수 있다. 나는 가끔 똑같은 소설책을 두 권 사서 한 권은 엄마에게 보낸다. 전화로 책에 대해 얘기할 때면 늘 엄마가 나보다 50쪽 앞서 있다. 엄마는 아빠와 헤어진 뒤 많은 것을 정리하고 싶어 했다. 그녀는 나를, 그러니까 내 삶이 폭력, 마약, 범죄, 혼돈으로부터 얼마나 자유로운지를 보면서 마치 나의 자유가 그녀의 구원이라도 되는 것처럼 과거에 일어난 모든 일이 그럴 만한 가치가 있었다고 말한다. 그래서 내가 여전히 대물림된 죄의식을 갖고 있다고 말하면 엄마는 속상해한다. 나는 엄마에게 그녀의 잘못이 아니라고 말한다.

내가 일곱 살 때였다. 어느 날 저녁, 아빠와 단둘이 집에 있었다. 아빠는 안락의자에 앉아 뉴스를 보며 줄담배를 피웠다. 나는 그의 맞은편 구석에 앉아 장난감을 가지고 놀았다. 엄마는 회사에서 야근을 했다.

8시가 넘었는데도 아빠가 밥을 차려주지 않았다. 엄마가 집에 왔다. 나는 엄마한테 배가 고프다고 말했다. 그녀가 소파에 앉더니

2분만 쉬었다가 밥을 하겠다고 했다.

아빠가 엄마와 말다툼을 시작했다. 그는 그녀가 야근하는 것을 싫어했다. 야근을 한다는 건 그녀가 동료 마크와 함께 몇 시간을 더 보낸다는 뜻이었기 때문이다. 두 사람이 언쟁을 시작하면 난 늘 하던 대로 뉴스가 아닌 내가 보고 싶은 데로 텔레비전 채널을 돌렸다. 아빠가 오랫동안 눈치채지 못할 걸 알았다.

한 시간쯤 지나자 얼굴이 화끈거리고 눈꺼풀이 무거워졌다. 허기가 져서 속이 쓰렸지만 부모님은 여전히 다투고 있었다.

"엄마, 밥해준다며." 내가 말했다.

"알았어, 해줄게." 그녀가 말했다.

"내가 너한테 채널 바꿔도 된다고 했어?" 아빠가 내게 말했다.

나는 몸이 얼어붙었다.

"다시 뉴스 틀어!" 그가 말했다.

"뉴스 끝났어요." 내가 말했다.

"염병, 내가 하라는 대로 해."

양어깨가 귀 쪽으로 움츠러들었다. "엄마, 배고프다고. 이 창녀야."

"당장 이리로 튀어 와." 아빠가 말했다.

나는 걸어가서 아빠의 두 다리 사이에 섰다. 그가 의자에 앉은 채 몸을 앞으로 숙이자 그의 얼굴이 내 얼굴에 바싹 다가왔다. 그의 이빨 틈새로 찌든 담배 자국이 보였다. 두 다리가 벌벌 떨렸다.

"너 이 새끼 뭐라고 했어?" 그가 말했다.

입만 뻥긋해도 눈물이 날 걸 알았기에 나는 입을 꾹 다물었다.

"엄마한테 한번만 더 그따위로 말하면 내가, 빌어먹을, 죽여버릴 거야. 알아들었어?"

여자 교도소에서 강의를 시작하기 전날 아침, 나는 침실 거울 앞에 서 있다. 왼쪽 얼굴을 보다가 고개를 돌려 오른쪽 얼굴을 본다. 오늘 나는 아빠처럼 보인다. 서른 살 이후로 점점 아빠를 닮기 시작했다. 얼굴 모양이 바뀔까 싶어 머리를 부풀려보지만 여전히 아빠를 닮았다. 이마와 턱에서 그가 보인다. 사형집행인은 내가 아무리 애써도 아빠와 닮았다는 사실은 바뀌지 않는다고 말한다.

오전 내내 아빠를 생각한다. 그가 첫 자전거를 사줬던 때를 기억한다. 나는 요즘 자전거를 타면서 큰 기쁨을 느낀다. 그의 누런 손끝을 그려본다. 그는 하루에 60개비의 담배를 피웠다. 얼마나 불행했으면 그리도 많이 피웠을까 하고 생각한다. 지금쯤이면 그가 허약하고 무해한 노인의 모습을 하고 있을 거라 상상한다. 그와 얽힌 이야기 중에 호의나 연민을 일으킬 만한 것들을 마음속에서 찾아본다. 어제 요리를 하면서도, 그저께 책을 읽으면서도 찾아봤다. 아빠와 인연을 끊기로 결심하고 지난 20년간 하루에 한번은 아빠를 구하려고 노력하는 순간이 있다.

*

몇 시간 뒤, 직원 식당에서 퍼트리샤와 점심을 먹고 있다. 그녀가 스물네 살의 연극 강사 디비카에 대해 말해준다. 디비카는 일주일에 한 번 교도소에 와서 재소자들과 함께 연극 강좌를 진행한다.

"그 여자는 숨기려고도 안 하는 것 같아." 퍼트리샤가 말한다.

"실크 블라우스를 입고 고양이처럼 살금살금 교실을 돌아다닌다니까. 첫날에는 루지한테 특히 호감을 보였지."

루지는 얼굴 한쪽에 세로로 길게 흉터가 나 있고 현재 9년째 복역 중이다.

"처음 몇 주 동안 의자를 둥글게 배치하고는 그의 옆자리에 앉아 말할 때마다 그의 팔을 만졌잖아." 퍼트리샤가 말한다.

"미녀와 야수네요." 내가 말한다.

"글쎄, 루지도 전에 이런 일을 질리도록 봤어. 그렇지만 수감 몇 년 만에 성욕이 싹 사라졌다지. 디비카한테도 아무 반응을 안 했어. 몇 주 뒤에 그 여자가 루지 대신 개러스 옆에 앉더라고."

개러스는 오랫동안 헤로인에 중독되어 있던 탓에 치아가 심하게 썩었다. 그는 치아를 재건하기 위해 치과 치료를 받던 중에 교도소로 소환됐다. 이제 그는 입술을 오므리고 웃는다. 그리고 층계참의 마약 문화에 물들기 싫어서 몇 달 전 이슬람으로 개종했다. 혼전순결을 지켜야 한다는 이맘의 규율에 완전히 동의하진 않지만 교도소에 있으면서 어쨌거나 배우는 점은 있을 거라고 생각했다.

퍼트리샤에 따르면 디비카는 여성성을 한껏 뽐내며 교실에 들어왔다가 수업이 끝날 때마다 개러스를 힘껏 안아주었다. 개러스는 그녀의 머리칼에 얼굴을 묻은 채 그냥 그대로 서 있었다. 그녀를 만지지 않으려 노력했지만 밀어내려고도 하지 않았다. 교실의 나머지 재소자들은 웃음소리를 죽이려고 양손으로 입을 가렸다.

*

퍼트리샤와 점심 식사를 마치고 나는 층계참을 걸어간다. 재소자들이 문을 두드린다. 고음의 알람 소리가 울린다. 직원들의 무전기 소리, 고함 소리, 열쇠 소리가 들린다. 모든 소음이 금속이나 콘크리트 내벽에 부딪쳐 메아리친다. 웬 남자가 감방 안에서 울부짖는 소리가 감지되지만 그가 위층에 있는 건지 내 앞에 있는 건지 분간이 안 된다. 2미터나 10미터 거리에 있을 수도 있다. 모든 소리가 불협화음 속에서 균일해진다. 내 왼쪽 감방 문에 달린 투명 아크릴의 길쭉한 틈 사이로 웬 입과 코가 보인다. 한 남자가 내 오른쪽 감방을 향해 뭔가를 외치고 있고, 오른쪽 남자는 아크릴 틈새에 귀를 붙이고 있다. 소음 때문에 그들이 서로에게 무슨 말을 하는지 알아들을 수 없지만 오른쪽 남자가 왼쪽 남자에게 엄지를 치켜세운다. 그들의 청력은 이곳에 나보다 더 잘 적응돼 있다.

나는 교실에 도착한다. 내 책상 바로 위쪽 벽에 빛바랜 포스터가 붙어 있다. 한 남자가 여자에게 고함을 치는 그림 바로 아래에 이렇게 적혀 있다. “다음에 여성 직원을 학대하기 전에 기억하세요. 그녀가 누군가의 ‘여동생, 엄마, 딸’이라는 사실을.”

그 포스터를 보니 작년에 경비가 삼엄한 남자 교도소에서 함께 일했던 동료 교사 헬렌이 떠오른다. 자그만 체구와 붉은빛이 살짝 도는 금발, 그리고 타원형의 얼굴을 가진 여자였다. 일부 재소자가 그녀를 빤히 바라보며 도가 지나친 음란 행위를 했는가 하면, 일부는 그녀를 무시하거나 습관적으로 지적하거나 계속 혼자 떠들어 댔다. 하지만 하루가 끝나고 그녀와 함께 교도소를 나와 집으로 가는 열차를 타면 그녀는 파웰이라는 종신형 재소자가 매주 자신을 위해 교실에서 가장 좋은 의자를 골라주는 탓에 자신의 권위가 떨어진다고 불평했다. 그녀가 그러지 말라고 부탁했지만 그는 그만두지 않았다. 그녀는 자신을 헬렌이라 불러달라고 부탁했지만 파웰은 그녀를 "미스"라고 불렀다. 다른 재소자들이 그녀의 말을 가로막으면 파웰이 끼어들었다. "존경심을 가져. 만약 이분이 네 여동생이라면 기분이 어떻겠어?" 당황한 헬렌이 그에게 끼어들 필요 없다고 말했지만 파웰은 결코 물러서지 않았다.

이런 일이 몇 주간 벌어진 뒤 헬렌과 나는 집으로 향하는 열차 안에서 그 일에 대해 대화를 나눴다. 그녀의 표정이 지쳐 보였다.

"내 말을 도통 들으려 하지 않아요." 헬렌이 말했다.

"당신은 그의 구세주예요. 그는 다른 재소자들로부터 당신을 지켜야 해요. 자신은 그들과 다르다는 걸 증명하기 위해서죠." 내가 말했다.

헬렌이 몸서리를 쳤다.

복도에 있는 교도관이 소리친다. "자유롭게 이동." 나는 책상 위에 배낭을 올려서 포스터를 가린다. 그리고 복도로 가서 재소자들을 기다린다.

몇 분 뒤 머빈이 도착한다. 그는 가느다란 드레드락 스타일의 머리카락에 턱수염을 가슴까지 길렀다. 그가 나와 주먹을 부딪치고 내 옆에 서서 자신이 응원하는 맨체스터 유나이티드의 성적이 최근 부진한 것에 대해 한탄한다. 2미터 옆에 서 있던 교도관 역시 유나이티드 팬인지라 대화에 합류해 구단이 괜찮은 선수를 영입하지 않는다고 불평한다. 우리 셋은 대화를 나눈다. 머빈은 내게 말할 땐 내 눈을 쳐다본다. 하지만 교도관에게 대답할 땐 천장을 올려다본다.

말론이라는 남자가 복도로 걸어온다. 코끝에 평평한 흉터 조직이 붙어 있다. 10년 전, 몇몇 마약상이 말론의 빚을 살점으로 받아가겠다며 면도날로 그의 코끝을 잘랐다. 오늘 그는 등판에 '듣는 사람'이라는 글자가 적힌 초록색 티셔츠를 입고 있다. 자신이 층계참의 재소자들에게 정서적 도움을 줄 수 있는 사마리아인으로 지명됐음을 알리는 표시다. 지난달 사동에서 함께 수다를 떨면서 그가 이 활동이 자신을 얼마나 변화시켰는지 말해줬다. "좀더 젊었으면 이런 종류의 일을 유약하다고 생각했을 거예요. 하지만 그들에게 말할 사람이 생긴 것만큼 나도 그들의 말에 귀를 많이 기울여요. 우리 모두 변화를 시도하는 진짜 인간이 되는 거죠." 그와 인사를 나눈 뒤 그가 원래 자리로 돌아가는 걸 지켜보았다. 여전히 그의 걸음걸이가 마초스러웠다. 이런 장소에서 성장과 생존을 동시에 한다는 게 얼마나 힘들까 하는 생각이 들었다. 말론은 마음을 연다 해도 여전히 자신의 몸을 보호해야 한다.

개러스를 비롯해 몇 명의 재소자가 더 온다. 우리는 교실로 가서 책상 주위에 앉는다. 머빈과 말론이 어릴 적 텔레비전에서 봤던 광고에 대해 얘기하며 웃는다. 아이들이 부모에게 구타당할 때 전화할 수 있는 번호를 알려주는 광고였다.

"아빠가 나한테 그 번호로 전화를 해도 좋다고 했어. 그러다 담당자가 찾아오면 내 따귀를 날린 다음 내 앞에서 그자들의 따귀도 날렸지." 말론이 말한다.

"나도 그 광고 기억나. 우리 아버지는 그 사람들이 찾아오면 깔깔거리고 웃었어." 머빈이 말한다.

두 남자가 웃으며 하이파이브를 한다.

교도소에선 어린 시절 아버지가 자신에게 행사한 폭력에 대해 우쭐거리며 말하는 사람들을 심심찮게 볼 수 있다. 그들의 이야기를 들으면 언제나 움찔하게 된다. 하지만 그에 못지않게 당혹스러운 것은 그들의 아버지들 중 일부는 자기 자식이 언젠가는 감옥에서 살아남아야 한다는 사실을 예상했을 거라고, 그들이 부당한 대접이 다반사인 세상에 자식을 준비시키기 위해 학대를 가했을 수도 있다고 상상하는 것이다.

감옥에서는 폭력적인 아버지에게서 독성을 흡입하고 자신도 폭력적인 어른으로 성장한 소년들의 이야기를 수없이 들을 수 있다. 나도 아빠 곁에 있을 땐 항상 숨을 참고 있는 것 같았다. 악순환을 반복하지 않기 위해 나는 무의식적으로 나를 감시할 사형집행인을 임명했다. 덕분에 감옥에 가지는 않았지만 자유를 얻지도 못했다.

나는 학생들 앞에 서서 수업을 시작할 준비를 한다. 하지만 학생들의 수다가 끝나지 않는다. 그들이 이런저런 불평을 늘어놓는다. 음식의 크기. 자신을 뭣같이 보는 교도관. 친절한 척하지만 아무것도 안 해주는 교도관. 지원서를 네 번이나 썼는데도 답변은 없고 다시 쓰라는 말만 돌아오는 것. 이감되지 못한 것. 원하지도 않았는데 이감된 것. 샤워기의 수압. 교도소에서 지급하는 사각 팬티를 바느질하는 일을 하고도 돈을 못 받은 것. 교도소에서 지급하는 사각 팬티를 바느질하는 일을 얻지 못한 것.

예전엔 그냥 불평이 끝나기를 기다리면 될 거라고 생각했다. 그래서 학생들이 가슴에서 불만을 털어내도록 5분을 줬다. 일단 소음이 잦아들면 수업을 시작할 수 있었다. 하지만 이곳에선 열 받는 일이 무궁무진하고 재소자들에겐 이를 바꿀 힘이 조금도 없다. 불만의 웅성거림이 절로 사그라들지 않는다.

"이제 대화를 중단해주세요, 제발요." 내가 말한다.

불만이 이어진다. 이발소의 긴 줄. 교도소에서 지급하는 외투가 운동장에서 체온을 유지해줄 만큼 두껍지 않다는 것. 주문한 교도소 외투를 아직 지급받지 못했다는 것. 전화 줄이 길다는 것. 아침에 약 먹을 때 간호사가 물을 조금밖에 안 줘서 알약을 먹으려면 침으로 겨우 삼켜야 한다는 것.

*

1분 뒤 나는 학생들에게 집중해달라고 다시 부탁한다. 몇 명이 나를 쳐다본다. 두 명은 한창 불평 중이라 하던 말을 마저 마쳐야 한다.

몇 분 뒤 교실이 마침내 조용해진다.

"소설가 노먼 메일러는 이렇게 이야기했어요. 두 남자가 거리에서 서로를 지나치며 아침 인사를 건네요. 그러면 한 사람은 패자가 되죠." 내가 말한다.

교실이 웃음바다가 된다.

나는 계속한다. "일부 철학자들은 남성성이 지배를 통해 얻어지는 정체성이라고 말해요. 내가 남자가 되려면 다른 누군가는 져야 하죠. 대개는 여자나 아이들이에요. 가끔 다른 남자일 때도 있고요."

"하지만 좋은 남자도 있고, 나쁜 남자도 있잖아요." 말론이 말한다.

내가 말한다. "페미니스트 작가 벨 훅스는 좋은 남자라는 생각이 성차별적이라고 말해요. 좋은 여자라는 생각도 마찬가지고요."

"그러면 어떻게 해야 좋은 건데요?" 말론이 말한다.

"훅스는 남자들이 좋은 남자가 아닌 좋은 사람이 되려고 노력해야 한다고 말해요."

"교도소에 있을 땐 내가 좋은 사람인지 아닌지는 관심 밖이에요." 말론이 말한다. "하지만 좋은 남자가 아닌 건 속상하죠. 전처랑 통화하면서 어린 딸이 자기를 안 좋아하는 선생님이 있다고 말하는 걸 들었는데 내가 감옥에 있어 해결해줄 수 없다거나, 엄마한테 뭐가 필요한데 내가 해줄 수 없을 때 기분이 엿 같죠."

"훅스의 말은 아예 말이 안 돼요. 어떻게 좋은 남자가 되는 걸 그만둬요? 남자면 남자인 거지." 머빈이 말한다.

나는 책상 가운데에 A3 크기(가로 297밀리미터, 세로 420밀리미터-옮긴이)의 맬컴 엑스의 사진을 놓는다. 엑스가 정장을 입고 연단 뒤에서 연설을 하고 있다.

"훅스에 따르면 맬컴 엑스는 자신이 좋은 남자인가에 대한 걱정을 그만뒀어요. 그 대신 자신이 어떤 종류의 사람인지에 더 집중하게 됐죠." 내가 말한다.

"그에 대한 영화를 봤어요." 말론이 말한다.

"나는 책 한 권을 다 읽었어." 머빈이 말한다.

내가 말한다. "맬컴 엑스는 변화의 인물이에요. 스물한 살에 강도죄로 수감됐을 때는 문맹이었어요. 하지만 감옥에서 독학을 하고 출소했을 때는 '네이션 오브 이슬람(Nation of Islam)'이란 단체에서 가장 설득력 있는 목소리가 되었죠. 게다가 이름을 두 번이나 바꿨어요. 한때는 흑인 분리주의자였지만 메카에서 백인 무슬림들을 만나고 나서 생각이 바뀌었죠."

"사전을 통째로 외우지 않았어요?" 말론이 말한다.

"한 줄도 빠짐없이 말이지. 자신의 감방에서. 언제나 미래를 향해 손을 뻗었던 것 같아. 가난에서 벗어나기 위해 범죄자가 됐다가, 범죄에서 벗어나기 위해 네이션 오브 이슬람에 가입했다가, 다시 그다음을 위해 네이션 오브 이슬람을 떠났어." 머빈이 말한다.

"훅스는 엑스가 암살당했을 때 또 다른 변화의 중간쯤에 있었다고 말해요." 내가 말한다. "초기 연설에서 엑스는 남자는 선천적으로 강하고 여자는 선천적으로 약하다고 말하죠. 여자는 흑인 해방 투쟁을 이끌 자격이 없다고 생각해요. 남자들에게 여자의 존중을 얻고 싶으면 여자를 통제하라고 조언하죠."

"아버지 없이 자라지 않았어요? 여기 있는 남자들 태반이 어릴 적에 엄마와 단둘이 살았어요. 그런데도 대부분이 여성혐오증을 갖고 있죠." 말론이 말한다.

"남아 있는 엄마를 탓하는 거지, 안 그래?" 머빈이 말한다.

말론이 말한다. "이곳 사람들은 성차별이 무슨 뜻인지도 몰라요. 강간범이 자기네 층계참에 들어오면 그놈 감방 앞에 늘어선 줄에 합류하죠. 그러고는 층계참을 걸어 다니면서 한다는 짓이……."

"거시기에 손을 올리죠." 머빈이 말한다.

"여자 직원이 걸어가면 매번 바지 앞에 손을 대고 거시기를 만진다니까요. 강간범을 개박살 내고는 자기도 똑같이 행동한다는 걸 몰라요." 말론이 말한다.

"엄마 집 공과금을 내려고 마약 거래를 하네 어쩌네 떠드는 놈들이 바로 그런 놈들이에요. 다 개소리죠! 자기는 나이키 한정판을 신고 롤렉스를 차고 다니면서 자기 엄마는 아직도 싸구려 마트에서 쇼핑을 하게 한다니까요." 머빈이 말한다.

"내가 마약 판 돈으로 운동화를 샀다는 걸 알면 우리 할머니가 날 죽일 거야." 말론이 말한다.

"내가 운동화를 신은 채로 집에 들어가면 우리 할머니가 날 죽일 거야." 머빈이 말한다.

나는 대화 주제를 다시 맬컴 엑스로 돌린다. "그는 말년에 네이션 오브 이슬람을 떠나면서 이렇게 말했어요. '그동안 잠에 취해 다른 사람이 조종하는 대로 움직였던 것만 같다. 이제야 내 고유한 정신으로 생각하게 됐다.' 그는 패니 루 해머와 셜리 그레이엄 뒤부아와 같은 인상적인 여성 활동가들을 만났어요. 여자들도 투쟁에서 남성과 동등한 역할을 했음을 인정했죠. 더 나아가 많은 경우 여성들이 남성들보다 더 큰 기여를 했다고 말했죠. 그는 여성들의 존중을 받지 못하면 무력해질 거라는 위협에서 벗어나 특정 여성들의 힘과 지성을 칭찬했어요."

교실이 조용해진다. 몇몇 학생이 나를 회의적으로 쳐다본다.

내가 말을 잇는다. "만약 엑스가 사는 동안 남자다운 것에 덜 집착하고 계속 성숙해졌더라면 어땠을지 상상해보세요. 그는 어떤 사람이 되었을까요? 여자와의 관계에서 어떻게 진화했을까요?"

말론이 팔짱을 낀다. 머빈은 손으로 펜을 굴린다. 복도에서 교도관의 무전기 소리가 들린다.

"우리 친구분들은 어떻게 생각하세요?" 내가 묻는다.

"난 섹시한 교도관을 봐도 일부러 아무 말도 안 해요." 머빈이 말한다. "꼭 필요한 경우가 아니면 대화를 시작하지 않죠. 어떤 혼란도 허락해선 안 돼요."

말론이 동의의 의미로 신음 소리를 낸다. "여기선 다들 성적인 접촉에 엄청 굶주려서 여자를 보고 성욕이 안 생길 수가 없어요. 교도소 전용 고글을 끼는 셈이죠. 모든 여자가 예뻐 보여요."

"여자들과는 얽히지 않는 게 좋아요. 어쨌거나 이미 우리를 나쁜 놈들로 생각하잖아요. 무슨 일로 우릴 고발할지 몰라요." 머빈이 말한다.

"안 그러면 개러스처럼 될 수도 있어요." 말론이 말한다.

사람들이 조롱하면서 웃는다. 개러스가 당황스러운 표정을 짓는다.

"그중에서도 가장 열 받는 게 뭔지 아세요?" 개러스가 말한다. "학창 시절엔 날라리로 이름이 나서 돈 많은 여자애들이 나한테 일절 관심을 안 가졌어요. 그래서 나쁜 남자를 원하는 동네 여자애들하고만 데이트를 했죠. 그런데 이제 나는 나이 서른에 옥살이 중이고, 우리 동네 여자애들은 전부 애가 딸려서 가족을 책임져줄 남자만을 원해요. 그런데 중산층 여자들이 내가 좋대요. 내가 열여섯일 땐 다들 어디에 있었을까요?"

"난 여자들한테 아무 말도 안 해. 특히 돈 많은 여자에게는 더더욱." 머빈이 말한다.

머빈이 말한다. "지난주에 젊은 여자 교도관이 자살을 시도했던 재소자의 감방 문 앞에서 계속 보초를 섰어요. 자세히 안 봐도 단번에 알아차릴 만큼 섹시한 여자였죠."

"그날 층계참의 모든 남자가 얼마나 깔끔했는지만 봐도 말 다했죠." 말론이 말한다.

"남자들이 그녀 옆을 우쭐거리며 왔다 갔다 했어요."

머빈이 말한다. "마누라가 면회 왔을 때 면도조차 안 하던 놈들이 멀끔해 보였죠. 게다가 세상에, 있는지도 몰랐던 루이비통 운동화까지 봤다니까요."

"남자들이 걸음을 멈추고는 감시 중인 남자는 괜찮은지 묻고 문신을 보여주면서 그녀와 잡담을 나눴어요." 말론이 말한다.

"결국엔 감시당하던 남자가 그녀한테 불평했죠. '저들을 돌보러 온 게 아니잖아요. 교도관님은 저를 돌봐야죠.'"

"나는 그녀를 볼 때마다 등을 돌리고 서 있어."

"나도 마찬가지야. 오해는 마세요. 그녀한테 개인적인 감정은 없으니까. 그냥 상황을 단순하게 만들고 싶은 거예요." 머빈이 말한다.

"말려들면 안 돼." 말론이 말한다.

"바보처럼 보이면 안 돼." 머빈이 말한다.

둘 다 의자에 등을 기대고 팔짱을 낀다.

나는 책상에서 맬컴 엑스의 사진을 집어 든다. "그렇다면 맬컴 엑스가 오늘 여기 있었다고 해도 아무 말도 안 했을까요?"

"그게 가장 안전한 선택지죠." 말론이 말한다.

"안전한 선택지죠, 아무렴." 머빈이 말한다.

30분 뒤, 나는 교도소 밖 버스 정류장에서 버스를 기다리고 있다. 기운이 빠진다. 사람들이 "아무 말도 안 해요"라는 말 이상의 뭔가를 말해줬으면 좋았으련만. 클로에가 오늘 밤 파티에 오라고 초대 문자를 보낸다. 그녀 집으로 향하는 버스가 내 옆에 멈춰 선다. 나는 버스를 그냥 보낸다. 아마 폴도 올 것이다. 나는 상상한다. 내가 오늘 수업에 대해 말해주면 그가 길고 깨끗한 손으로 잔을 들고 와인을 홀짝인 다음 잘난 체하며 테이블에 다시 올려놓겠지.

버스가 도착하고 나는 버스에 올라탄다. 나는 머리 위의 봉을 잡고 선다. 내 왼쪽에 교복을 입은 어린 남자애가 앉아 있다. 그 옆에 앉은 아이 아빠는 휴대전화로 인스타그램에 올라온 여자들 사진을 보고 있다. 남자애는 작은 레고 인간을 들고 서로 싸우는 척 노는 중이다.

엄마한테 '창녀'라고 했다가 아빠한테 혼난 그날 밤으로부터 몇 주 뒤, 나는 자동차 뒷좌석에서 피규어로 놀고 있었다. 아빠는 운전 중이었고 엄마는 조수석에 앉아 있었다. 우리는 펍에 가는 중이었다. 엄마가 립스틱과 손거울을 꺼냈다.

아빠가 백미러를 보며 말했다. "앤드루, 엄마가 어떻다고?"

나는 액션 피규어를 꼭 쥐고 원을 그리며 날렸다.

"엄마가 어떻다고, 앤드루?" 그가 말했다.

나는 계속 피규어를 날렸다.

"자기 세계에 푹 빠져 있잖아. 당신 소리 못 들어." 엄마가 말했다.

나는 버스를 타고 14분을 이동한다. 정차 버튼을 누른다. 어린 남자애가 내 발치에 레고 인간 하나를 떨어뜨린다. 그의 아빠는 여전히 휴대전화를 만지작거리느라 눈치채지 못한다. 나는 레고를 주워 아이에게 건넨다.

저녁에 나는 샤워를 한다. 머리를 감고 얼굴을 씻는다. 다 씻고도 몇 분 동안 물줄기를 맞으며 서 있다.

정말이지 아빠를 구원하고 싶지 않다. 나는 나를 구원하고 싶다. 내가 아빠의 악함을 물려받지 않도록 그를 덜 나쁜 사람으로 만들고 싶다. 하지만 그사이에 나는 대물림된 죄의식의 논리에 갇혀버렸다. 아빠가 나쁘면 나도 나쁘다. 내가 괜찮은 사람이라고 생각하려면 아빠도 괜찮은 사람이어야 한다. 그를 내게서 분리할 수 없다.

나는 샤워기 아래에서 나와 거울 앞에서 이를 닦는다. 너무 고단해 보인다.

침실로 가서 배낭에 책과 신분증을 넣고 아침에 여자 교도소에 갈 준비를 한다. 가방에 혹시 헤로인 1킬로그램이나 23센티미터 길이의 식칼이 있지는 않은지 재차 확인한다.

나는 침대 끄트머리에 앉는다. 머리 위에 조명이 아직 켜져 있다. 아파트 뒤편의 기차역에서 마지막 기차가 역을 빠져나가는 소리가 들린다. 나는 휴대전화를 집어 들고 형에게 전화를 건다.

형이 받는다. "동생." 그가 말한다. "이 늦은 시간에, 무슨 일 있어?"

"그냥 형 목소리가 듣고 싶어서."

10장

기억을 잃는다고 해도
나는 여전히 같은 사람일까요?

"이곳에 오고부터 내가 점점 나다워지는 것 같아요.
여기선 나만의 시간이잖아요." 디타라는 여자가 말한다.
이곳에 오기 전에 이들 중 일부는 노숙자였거나,
열다섯에 부모가 됐거나,
성매매를 하고 포주에게 대금의 10퍼센트를 받았다.

여자 교도소는 한때 남자 감옥이었다. 하지만 여자 수감자가 점점 늘어나자 정부가 남자들을 옮기고 소변기를 칸막이로 교체한 뒤 여자들을 수감했다. 철창 문이 있긴 하지만 일부 복도는 분홍색으로 칠해져 있다. 내가 일하는 한 남자 교도소 경비실에는 감옥을 지키는 독일산 셰퍼드 사진이 액자에 담긴 채 걸려 있다. 여자 교도소에는 하얀 새끼 고양이 사진이 곳곳에 걸려 있다. 에메랄드빛의 눈과 큰 귀를 가진 고양이다. 한 사진에선 고양이가 실을 가지고 놀고 있고, 다른 사진에선 사람의 손에 쥐어져 있다.

여자 교도소의 크기는 내가 지난주에 갔던 남자 교도소의 두 배지만 수용 인원은 약 4분의 1에 불과하다. 느낌상 덜 가혹해 보인다. 우뚝 솟은 건물들이 없기 때문에 빛도 더 잘 들어오고 녹지도 더 많다. 잔디 냄새도 난다. 또한 남자 교도소와는 달리 운동장을 걸어가면 낯선 이들이 내게 인사를 건넨다.

내 상사 해나는 내가 여자 교도소에서 일할 거라는 소리를 듣고 활짝 웃으며 이렇게 말했다. "장담하는데 다들 웨스트 씨와 철학 공부를 하고 싶어 할걸요." 첫 수업 시간에 15명이 교실에 빽빽이 들어찼다. 오늘은 두 번째 시간으로, 겨우 네 명만 나타났다.

짧고 삐죽삐죽한 회색 머리의 애그니스가 토트백에 손을 넣더니 작은 초콜릿 바 두 개를 꺼내 내게 내민다.

"하지만 그쪽 거잖아요." 내가 말한다.

"선생님 주고 싶어서요." 그녀가 초콜릿 바를 내 쪽으로 다시 내밀며 말한다.

교실을 거쳐 가는 교도관이 우리를 훑어본다. 교도소 규칙에 따르면 직원은 재소자들로부터 선물을 받아선 안 된다. 보안 당국은 그루밍, 부적절한 관계, 직원이 재소자를 위해 물건을 밀반출할 가능성 등을 염려한다.

"미안해요, 애그니스."

그녀가 무릎 위로 손을 떨어뜨린다. "이런 망할 규칙은 누가 만드는 거예요? 욕해서 죄송해요. 그냥 망할 초콜릿 바라고요."

그녀가 가방에 초콜릿 바를 집어넣는다. 교도관이 교실을 나간다.

소피아라는 루마니아 여자가 "그냥 시작하면 안 돼요?"라고 말한다. 취업 면접에 안성맞춤인 감청색 블라우스 차림이다. 그녀는 10년 넘게 감옥에 있었지만 일이 지연되면 어째선지 아직도 좌절한다. 지난주에는 교도관들이 아침에 제시간에 감방 문을 열어줄 때도 많지만 가끔은 20분이나 한 시간 늦게 문을 연다고 불평했다.

그럴 때 그녀는 시계를 무시하고 팔굽혀펴기, 바이시클 크런치, 러시안 트위스트 등 격렬한 운동을 시작한다. "교도관들이 감방 문을 열었을 때 내가 앉아서 기다리는 모습을 보기는 힘들 거예요." 그녀가 말했다. "내가 날아다니는 걸 보겠죠."

나는 수업을 시작한다. 내가 몇 분 동안 기억과 정체성에 대해 얘기한 뒤 묻는다. "만약 기억을 잃는다고 해도 나는 여전히 같은 사람일까요?"

"사람은 나이가 들수록 점점 나다워지는 것 같아요." 디타라는 여자가 말한다. 오늘 아침에 화장할 시간이 없어 눈 밑의 처진 살을 가리지 못한 탓에 선글라스를 끼고 있다.

"이곳에 오고부터 내가 점점 나다워지는 것처럼요." 그녀가 말한다.

"이곳이요?" 내가 말한다.

"여기선 나만의 시간이잖아요."

이곳에 오기 전에 이들 중 일부는 노숙자였거나, 열다섯에 부모가 됐거나, 성매매를 하고 포주에게 대금의 10퍼센트를 받았다.

누군가 문을 두드린다. 문이 열리며 학생 여덟이 줄지어 들어온다. 다들 웃으며 수다를 떨고 있다. 친구 한 명이 출소일이라 문까지 배웅하러 갔다가 늦었다고 말한다. 그들이 원형으로 배열된 의자에 자리를 잡는다. 일부는 너무 붙어 앉아 서로의 무릎에 앉다시피 한다. 이것이 남자 교도소와의 가장 큰 차이 중 하나다. 남자들은 같은 층계참에서 매일 부딪혀도 서로 개인적으로 알지 못한다. 내가 그들이 한 집단이 되도록 도와줘야 한다. 하지만 여자들은 이미 한 집단이다. 내가 거기에 낄 수 있는지 없는지는 그들에게 달려 있다.

아이마니라는 젊은 여자가 손수건을 쥐고 웅크리고 앉아 있다. 그녀 양옆의 의자가 비어 있다. 아이마니 맞은편에는 앤절라라는 이름의 동갑내기 여자가 앉아 있다. 그녀의 양옆에는 친구가 하나씩 앉아 있는데 둘 다 그녀의 어깨에 머리를 기대고 있다.

앤절라가 리아나의 〈엄브렐라〉에 맞춰 콧노래를 흥얼거린다. 그녀의 두 친구도 같이 흥얼거린다. 아이마니는 코를 훌쩍거린다.

나는 아이마니가 괜찮은지 확인하기 위해 눈을 마주치려 하지만 그녀는 손수건에서 눈을 떼지 않는다.

나는 수업을 다시 시작한다. 내가 묻는다. "기억을 잃어버린다고 가정해보죠. 그래도 여러분은 여전히 같은 사람일까요?" 대화가 시작되고 몇 분 후 앤절라가 말한다. "질문이 있어요, 앤디. 예전에는 절세미인이었는데 지금은 못생겼다면요? 그러면 같은 사람이 아니겠죠? 더 이상 아무도 원하지 않을 테니까."

아이마니가 울음을 터트리며 교실 밖으로 나간다.

"쟤 왜 저러는 거야?" 앤절라가 얼굴에 슬며시 미소를 띠면서 말한다. "난 아무 짓도 안 했어."

이곳은 남자 교도소보다 건물 구조는 훨씬 덜 답답하지만 관계 구조는 매우 조밀하다. 대화들이 내가 도착하기 한참 전부터 존재하던 하위 텍스트로 가득하다. 가끔씩 토론에서 무슨 이야기가 오가는지, 강사인 내가 교실에서 가장 늦게 이해한다.

수업이 반쯤 진행됐을 때 잡역부가 차와 비스킷을 들고 들어온다. 우리는 휴식 시간을 가진다. 교도소에서 주는 차는 씁쓸하니

곰팡이 맛이 난다. 나는 차를 마시고 나면 화학제품 같은 뒷맛을 없애기 위해 늘 혀로 이빨을 핥는다. 여자들이 차가 있는 교실 구석으로 가서 수다를 떨며 함께 어울린다. 나는 내 책상에서 강의 노트를 살핀다.

애그니스가 다가온다. "제가 차를 갖다 드릴게요." 그녀가 말한다.

차는 '재소자로부터 아무것도 받지 말라'는 규칙을 빗겨가는 구멍이다.

"고마워요." 내가 말한다.

애그니스가 기쁜 표정을 짓는다. 그녀가 돌아서서 교실 구석으로 걸어간다. 몇 초 뒤, 소피아가 다가와 내 책상 위에 작은 폴리스티렌 컵을 놓는다.

"설탕 섭취를 좀 줄이세요. 맨날 하품을 하잖아요." 그녀가 말한다.

나는 컵을 집어서 그녀 쪽으로 들어 올린다. "벌써……."

"아침에는 뭐 먹었어요?" 그녀가 묻는다.

"토스트에 버터를 곁들여서요."

"아침에는 과일을 먹어야 해요."

애그니스가 작은 폴리스티렌 컵을 들고 다가온다. "아." 그녀가 소피아에게로 몸을 돌린다. "선생님 차를 가지러 갔었어."

"내가 벌써 갖다 드렸어." 소피아가 말한다.

셋이서 이 문제에 대해 얘기하다가 이번 주에는 애그니스의 차를, 다음 주에는 소피아의 차를 마시기로 결정한다.

20분 뒤, 수업이 다시 진행된다. 아이마니는 그녀를 달래러 나갔던 두 여자의 위로를 받고 다시 돌아왔다. 우리는 기억에 대한 토론을 이어나간다.

"나이가 몇인지, 얼마나 잊어버리는지는 중요하지 않아요." 애그니스가 말한다. "우리가 사랑하는 사람은 절대 안 잊잖아요? 그게 가장 중요한 거죠."

"사람을 까먹는 게 아니야." 소피아가 말한다. "잘못 기억하는 거지. 그런데 그게 자기도 모르게 잘못 기억한다니까."

"글쎄, 난 안 그래." 애그니스가 말한다.

몇 분 뒤, 내가 말한다. "신경과학자들은 인간의 기억이 비디오카메라와 다르다고 얘기해요. 그보다는 현재 상황에 맞게 이야기를 창조하기 위해 사건을 재구성하고 편집하죠. 우리의 기억은 언제나 적응해요. 우리가 현재 벌어지는 일들에 적응할 수 있도록요."

"그게 무슨 말이에요?" 애그니스가 떨리는 목소리로 말한다. "내겐 아빠 사진이 없어요. 사촌동생이 몇 장 안 남은 우리 아빠의 사진 중 하나를 갖고 있죠. 밖에 나가면 아빠 사진을 보러 동생을 찾아갈 거예요. 그날을 기다리며 난 매일 밤 잠들기 전에 꼭 아빠의 얼굴을 떠올리고 마음속에 새겨요."

"죄송해요. 그런 뜻이 아니라……."

"내가 그 시간 동안 아빠 얼굴을 잘못 기억할 거라는 소리예요?"

나는 입을 열지만 애그니스를 더 이상 속상하게 만들지 않고 무슨 말을 해야 할지 모르겠다.

소피아가 의자에 앉은 채 몸을 앞으로 기대며 애그니스의 무릎을 만진다. "너 자신을 괴롭히지 마. 감옥에선 냉정을 유지해야 해."

"그러기 싫어." 애그니스가 말한다.

다음 날 아침, 나는 사과를 잘라 그릇에 담아 먹는다. 여자 교도소에서 근무하고부터 교도소가 더 잔인해 보인다. 수많은 남자 재소자가 "감옥에선 냉정을 유지해야 해" 또는 "바깥세상을 빨리 잊을수록 시간이 더 빨리 지나갈 거야"라고 말하는 건 들어봤다. 그들 대부분이 교도소 정문을 통과하기 전부터 이미 자신을 세상에서 분리시키는 법을 배웠다. 하지만 애그니스와 같은 사람은 거리두기에 능숙하지 않다. 그녀를 통해 교도소의 고립이 얼마나 고통스러운지 새로운 눈으로 보게 된다.

분홍색 벽에도 불구하고 여자들의 감옥이야말로 본질적으로 가부장적 권력을 가장 잘 보여주는 곳이라는 생각이 든다. 나는 어떻게 감옥이 남자들에게 어깨를 쫙 펴고 주먹을 반쯤 쥔 채로 항상 폭력을 행사할 준비를 하고 걸음을 옮기도록 강요하는지 숱하게 봐왔다. 물론 여자 교도소에서도 그런 걸음걸이를 볼 수 있다. 또한 감옥이 어떻게 일부 여자들에게 훨씬 연약하고 소녀 같은 모습을 강요하는지도 볼 수 있다. 교도소 건물에 들어서면 독일 셰퍼드, 아니면 새끼 고양이가 된다.

*

애그니스처럼 내게도 아빠 사진이 없다. 10년 전 가족 중 누군가가 내게 아빠 사진을 보여줬다. 그 후 2주 동안 나는 희미한 죄의식과 함께 내 안의 사형집행인에 대해 생각했다. 그 뒤로 그의 사진을 본 적은 없다. 하지만 여전히 버스에서, 술집 화장실의 소변기에서, 아니면 신문에 실린 범인 식별용 사진에서 아빠 같은 남자들을 본다. 아빠를 잊고 싶지만 내 상상력이 허락하지 않는다. 하지만 그게 바로 수치심, 즉 잊지 못하게 하는 힘이다. 수치심은 가장 끈질긴 기억이다.

소피아가 애그니스에게 감옥에선 냉정을 유지해야 한다고 말한 것은 현재에 머물러야 한다는 뜻이었다. 내게 현재를 산다는 것은 나 자신을 감옥 밖으로 나오게 하는 것을, 대물림된 죄의식을 떨쳐내는 것을 의미한다.

11장

진실은 항상 옳은 것일까요?

"오노다는 전쟁이 끝났다고 믿어야 할까요?"

"당연히 믿어야죠."

"왜?"

"그게 진실이니까."

"진실은 진짜지. 하지만 그건 그리 중요하지 않아."

"그냥 자기가 원하는 대로 믿으면 안 돼요?"

내가 학생들에게 말한다. "철학자 샘 해리스에 따르면 거짓말은 누군가와의 관계를 심화시킬 기회를 놓치는 행위예요. 거기엔 착한 거짓말도 포함되죠. 그는 우리가 주로 나약함 때문에 거짓말을 한다고 생각해요. 어쩌면 진실을 인정하기 너무 부끄러워서, 아니면 갈등을 원치 않아서 거짓말을 선택하는 건지도 모르죠. 해리스는 이런 거짓말이 우리의 관계를 조금씩 갉아먹는다고 생각했어요. 누군가에게 거짓말을 하면 그와의 관계에 틈이 생기죠. 거짓말은 또한 거짓말을 하는 당사자에게도 스트레스와 고립을 안겨줘요. 따라서 해리스의 철학에 따르면 우리는 거의 언제나 진실을 말해야 해요."

은빛 머리칼에 안색이 불그레한 테리가 팔짱을 낀다. "샘 해리스에게 웬 놈이 다가가서 그의 가족이 어디에 있냐고 물으면 어떡해요. 샘 해리스가 보기에 그자의 기분이 안 좋은 것 같으면요? 그러면 샘 해리스는 뭐라고 말할까요?"

내가 말한다. "해리스는 그런 극단적인 상황은 거짓말에 대한 일반적인 규칙과는 아무 관련이 없다고 했어요. 그는 우주비행사를 예로 들죠. 우주로 나간 우주비행사는 무중력 상태에서 골밀도가 떨어지지 않도록 알약을 복용해야 해요. 하지만 지구로 돌아오면 복용할 필요가 없죠."

"웬 우주비행사 타령이죠?" 테리가 말한다.

"누군가가 협박하거나 위협을 가하는 극단적인 경우에는 거짓말을 할 수밖에 없겠지만 평소에는 이런 일이 일어나지 않는다는 소리예요. 그러니 평소에는 정직하라는 일반적 규칙을 지켜야죠."

"만약 누군가가 그의 여동생을 강간하려고 하면요? 샘 해리스가 동생이 어디 있는지 말할까요?" 테리가 묻는다.

"아니요. 그것 역시 우주비행사에 해당하죠. 대부분의 도덕적 선택은 평범한 환경에서 벌어져요. 누군가가 내 여동생을 강간하려고 하는 건 평범한 환경에 해당하지 않아요. 그러니 강간범에게 여동생의 위치를 거짓으로 알려줘야 한다고 해도, 그게 거짓말이 평소에도 좋은 일이라는 의미는 아니에요."

"그러면 놈들이 그의 엄마를 강간하겠다고 하면요?"

"역시나 우주비행사예요, 테리." 내가 말한다.

"그렇다면 샘 해리스는 아주 솔직한 사람 같군요." 그의 얼굴에 과장된 웃음이 한가득 퍼진다.

"당신 생각은 어때요, 테리?" 내가 말한다.

"내 생각엔," 그가 팔짱을 푼다. "난 똥을 싸러 가야겠어요."

그가 무릎에 한 손을 올리고 의자에서 몸을 일으켜 세우면서 끙 소리를 내더니 문으로 향한다.

일곱 살 때였다. 크리스마스가 다가오고 있었다. 나는 두 달 동안 형을 보지 못했다. 엄마는 제이슨이 멀리 공장에 일을 하러 가서 몇 달 후에 일이 끝나야 집에 돌아올 거라고 말해줬다.

크리스마스이브, 나는 운전하는 엄마 옆의 조수석에 앉아 있었다. 우리는 형을 보러 가는 중이었다. 고속도로를 벗어나 시골길로 들어선 차는 어느 주차장에 도착했다. '허 마제스티즈 교도소'라는 커다란 간판이 보였다.

나는 어리둥절하여 엄마를 쳐다봤다.

"제이슨은 항상 일터에 있어." 그녀가 말했다. "금방 집에 올 거니까 걱정 마. 오늘은 한 시간만 형을 만날 거야. 좋은 시간 보내자, 알았지?"

우리는 차에서 내려 건물 안으로 들어갔다. 검색대에 발을 들였다. 엄마가 나를 보고 환하게 웃었다. "하지만 여긴 교도소잖아요"라고 말하면 큰일 날 것 같았다. 엄마는 뜯지 않은 초콜릿 바 네 봉지를 반입해도 된다는 허락을 받았다. 내 장난감, 엄마의 돈, 열쇠 등 다른 물건은 모두 보관함에 넣었다. 뒤이어 교도관이 우리를 면회실로 안내했다.

20분 뒤 나는 여러 개의 테이블이 널찍한 간격을 두고 여기저기 흩어져 있는 방에 엄마와 함께 앉아 있었다. 창문에는 창살이 있었다. 우리 맞은편에 빈 플라스틱 의자가 보였다. 옆 테이블에도 한쪽에는 엄마와 아이가, 맞은편에는 빈 의자가 있었다. 축구 시합 때처럼 연노란 번호판을 단 남자들이 줄지어 들어왔다. 그중에 제이슨이 있었다. 그를 보자 너무 신이 났다.

그가 다가와 나를 안아줬다. 까칠하게 자란 수염이 내 이마를 할퀴었다. 교도관이 우리에게 말했다. "접촉은 금지입니다."

제이슨이 우리 맞은편에 앉았다. "엄마가 말해줬을 거야. 내가 여기서 일을 하느라 바빠."

나는 양손을 깔고 앉은 채 한쪽 다리를 앞뒤로 흔들었다.

제이슨이 앉았다. 엄마가 제이슨에게 초콜릿 바를 건넸다. 그가 봉지를 뜯어 초콜릿을 한 입 물었다. 그들은 낮은 목소리로 대화를 나눴다. 엄마는 그가 말썽에 휘말리진 않았는지 궁금해했다. 그가 식사에 나오는 토마토가 얼마나 작은지 보여주기 위해 엄지와 검지로 O자를 만들었던 기억이 난다. 교도관들은 방을 순찰 중이었다. 제이슨이 초콜릿 바를 한 입 더 베어 물었다. 초콜릿을 입에서 뗄 때 캐러멜이 죽 늘어지다 끊어져 그의 턱에 달라붙었다.

"감방은 혼자 쓰고 있어?" 엄마가 속삭였다.

"벌써 세 번이나 바뀌었어." 제이슨이 말했다.

"형은 감옥에 있는 거야." 내가 말했다.

두 사람 모두 나를 쳐다봤다.

"난 그냥 일을 좀 하는 거야, 동생."

"〈버즈 오브 페더〉에서 봤어. 여긴 감옥이야."

〈버즈 오브 페더〉는 두 여자가 감옥에 갇힌 남편들을 면회하는 이야기가 나오는 시트콤이었다.

엄마와 제이슨이 눈물을 흘리며 웃었다.

"여긴 감옥이라고." 내가 말했다.

1월에 나는 학교로 돌아갔다. 자리에 앉아 연습장을 펼치고 연필을 집어 들었다. 갑자기 공허한 기분이 들었다. 형이 감옥에 있는데 이딴 게 뭐가 중요하지? 선생님이 연습장 맨 위에 날짜를 적으라고 했다. 나는 그를 쳐다보면서 책상 모서리에 대고 연필 끝을 부러뜨렸다.

그 누구에게도 형이 감옥에 있다는 사실을 말하지 않았다. 나는 큰 소리로 외치고 싶었다. "이건 전부 가짜야. 연기는 그만해." 한 번은 선생님이 양손을 활발하게 움직이며 우리에게 뭔가를 설명하는 중이었다. 내가 그를 보고 웃었다. 그가 심각한 표정을 짓더니 손가락으로 나를 가리켰다. "뭐가 재밌니?" 내가 그와 똑같이 심각한 표정을 지으며 손가락으로 그를 가리켰다. "뭐가 재밌니?" 그가 내게 교실에서 나가라고 했다. 나는 어깨를 으쓱하며 교실을 나갔다.

내 현실은 산산조각 났다. 나는 수업 시간에 시비를 걸지 않으면 의기소침해 있었다. 고등학교 시절에는 가뭄에 콩 나듯 공부하고선 E와 F 학점을 받았고 나는 이 결과를 선생님들이 정말 아무것도 이해하지 못한다는 증거로 받아들였다. 당연히 두 과목을 제외하고 모두 낙제한 채로 학교를 떠났다.

몇 달 뒤 몇몇 친구가 동네 대학의 공개 참관 행사에 가게 됐다. 나는 성적이 안 되어서 행사에 합류하는 게 별 의미가 없을 거라고 생각했다. 몇 달 전 시험 직전에 한 선생님이 예전 학생의 과제물을 복사해 내게 주었다. 그 덕분에 나는 내 현실이 학교가 내게 기대한 것과 다르다는 사실을 알아주는 교사가 있다고 느꼈다. 그래서 난 대학에 갔고 우연찮게 철학 수업을 참관했다.

로버트라는 선생님이 질문을 던졌다. "이 순간이 한낱 꿈이 아니라는 사실을 우리는 어떻게 알까요? 이게 현실이라는 걸 어떻게 알죠?"

그의 질문을 들으면서 너무나 마음이 놓였다.

로버트는 내 성적이 부족하다는 것을 알면서도 수업을 듣도록 허락해주었다. 수업은 믿을 수 없을 정도로 흥미진진했다.

당시는 내 머릿속의 사형집행인이 가장 신랄하게 비난을 퍼붓던 시기였다. 내 사고는 두 갈래로 무자비하게 나뉘어 있었다. 내가 좋은 사람이거나 나쁜 사람이거나. 그 양극단 사이에서 살 수는 없었다. 사형집행인에 따르면, 내가 그 사이에 있다는 것은 사실상 내가 나쁜 사람이 되어가고 있다는 의미였다. 그는 내가 어떤 사람일지에 대해 두 번, 세 번 생각하기도 전에 대화를 중단했다.

하지만 로버트의 강의에서 우리는 수세기에 걸친 철학자들의 사상에 대해 읽었고, 그 책들 속에서 나는 인생이 얼마나 복잡한지를 이해하는 사람들이 있음을 알았다. 철학자들은 미묘한 차이가 표준이 되고, 대화가 계속 이어지고, 정신이 기지개를 켤 수 있는, 엄격한 흑백논리 너머에 사는 것처럼 보였다. 철학을 계속하면 비난받지 않을 수도 있을 거라는 생각이 들었다.

강의 첫 달에 나는 열심히 공부했다. 하지만 공부는 쉽지 않았다. 첫 에세이에서는 11점 만점에 3점, 두 번째에는 18점 만점에 6점을 받았다. 로버트가 답안지 가장자리에 "대다수의 문장을 다시 읽어야 함. 생각에 말이 안 되는 부분이 많음. 학생의 이해도가 절반에 못 미침"이라고 써놓았다. 나는 그에게 보여주고 싶었다.

계속 열심히 매달렸지만 로버트는 세 번째 에세이 역시 이전 두 편처럼 이해하기 어렵다고 봤다. 나를 제외한 그 누구도 내가 무슨 말을 하는지 알지 못했다. 나는 내 내면 세계가 말할 수 없을 정도로 특별한 것이 분명하다고 여겼다. 그러자 속수무책으로 소외감이 밀려왔다. 로버트가 내게 점심시간에 교수실로 오라고 했다. 그러고는 나 이외의 다른 사람들도 내 글을 이해하게 하려면 어떻게 문장을 써야 하는지 보여줬다. 우리는 이 일을 수차례 반복했다. 그렇지만 그가 이런저런 설명을 하는 동안 내가 끼어들거나 그에게 잔인한 말을 할까봐 겁이 났다. 그 잔인한 말이 뭔지는 몰라도 어느 순간 그 말이 내 입에서 튀어나올까봐 두려웠다. 사형집행인은 로버트의 친절함을 불편해했다.

로버트는 계속 그렇게 도움을 줬고 내 성적은 천천히 향상됐다. 나는 이해받을 수 없다는 외로움에서 벗어나 이해받는다는 만족감을 알게 됐다. 나 자신에게서 선함을 보기 힘들었던 시간 동안 나를 믿어준 로버트에게 너무나 감사하다. 철학 수업을 마쳤을 때도 여전히 내 머릿속에는 비난의 목소리가 살아 있었다. 하지만 이젠 상상력과 가능성이 존재하는, 두 번째 의식 공간에도 접근하게 됐다. 그건 정신에서 이중 국적을 얻은 것과도 같았다. 아침이 오면 나는 머릿속 사형집행인과 함께 눈을 떴다. 그를 머릿속에서 완전히 추방할 수는 없었지만 마음속에서 다른 섬으로 가는 다리를 건너, 그와 다른 곳에 머무를 수 있게 되었다.

언젠가 드리스라는 전직 격투기 선수가 교도소에서 내 수업을 들었다. 그는 놀라우리만치 근육질이었지만 언제나 살짝 구부정하게 서 있었다. 그를 감옥으로 인도한 범죄들을 통해 엄청난 부를 축적했을 터였지만 그는 자신의 감방 침대 옆에 "그렇게 욕심 부리면 안 된다"라는 글을 새겨놓았다. 그는 두 번째 15년 형을 반쯤 끝낸 터였다. 그동안 사람들이 들어왔다 나갔다. 심지어 몇 년 동안 복역한 사람들도 영화 속 엑스트라처럼 왔다가 가버렸다. 그는 너무 지쳐서 사동에 새로 들어온 사람들과는 잡담을 나누지 않았다. 그로선 마치 얼굴이 흐릿한 1300개의 육체와 한 건물에 사는 것과도 같았다. 하지만 그는 철학을 좋아했다. 그때가 그가 사람들의 정수리 너머가 아닌 얼굴을 쳐다보는 유일한 시간이었다. 한 번은 수업이 끝난 뒤 그가 내게 작은 쪽지를 건네고 교실을 나갔다. 거기엔 "두 시간의 휴가였어요. 고마워요"라고 적혀 있었다. 두 시간의 휴가란 그가 가족이나 친구들과의 면회를 가리킬 때 쓰는 표현이었다. 철학 속에서 드리스는 다른 섬에 머물렀던 것이다.

오늘 아침, 교도소 정문에 도착해보니 휴대전화를 보관할 직원 사물함이 전부 사용 중이다. 나는 방문객 센터의 삐걱대는 이동식 가건물에 발을 들인다. 전기 히터에서 나오는 따뜻한 공기 때문에 창문에 물방울이 맺혀 있다. 나는 사물함 하나를 열고 휴대전화를 넣는다. 벽에 재소자 가족을 위한 전화 상담 서비스 포스터가 붙어 있다. 눈이 슬픈 어린 소년의 사진 옆에 이런 글이 적혀 있다. "아빠는 또 멀리 일하러 갔어요?"

나는 사물함에 꽂힌 열쇠를 돌리고 교실로 향한다.

몇 분 뒤 나는 검색대를 지난다. 그리고 문이 잠긴 여덟 개의 캐비닛이 벽면에 세워져 있는 방으로 들어간다. 모든 캐비닛의 앞면에 강화 아크릴이 붙어 있다. 안에는 열쇠 꾸러미들이 들어 있다. 나는 캐비닛 옆의 패널에 손가락을 올린다. 기계가 지문을 인식하자 캐비닛 문이 내 쪽으로 열린다. 나는 열쇠 꾸러미를 꺼내 허리띠에 건다. 그 열쇠들로 문을 열고 안으로 들어간 뒤 다시 문을 잠그면서 교도소를 지나간다. 아침 내내 층계참에서 운동장으로, 보건실로, 주방으로, 행정실로, 징벌방으로 이동한다. 내가 있는 곳이 감옥임을 몰랐어야 했던 그 크리스마스이브를 돌이켜보면 내 허리띠에 이 열쇠 꾸러미가 있다는 게 부정한 일인 것만 같다. 나는 교도관이 내게 다가와 열쇠를 뺏어갈 거라고 계속 상상한다.

30분 뒤 교실에 에디라는 새 학생이 합류한다. 누군가 브라질이 노예제를 폐기한 마지막 국가라는 얘기를 하는데 에디가 불쑥 끼어들어 한때 리우데자네이루에 이파네마 해변이 내려다보이는 아파트가 있었다고 말한다. 15분 뒤 대화 중에 코소보가 언급되자 에디가 거기서 전투에 참여해 훈장을 받았다고 이야기한다.

30분 뒤 누군가 스페인 축구팀을 비난하자 에디가 한때 미스 스페인과 로맨틱한 휴가를 보낸 적이 있다고 자랑한다.

한 주가 지나고 왕실 결혼식이 열리기 전날, 한 학생이 함께 행사를 축하하기 위해 초콜릿 다이제스티브 비스킷 한 봉지를 가져온다. 에디가 한입 물더니 말한다. "몇 년 전에 마거릿 공주의 저택에 초대를 받았지." 그의 혓바닥에 곤죽이 된 비스킷이 들러붙어 있다. "하지만 결국 안 가기로 했어."

그 수업 후반부에는 로또에 맞은 적이 있는데 유명 래퍼 두 명과

진탕 술을 마시다가 잃어버렸다고 했다.

일주일 후, 에디는 찰스 브론슨과 아부 함자를 비롯해 영국에서 가장 악명 높은 범죄자들과 함께 감방을 쓴 적이 있다고 말한다. "찰스 브론슨은 이제껏 대화해본 사람 중에 가장 멋진 놈이야."

그다음 주에 에디가 말한다. "그래서 라이브 클럽 무대에 올라가 내가 작곡한 노래를 불렀어. 그리고 지금 에드 시런이 그 노래로 떼돈을 벌고 있지."

에디가 처음 이런 이야기로 사람들의 말에 끼어들었을 때는 모두 진지한 표정을 지었다. 이젠 다들 허공을 응시한다. 아무도 그에게 에드 시런의 곡을 불러보라거나 미스 스페인의 머리칼 냄새가 어땠냐고 물어보지 않는다.

에디가 수업을 들은 지 두 달쯤 됐을 때 나는 화이트보드에 이렇게 쓴다. "진실=선?"

내가 말한다. "플라톤은 철학자 왕이야말로 이상적인 지도자라고 주장했어요. 철학자 왕은 기하학과 수학에 능통한 사람이죠. 플라톤은 이들이 추상적인 진리를 이해하므로 무엇이 선한지도 알 거라고 생각했어요. 진리는 선과 같으니까요. 그러니 이런 철학자 왕이 최고의 통치자가 되는 거죠."

"스티븐 호킹이 다우닝가(영국 런던의 관청가로 총리관저가 있다-옮긴이)에 있는 거네요?" 한 학생이 말한다.

"비슷해요." 내가 말한다. "사실 실제 비슷한 사례도 있어요. 이스라엘이 처음 만들어졌을 때 알베르트 아인슈타인이 대통령으로 추대됐지만 그가 거절했죠."

"아니, 안 그래요." 에디가 말한다.

"사실이에요." 내가 말한다.

"그럴 리가요."

내가 머리를 긁적인다. "기사에서 봤어요."

에디가 손가락을 흔든다. "컨설턴트로 일할 때 이스라엘에 오래 있었어요. 아인슈타인이, 절대 아니죠."

내가 짜증으로 벌름대는 콧구멍을 숨기기 위해 웃는다. 나는 나머지 학생들로 시선을 돌리며 화이트보드에 적힌 "진실=선?"을 가리킨다. "동의하세요?" 내가 말한다.

몇 시간 뒤, 나는 집에 도착해 노트북 전원을 켜고 '아인슈타인 이스라엘 대통령직 거절'이라고 검색한다. 아인슈타인이 실제로 이스라엘의 대통령직을 제안받았다는 기사들을 발견한다. 기사 페이지 맨 위에 아인슈타인의 상징적인 흑백사진이 보인다. 그가 익살맞게도 회색 콧수염 아래로 좁고 뾰족한 혀를 내밀고 있다.

나는 기사를 인쇄해 강의 폴더에 넣는다.

며칠 뒤 여자 교도소에서 학생들이 교실 안으로 줄지어 들어온다. 스테이시라는 여자가 교실 모퉁이의 책상에 앉더니 쓰고 있는 편지에 몇 줄을 추가한다. 회색 후드티 차림에 소매를 팔꿈치까지 걷고 있다. 팔뚝 안쪽에는 딸 이름이 문신으로 새겨져 있다. 내가 요즘 어떠냐고 묻는다. 그녀가 문장을 마저 쓰고는 윗니를 혀로 누르고 말한다. "여자 친구한테 매일 편지를 써야 해요. 처음엔 그게 내가 보낸 편지라는 걸 안 믿었대요. 밖에선 글씨가 늘 개판이었는데 여기선 시간이 있잖아요. 글씨가 굉장히 깔끔해졌어요."

나머지 학생들이 온다. 스테이시가 원형 대열에 합류한다. 내 오른편엔 열아홉 살인 브리트니가 앉아 있다. 짙은 보라색 립스틱을 발랐는데, 그녀가 웃을 때마다 구석에 이빨 하나가 없는 게 보인다. 그녀의 맞은편에는 리앤이라는, 글래스고 출신의 20대 후반 여자가 앉았다. 그녀가 이번 주 초에 교도소에서 나눠준 정신건강 관련 인쇄물에 대해 옆 사람과 대화하고 있다. 인쇄물에선 규칙적인 운동과 명상을 권한다. 그 인쇄물에는 "함께 있으면 즐거운 사람과 시간을 보내라"는 조언이 담겨 있었다. 리앤은 그래서 속상하다.

"솔직히," 리앤이 말한다. "이곳에선 일을 구하는 게 그리 어렵지 않아. 현실 세계에서 살 필요조차 없다니까."

나는 그녀의 시선을 살짝 의식한다. 리앤이 나를 현실 세계에 살지 않는 또 하나의 인간으로 생각하지 않을까 싶다.

몇 분 뒤, 수업이 시작된다. 내가 말한다. "1944년, 오노다 히로라는 일본 군인이 필리핀의 한 섬에 파병됐어요. 그의 부대장 다니구치 소령이 자신이 돌아올 때까지 절대 항복하지 말라는 명령을 내리고 섬을 떠났죠."

리앤은 무릎 위에 잡지를 올리고는 스킨케어 광고 모델의 흰자와 이빨을 볼펜으로 까맣게 칠하고 있다.

"이듬해 연합군이 섬을 점령했어요. 오노다는 정글에 숨었어요. 그는 바나나, 코코넛으로 연명하면서 간간이 동네 농장을 급습하며 버텼죠. 반년 뒤, 그는 정글에서 우연히 전단을 발견해요. 전단에는 전쟁이 몇 달 전에 끝났다고 적혀 있었어요. 그렇지만 그는 그 전단이 가짜라고, 적이 자신을 속여 항복시킬 속셈이라고 생각하죠."

브리트니가 시끄럽게 웃는다. 리앤이 짜증스러운 표정을 짓는다.

내가 말한다. "1945년 말, 현지인들이 정글 위에 비행기를 날려서 야마시타 장군의 항복 편지가 실린 전단을 뿌렸어요. 오노다는 그 편지도 믿지 않았어요. 그는 일본이 패전했을 리가 없으며 연합군이 또다시 자신을 속이려 한다고 생각했죠."

나는 리앤의 관심을 끌기 위해 목소리를 좀더 높인다. "더 많은 전단이 뿌려졌어요. 전단에는 일본 신문, 병사들의 가족이 보낸 편지가 소개됐어요."

리앤은 고개를 숙인 채 계속 낙서를 한다.

"오노다는 어떤 것도 믿지 않았어요. 일본 대표단이 파견됐죠. 그들이 정글을 돌아다니며 메가폰으로 소리쳤어요. 오노다는 이들이 적에게 생포된 일본군이며 자신을 속여서 항복시키려는 거라고 생각했어요."

"편집증이 분명하네요." 스테이시가 말한다.

"오노다가 정글에 머문 지 30년이 됐을 때 필리핀을 여행하던 한 일본 학생이 그를 발견해요. 학생이 그에게 전쟁이 끝났다고 말하지만 오노다는 자신의 부대장이 돌아와 전쟁이 끝났다고 말하지 않는 이상 믿지 않을 거라고 하죠."

내가 학생들에게 묻는다. "오노다는 전쟁이 끝났다고 믿어야 할까요?"

"당연히 믿어야죠." 브리트니가 말한다.

"왜?" 리앤이 묻는다.

"그게 진실이니까."

"진실은 말에 불과해." 리앤이 말한다. "변호사가 나한테 재판정에서 긴팔로 문신을 가리라고 하더군. 내 팔에 문신이 있다 한들,

내게 죄가 있고 없고가 뭐가 달라지겠어?"

"하지만 넌 네가 죄가 있는지 없는지 알잖아. 진실은 너한테는 진짜야." 브리트니가 말한다.

리앤이 잡지에 낙서를 하며 말한다. "진실은 진짜지. 하지만 그건 그리 중요하지 않아."

잡지 속 금발 모델의 이빨은 이제 3분의 2가 새까맣다.

"오노다가 현실에서 살아가려면 당연히 진실이 중요하죠." 내가 말한다.

"세상은 그를 잊었어요." 리앤이 말한다. "그의 가족과 애들도 새 삶을 살고 있을걸요. 그는 자신이 미국과 싸운다고 생각하지만 그의 고향엔 이미 맥도날드가 들어와 있겠죠. 아무도 그를 기억하지 못할 거예요. 그도 아무것도 못 알아볼 거고요." 그녀는 여전히 아래를 내려다보며 낙서를 한다. "그냥 자기가 원하는 대로 믿으면 안 돼요?"

"하지만 진실이 너희를 자유롭게 하리라는 말도 있잖아?" 브리트니가 말한다.

"아 그래서요." 리앤이 말한다. "앤디, 그는 정글을 떠나요, 안 떠나요?"

"학생은 일본으로 돌아가 서점에서 일하는 다니구치 소령을 찾아요. 학생이 그에게 상황을 설명하자 다니구치가 섬으로 가죠. 다니구치는 그곳에 도착해 오노다가 30년 전 자신이 항복하지 말라고 명령했을 때와 같은 옷을 입고 있는 것을 발견해요. 군복이 흠잡을 데 없이 깔끔했죠."

리앤이 펜을 멈추고 고개를 들어 나를 바라본다. 그녀의 눈이 고통으로 빛나는 듯하다.

“소총도 나무랄 데 없이 잘 간수돼 있었고요. 다니구치에겐 선택권이 있어요.” 내가 말한다. 리앤의 두 눈이 내게 깊이 각인되는 느낌이다. 내 목소리가 살짝 떨린다. “오노다에게 전쟁이 끝났다고 말할 수도 있고, 아니면 계속 자리를 지키라고 말할 수도 있어요.”

내가 말한다. “다니구치는 오노다에게 뭐라고 말해야 할까요?”

스테이시가 몸을 앞으로 기울이고 말한다. “사실을 말하는 건 위험해요. 몽유병 환자를 깨우는 것과 같아요.”

“영원히 잘 순 없어.” 브리트니가 말한다.

“전쟁이 끝나고 5년이면 모를까, 이건 30년이라고!” 스테이시가 말한다.

“5년이든, 30년이든, 진실은 변하지 않아.” 브리트니가 말한다.

스테이시가 말한다. “예전에 6년을 복역한 적이 있어. 바깥세상에 나갔는데 모든 게 너무 빨리 돌아가는 거야. 이곳의 시간은 달라. 모든 게 느리지. 그래서 교도소 정문을 나서자마자 달려야 할 것 같았어, 그저 사람들한테 뒤처지지 않기 위해서. 그냥 기본적인 것만 하는데도 죽을 맛이었어. 겨우 6년 만에 세상에 나갔는데도 말이야. 오노다는 절대 따라가지 못할 거야.”

“그래도 적응할 수 있을 거라고 믿어.” 브리트니가 말한다.

리앤이 비웃는다.

“그리고 말해주지 않으면 그건 정직하지 못한 거야.” 브리트니가 말한다.

“재판에서 그러더군. 평범한 사람이 내가 정직하다고 생각하는지에 따라 내가 거짓말쟁이인지를 판단할 거라고.” 리앤이 말한다.

"그게 무슨 뜻이야? 평범한 판사, 평범한 죄수, 정글에서 30년 동안 지낸 평범한 군인? 평범한 사람이 무슨 뜻인지 알려줘봐."

"오노다는 진실을 들을 자격이 있지 않을까요?" 내가 말한다.

"다니구치가 사실대로 말해요?" 리앤이 묻는다.

"네." 내가 말한다.

"그러면, 이야기는 어떻게 끝나요?" 리앤이 말한다.

"다니구치는 오노다에게 전쟁이 끝났다고 말해요. 오노다는 소총의 볼트를 당겨 총알을 꺼내죠. 그리고 총을 내려놓아요. 그가 눈앞이 캄캄하다고 말하죠. 차라리 30년 전 전투에서 전우들과 함께 죽었으면 좋았을 거라고요. 그는 군인으로 보냈던 지난 30년이 무엇을 위한 거였는지 더 이상 알지 못했죠."

리앤이 광고 면에 다시 펜을 올리고 모델의 얼굴을 까맣게 칠한다.

한 시간 뒤 수업이 끝난다. 나는 감옥을 나와 방문객 센터로 들어간다. 벽에 전화 상담 서비스를 홍보하는 포스터가 붙어 있다. 어린 여자아이의 사진 옆에 "엄마가 그리워요"라는 글귀가 적혀 있다. 나는 사물함을 열고 휴대전화와 지갑을 꺼낸 뒤 자리를 뜬다.

*

며칠 후, 남자 교도소. 에디가 사회복지사를 만나느라 철학 수업에 참석하지 못했다. 나는 그에게 데카르트에 대한 이번 주 자료를 주고 아인슈타인이 이스라엘 대통령직을 제안받았다는 기사도 보여주고 싶다. 나는 층계참을 걸어간다. 모든 것이 잿빛이다. 모두가 하품을 하고 있다. 공기가 씻지 않은 사람 냄새와 낮 시간 텔레비전 소리로 가득하다. 에디의 감방에 도착하니 문이 아직 열려 있다. 나는 그냥 출입구 앞에 선다. 그가 이미 뜯은 고온멸균 우유통을 시원하게 보관하기 위해 창문을 열고 창틀 위에 올려두었다. 에디는 천장을 바라보고 매트리스 위에 누워 있다. 침대 옆에는 몇 칸밖에 남지 않은 화장지가 놓여 있다.

"줄 게 두 가지 있어요." 내가 말한다.

에디가 일어나 내 쪽으로 걸어온다. 나는 파일에서 데카르트 자료를 꺼내 그에게 건넨다. 그가 감방 밖으로 고개를 빼꼼 내밀더니 좌우를 살피고 한 걸음 물러선다. 그가 엄지를 물어뜯는다.

내가 폴더를 휙휙 넘겨서 아인슈타인 기사를 꺼내려는데 그가 말한다. "두 놈이 내 텔레비전을 가져갔어요. 이리로 걸어 들어와서 채널을 휙 돌리기에 '무슨 짓이야'라고 했더니 둘 다 그냥 웃잖아요. 그러더니 플러그를 뽑아서 들고 갔어요."

나는 감방 안을 쳐다본다. 뽀얀 먼지가 앉은 탁자에 텔레비전이 있던 자리만 깨끗하다.

그가 말한다. "그들이 그렇게 나가는데 아무것도 못 했어요. 모범적으로 지내면 나는 7개월 뒤에 출소하지만 그 두 놈은 10년 형이라 자기들 멋대로 할 수 있죠. 나를 골탕 먹여도 내가 아무 짓도 못 하는 걸 알아요."

"안됐군요, 에디." 내가 말한다.

"난 가라테 검은 띠도 있어요."

"교도관한테는 말했어요?"

에디가 옆으로 시선을 던진다. 밀고자가 되긴 싫은 것이다.

"그렇지만 그자들을 매일 볼 텐데요. 계속 그러면 어떡할래요?"

내가 묻는다.

에디가 뒤로 물러나 침대에 눕더니 끙 하는 소리를 낸다. "다른 건 뭔데요?" 나는 폴더에 반쯤 걸쳐진 기사를 쳐다본다. 아인슈타인이 혀를 내민 사진이 보인다.

"미안해요, 에디." 내가 말한다.

그가 침대에서 고개를 들고 나를 쳐다본다.

"다른 건 없었어요." 내가 말한다.

에디가 다시 베개에 고개를 떨어뜨린다. 나는 기사를 폴더에 도로 밀어 넣는다.

12장

타인의 고통 앞에서 우리는 무엇을 할 수 있을까요?

레비는 수용소에서 먼저 목숨을 잃은 이들에 대해
최선을 다해 증언하려고 했지만
자신이 살아 있다는 사실에 여전히 괴로웠다.
자신이 사람들의 고통을 목격했다는 그 사실 자체가
그들은 죽었지만 자신은 살았다는 사실을 상기시켰다.

아우슈비츠를 나오고 40년 뒤, 프리모 레비는 〈수치심〉이라는 에세이를 펴냈다. 그 글에 따르면 그는 친구를 찾아가 다른 사람들은 수용소에서 목숨을 잃은 반면 자신은 살아남은 이유를 알고 싶다고 말했다. 그의 친구는 그가 먼저 간 사람들이 어떤 일을 겪었는지 '증언'하기 위해 살아남은 거라고 말했다.

25년 전, 엄마와 함께 제이슨을 면회 갔을 때 시간이 눈 깜짝할 사이에 지나가더니 교도관들이 그를 다시 감방으로 데려갔다. 엄마와 나는 교도소 건물 밖으로 나와 주차장으로 향했다. 나는 이곳을 나가는데 제이슨은 그러지 못한다는 게 뭔가 잘못된 것 같았다. 엄마와 나는 차에 올라탔고 차가 움직이기 시작했다. 나는 뒷유리를 향해 몸을 돌리고 좌석에 무릎을 꿇은 채로 교도소를 뚫어지게 바라보았다. 엄마가 내게 똑바로 앉아 앞을 보라고 했지만 고개를 돌릴 수 없었다.

오늘 아침, 층계참을 걸어가는데 뒤에서 비명 소리가 들린다. 돌아보자 스무 살이 갓 넘어 보이는 남자가 교도관 여섯 명에 의해 호송되고 있다. 교도관들이 그의 양팔을 붙들고 있다. 그가 몸부림치자 그의 길고 검은 머리칼이 그들 중 한 명의 얼굴에 부딪힌다.

"그 새끼가 내 앞에서 자위를 했다고." 그 남자가 소리친다.

그의 광대뼈에 피가 묻어 있고 흰색 티셔츠의 브이넥은 찢어져 있다. 그의 두 눈에 사나운 분노가 보인다.

"빌어먹을, 내 얼굴에 대고 자위를 했단 말이야!"

교도관들이 그를 진정시키기 위해 층계참을 지나 징벌방으로 향한다.

파울러라는 교도관이 말하길, 지난밤에 존시(징벌방으로 호송되는 남자)의 방에 새 동료가 들어왔다. 오늘 아침, 존시가 눈을 떠보니 그 동료가 그의 얼굴에 대고 자위를 하고 있었다. 존시가 침대에서 뛰쳐나와 그를 벽에 밀쳤다. 상대방도 거시기가 빳빳하게 선 채로 맞서 싸웠다. 교도관이 그 둘을 떼어놓아야 했다.

"오, 세상에나." 내가 말한다.

파울러가 부자연스럽게 웃는다. 층계참의 남자 몇 명이 존시를 조롱하며 손으로 자위하는 시늉을 한다. 한 교도관이 외친다. "자유롭게 이동." 파울러가 자기 일을 하러 간다.

나는 교도관들이 존시를 계단 아래 벌방으로 데려가는 모습을 지켜본다.

레비는 최선을 다해 증언하려고 했지만 자신이 살아 있다는 사실에 여전히 괴로웠다. 자신이 사람들의 고통을 목격했다는 그 사실 자체가 그들은 죽었지만 자신은 살았다는 사실을 상기시켰다. 증언은 그의 수치심을 키울 뿐이었다.

이제 나는 플랫폼에서 대기 중인 기차에 앉아 있다. 눈을 깜빡일 때마다 목 부분이 찢어진 존시의 흰 티셔츠가 떠오른다. 나는 이를 악문다.

기차가 움직이기 시작하면서 실제를 하나로 붙들고 있던 원자들이 흩어진다. 승무원이 객차를 지나간다. 그가 양쪽 다리를 번갈아 내딛는 것만으로 어떻게 앞으로 나아가는지 내 뇌가 이해하지 못한다. 그가 싸구려 영화의 음향 효과처럼 '슈웅' 하고 과장된 소리를 내며 열리는 자동문을 통과한다. 앞 테이블이 저 멀리 있는 것처럼 보인다. 만지려고 손을 내밀어도 닿지 않을 것 같다. 나는 창밖의 도시를 바라보면서 건물과 도로와 차들이 실제로 존재한다고 믿기 위해 안간힘을 쓴다. 유리창 너머 저기엔 아무것도 없다.

〈수치심〉의 말미에서 레비는 고통이 너무 절대적이어서 자신이 인간의 영혼이 소멸된 찌그러진 우주에, 모든 것이 산산조각 난 우주에 살고 있는 기분이라고 설명했다. 에세이를 출간하고 1년 뒤, 레비는 자신의 아파트 3층 층계참에서 몸을 던졌고 계단에서 사망했다.

존시가 벌방으로 호송되고 2주가 흘렀다. 3번 층에 있는데 아래쪽에서 고함 소리와 함께 쾅쾅 치는 소리가 들린다. 자살 방지 철제 그물 사이로 아래를 내려다본다. 2번 층에서 교도관들이 한 남자를 벌방으로 데려가고 있다.

머리가 살짝 어지럽다. 하지만 시선을 돌릴 수 없다.

13장

교수대의 남자는 좀더 진심 어린 말을 했어야 할까요?

"사형집행인이 그에게 마지막 말을 물어요.
남자가 말하죠. '이거 안전한 거 확실하죠?'
이 남자가 뭐라고 말했으면 더 좋았을까요?" 내가 묻는다.
"용서를 구하면서 사과할 수도 있을 테고." 이언이 말한다.
"그래봤자 달라지는 건 없어." 데브가 말한다.

제롬이 1년 만에 내 교실에 걸어 들어온다. 행운에 대한 수업 이후 처음으로 그를 본다. 감옥에서 나갔다가 다시 유죄 판결을 받고 돌아온 것이다. 몸이 예전보다 말랐고 손 떨림도 더 심해진 것 같지만 어리바리한 미소는 여전하다.

내가 말한다. "고대 철학자 크리시포스가 올림피아드 경기를 관람하고 있는데 당나귀 한 마리가 테이블로 와서 그의 무화과를 먹기 시작했어요. 크리시포스는 '이제 저 당나귀가 무화과를 소화시킬 수 있도록 포도주를 한 잔 주시게나!'라고 소리친 뒤 포복절도했죠. 서 있지도 못할 정도로 심하게 웃었어요. 그러다 걷잡을 수 없이 몸을 떨면서 입에 거품을 물고 바닥에 쓰러졌죠. 사람들이 그를 도우려 했지만 그는 죽어버렸어요."

"정말 아름답게 세상을 떠나는 방법이네요. 섹스를 하다 죽는 것처럼요." 제롬이 말한다.

"다른 사람의 농담에 죽었으면 더 좋지 않았을까요?" 내가 묻는다.

"그러면 그건 살인이죠. 짭새들이 사방에 깔릴 거예요. 특히 입에 거품을 문 것 때문에요."

"자기 농담에 죽었다는 사실이 무안하지 않아요?" 내가 묻는다.

"죽었잖아요. 살아 있을 때 무안한 걸로 충분하지 않아요?" 제롬이 말한다.

토요일 오후, 할머니 집에서 엄마가 내게 자신의 휴대전화를 건넨다. 그녀가 뒤로 물러나 프랭크 삼촌에게 팔을 두른다. 나는 휴대전화를 들고는 〈바람과 함께 사라지다〉의 등장인물인 레트 버틀러의 거대한 타원형 액자에 시선을 뺏기지 않으려고 노력하면서 두 사람의 사진을 찍는다. 내가 "셋-둘-하나"라고 숫자를 세자 프랭크가 혀로 틀니 윗부분을 밀어낸다. 나는 버튼을 누른다.

엄마에게 사진을 보여준다. 프랭크는 세상에서 윗니가 아랫니보다 가장 많이 돌출된 사람처럼 보인다. 그의 머리 뒤에는 벽에 페인트칠을 하다가 생긴 거친 소용돌이 모양이 있다. 우리 모두 사진을 보고 웃음을 터트리지만 할머니만은 그러지 못한다. 할머니는 텔레비전 소리를 잔뜩 올리고는 소파에 앉아 일요일 아침 요리 프로그램 대신 먼 곳을 바라보고 있다.

"차 한 잔 드릴까요, 할머니?" 내가 묻는다.

"저 양반을 저기 두니 영 찝찝하구나." 할머니가 말한다.

그녀가 벽난로 위에 놓인 할아버지의 유골함을 쳐다보고 있다. 할아버지는 10년 넘게 무덤 파는 일을 했다. 그의 형제들도, 손주

몇 명도 같은 일을 했다.

"그렇지만 할아버지가 화장해달라고 부탁한 거잖아요." 내가 말한다.

"그 양반을 그 불길 속에 넣었다고 생각하니 그냥 기분이 끔찍해." 그녀가 말한다.

"할아버지도 다 알고 선택한 거예요, 할머니." 내가 말한다.

20분 후, 할머니가 화장실에 가고 나는 텔레비전 볼륨을 일곱 칸 낮춘다. 프랭크가 소파 팔걸이에 걸터앉아 담배 주머니와 담배 마는 종이를 꺼낸다. 그가 기분이 좋아 나와 엄마에게 이야기를 들려준다.

"6개월 형을 살고 있는데 다른 걸 훔친 죄가 또 걸려서 3개월을 더 살게 생긴 거야." 그가 말한다.

엄마의 입 꼬리가 활짝 웃을 준비를 한다. 나 역시 웃을 준비를 한다.

"나는 유죄가 선고될 것을 알았어. 변호사도 이어서 형을 살게 될 거라고 하더군. 그날 아침 간수들이 감방에서 날 꺼내 법원으로 데려갔지. 법원 화장실에 갔는데 내 공범인 찰리가 들어오는 거야. 녀석이 주머니에서 마리화나를 꺼내기에 둘이 칸막이로 들어가 한 모금 빨았지. 문제는, 오줌을 지릴 정도로 웃음이 났다는 거야. 간수가 문을 두드리며 재판이 곧 시작된다고 말했는데도 우린 그냥 웃고 또 웃었어. 찰리가 변기에 마리화나를 버렸고 간수들이 우리를 법정으로 데려갔지. 찰리는 웃느라 코를 킁킁거렸고 나는 주먹을 꽉 깨물었어. 양손으로 얼굴을 가리고 판사 앞에 섰지."

나와 엄마는 키득키득 웃었다. 프랭크 삼촌이 종이에 담배 가루를 뿌리고 가장자리를 핥은 뒤 담배를 만다.

"심리에 걸린 시간은 5분이었어." 그가 말한다. "나는 심리 내내 탁자 위에 몸을 굽히고 온몸을 부들부들 떨면서 웃었어. 판사가 우리 둘에게 유죄를 선고했고 이제 형을 내릴 차례였지. 내가 탁자에서 고개를 들었는데 이땐 얼굴이, 빌어먹을, 선홍색이 돼 있었어. 판사가 말했어. '피고인들의 범죄는 매우 끔찍하다.' 그러면서 온갖 개소리를 지껄이더니 이렇게 판결하는 거야. '하지만 이들은 현재 눈물을 흘리고 있다. 자신의 행동이 잘못됐음을 깨달은 것으로 사료된다.' 그렇게 말을 잇더니 지금 살고 있는 징역형으로 벌을 대체해준 거지. 그 바람에 다시 배꼽이 빠질 뻔했다니까."

몇 분 뒤, 나와 삼촌은 부엌에 있다. 우리는 주전자가 끓기를 기다린다. 그가 담배를 말면서 10년 전의 여행에 대해 이야기해준다. 해변에서 밀물이 빠져나가고 있었다. 그는 무릎 높이까지 바다로 걸어 들어가 말없이 서 있었다. 바다표범들이 그의 주위를 헤엄쳤다. 그들이 몇 미터 떨어진 곳에서 그를 가만히 바라봤다.

"같이 거기 가요." 내가 말한다.

"그래. 날이 맑아지면 가자꾸나. 그래야 전부 제대로 볼 수 있지."

삼촌이 감옥에서 나온 후부터 우리는 날이 맑으면 해안에 가서 봐야 할 수많은 것들에 대해 얘기를 나누었다. 하지만 수많은 날이 오고 가는 동안 프랭크와 나는 소파를 떠나지 않았다. 그래도 우리는 여전히 언젠가 함께 해변에서 볼 새들과 바다표범, 하늘에 대해 계속 이야기한다. 맑은 날이 우리의 진짜 미래가 아니라 가상 미래인 것만 같다.

주전자가 끓는다. 삼촌이 차를 만들어 내게 한 잔을 건넨다. 그가 귀 뒤에 담배를 끼우고 우리는 거실로 가서 앉는다.

오후 내내 삼촌이 엄마와 내게 이야기보따리를 푸는 동안 거실에서 왁자지껄한 웃음소리가 끊이지 않는다. 내 웃음이 그를 웃게 하고, 그 모습이 엄마를 웃게 하고, 그 모습이 나를 웃게 하고, 그 모습이 다시 삼촌을 웃게 한다. 서로 웃음을 주고받으면서 삼촌과 나를 가르는 벽이 좀더 투명해진다.

5시쯤, 삼촌이 말아놓은 담배를 무릎에 톡톡 친다. 그가 30년 전 캔터베리 교도소에서 에식스 출신 깡패들과 싸웠던 이야기를 들려준다. 나는 얼굴에 웃음을 머금고 귀를 기울인다.

"간수들이 돌아다니면서 감방 문을 전부 잠갔는데 우리 방만 예외였어. 그래서 주전자를 채우고 물을 끓였지. 그러고 나서 그냥 기다렸어. 1분 뒤에 다시 물을 끓였어. 나와 비니는 문을 지켜봤지. 나는 그냥 계속 주전자를 끓였어. 공기 중에 빌어먹을 수증기가 가득했지. 그때 발소리가 들렸어. 내가 주전자를 들고 뚜껑을 여는데 에식스 깡패 세 놈이 들이닥치는 거야." 프랭크가 감탄하는 표정으로 먼 곳을 바라본다.

"내가 그 작자의 얼굴에 끓는 물을 끼얹었지." 프랭크가 말한다.

나는 웃음을 잃는다. 충격과 혐오로 정신이 돌아온다.

"그놈의 면상을 봤어야 하는데." 프랭크가 얼굴 양쪽에 두 손을 대고 눈과 입술이 아래로 처지도록 피부를 쭉 늘린다. 그가 혀를 내밀고 신음 소리를 낸다. "우아우우우우르!"

나는 몸이 접히도록 웃는다. 엄마는 너무 웃어 배를 부여잡아야 할 지경이다. 삼촌은 자신에게 만족한 듯한 표정이다.

나는 웃음을 멈추기 위해 손으로 입을 가린다. 심호흡을 하고 손을 뗀 뒤 진정하려 애쓴다. 하지만 엄마의 얼굴에 눈물이 줄줄 흘러내리고, 삼촌이 그런 엄마를 보고 웃고, 그 모습에 나도 다시 웃음이 터진다.

몇 시간이 지났다. 나는 집으로 걸어가는 중이다. 청명한 하늘에 수증기만큼 미세한 구름이 몇 점 떠 있다. 집에 돌아와 머그잔에 티백을 넣고 주전자에 물을 데운다. 뜨거운 물을 붓는다. 물이 짙은 색으로 변한다.

숟가락으로 차를 젓는데 김이 올라와 내 손가락을 스친다. 숟가락을 내려놓고 찻잔에 손가락을 갖다 댄다. 처음엔 뜨겁지 않지만 곧바로 손을 휙 뗀다. 손끝이 쓰라리다. 빨갛게 변했다. 고통에 대한 좀더 자세한 정의를 얻기 위해 엄지로 손끝을 쿡 찌른다.

차가운 물을 틀고는 감각이 없어질 때까지 손가락에 물을 맞는다.

*

다음 날 아침, 화이트보드에 글을 쓴다. 여전히 손가락이 얼얼하다. 학생 여럿이 책상 주위에 앉아 있다. 제롬이 어제 자신의 축구팀이 이겼다고 자랑한다. 그는 간밤에 〈매치 오브 더 데이〉 하이라이트를 보면서 팀이 득점할 때마다 감방 문을 쾅쾅 두드렸다. 40대로 키가 크고 여윈 데브는 오늘 계속 하품을 한다. 내가 괜찮냐고 묻지만 그는 책상 위에 팔을 대더니 이두박근을 베개 삼아 팔꿈치 부분에 머리를 눕힌다.

앨리스테어라는 남자가 들어와 자리를 잡고는 태연하게 몸을 축 늘어뜨린다. 테 없는 섬세한 안경을 쓰고 있는데 내가 본 죄수 중 슬립온을 신은 사람은 그가 처음이다.

나는 문을 닫고 수업을 시작한다. 내가 말한다. "초현실주의 예술가 앙드레 브르통은 교수대로 향하는 한 남자에 대한 이야기를 했어요. 남자가 교수형에 처해져요. 올가미가 그의 목에 둘러지죠. 사형집행인이 그에게 마지막으로 할 말이 있냐고 물어요. 남자가 말하죠. '이거 안전한 거 확실하죠?'"

"하. 훌륭하군." 앨리스테어가 말한다.

내가 묻는다. "이 남자가 뭐라고 말했으면 더 좋았을까요?"

"그가 뭐라고 하는지가 뭐가 중요해요." 데브가 말한다. 책상 때문에 그의 말소리가 작게 들린다.

앨리스테어가 말한다. "그야 당연히 셰익스피어의 전 작품을 암송할 수 있겠죠. 크리스토퍼 말로의 전 작품도 괜찮고요. 말로는 셰익스피어만큼 많이 쓰지는 않았지만 말이죠. 그래도 둘 다 시간을 좀더 벌어줬을 거예요."

"용서를 구하면서 사과할 수도 있을 테고." 이언이 말한다.

이언은 건조하고 갈라진 피부를 갖고 있다. 몸이 말라서 티셔츠에 파묻힌 것처럼 보인다. 팔뚝 안쪽에는 빨갛게 긁힌 자국이 있고 화난 목소리로 중얼거리듯 말한다.

앨리스테어가 말한다. "왜 사과해야 하는지 모르겠군. 고작 빵

한 조각을 훔쳤을 수도 있는 거잖아. 정부가 그에게 하는 짓은 그가 한 짓보다 훨씬 더 나빠."

"장담하는데 빵 한 조각은 아닐 거야." 이언이 말한다.

앨리스테어가 손목을 휙 움직인다. "사과할 타이밍은 그전이야. 이제 더 이상 그의 범죄가 문제가 아니야. 그의 마지막 순간이라는 게 핵심이라고. 지금은 그의 순간이야. 정부가 그의 인생을 앗아가고 있고 그건 나쁜 거야. 이걸 꼭 말로 해야 하나. 그가 사과하면 그건 사형집행과 그 모든 제도를 정당화하는 거야."

"그러면 우리가 죄에 대해 용서를 구하면 그게 교도소가 훌륭하다는 뜻이라는 거야?" 이언이 말한다.

앨리스테어가 어깨를 으쓱인다. "정부는 우리가 진짜 미안해하는지에는 관심 없어. 그냥 우리가 무릎 꿇는 걸 보고 싶은 거지."

이언이 말한다. "이 남자는 지질하잖아? 죽기 직전에 농담이나 하다니 한심하지 않아? 이곳 사람들은 나더러 행여 웃기라도 하면 얼굴에 금이 갈 거라고들 말하지. 그들이 뭐라든 난 관심 없어. 난 교도소에 있는 게 재미있다고 생각하는 멍청이가 되고 싶지 않아."

"그가 뭐라고 말하는지가 뭐가 중요해." 데브가 신음하듯 말한다. 그의 머리가 여전히 책상 위에 놓여 있다. "그래봤자 달라지는 건 없어."

우리 모두 데브가 좀더 말하기를 기대하며 그를 쳐다보지만 그의 머리는 책상에서 꼼짝도 하지 않는다.

내가 말한다. "데브의 말이 맞을까요? 남자가 죽기 전에 농담을 한다고 해도 달라지는 게 없을까요?"

이언이 팔뚝을 긁으며 말한다. "농담으론 아무것도 바뀌지 않아요. 하지만 그가 사과한다면 희생자들의 고통을 조금은 덜어줄 수 있겠죠."

"난 앙드레 브르통의 의도가 정의 회복에 있다고 생각하지 않아." 앨리스테어가 비웃는다. "농담을 하는 건 사형집행인이 이기는 걸 막는 거야. 그가 내 목숨은 가져갈지언정 그 밖의 것들은 결코 빼앗을 수 없음을 알려주는 거지."

"정의를 회복하는 게 뭐가 잘못됐는데?" 이언이 말한다.

"일단 이름이 촌스러워." 앨리스테어가 손가락으로 머리칼을 쓸어내리고선 다리를 바꿔 꼰다.

몇 분 뒤 이언이 말한다. "옛날 빅토리아 시대 사진들을 본 적이 있어? 사람들이 시무룩한 표정을 짓고 있는 사진? 그들의 표정이 그런 건 카메라로 사진을 찍는 데 30분이 걸렸고 그 30분 동안 계속 웃고 있기가 힘들었기 때문이야. 만약 누군가가 삶은 코미디 같다고 말한다면 그 사람은 거짓말을 하는 거야."

앨리스테어가 손톱을 살펴본다.

데브가 신음한다. 그가 고개를 들고 눈을 비빈다.

"어떻게 생각해요, 데브?" 내가 묻는다.

"지난주에 내 감방 동료가 스키틀즈 15봉지가 들어 있는 작은 통을 하나 주문했어요. 그런데 금요일 아침에 매점에 갔더니 아직 안 온 거예요. 동료는 말을 잃었어요. 주말 내내 아무 말도 안 했어요. 그러다 어젯밤 9시 30분쯤에 감방 문을 두드리면서 자기 스키틀즈를 내놓으라고 소리치잖아요. 교도관들이 와서 다음 주까지 기다려야 한다고 말했죠. 녀석이 그들한테 소리를 질렀고 그들은 그냥 가버렸어요. 그러자 녀석이 텔레비전에서 둥근 철사 안테나를 뽑아 자기 목에 두르는 거예요. 스키틀즈를 당장 갖고 오지 않으면 목숨을 끊겠다고 협박하면서요."

"데브, 정말 괴로웠겠어요." 내가 말한다.

"그렇죠. 〈매치 오브 더 데이〉가 막 시작하려던 참이었거든요." 그가 말한다.

제롬이 고개를 뒤로 젖히며 웃는다.

"데브, 이 망할 놈." 제롬이 말한다. "드디어 내가 좋은 사람이 되어가고 있다고 믿으려던 참인데 너 때문에 이런 개소리에 웃게 됐잖아."

데브가 책상에 다시 머리를 눕힌다.

*

몇 시간 뒤 나는 집으로 걸어간다. 사형집행인이 이기지 못하게 하려고 사형수가 농담을 했다는 앨리스테어의 의견에 대해 생각한다. 내 머릿속 사형집행인이 나를 가장 숨 막히게 만드는 점은 내가 유머나 장난에 얼씬도 못 하게 만든다는 것이다. 사형집행인은 내 모든 행동을 절박하게 만든다. 기차에서 낯선 사람과 눈이 마주쳤을 때, 잠이 들려고 할 때, 집 근처 언덕 꼭대기까지 걸어 올라갈 때, 나는 용서를 빈다. 내 할아버지는 병원에서 치매에 걸려 죽어가면서 간호사에게 계속 이렇게 말했다. "제가 지금 할 일이 있을까요? 제가 뭐라도 했어야 하나요?" 그는 아이들에게 의무와 복종을 엄격하게 가르치던 고아원에서 자랐다. 그의 나머지 인격은 사라졌지만 그 기억만은 그와 함께 남았다. 나는 죽어가면서 간호사에게 계속 이럴까봐 겁이 난다. "내가 무슨 나쁜 짓을 했나요? 내가 어떤 나쁜 짓을 하진 않겠죠?" 그게 교수대의 그 남자가 '이거 안전한 거 확실하죠?'라고 말했을 때 내가 감탄한 이유다. 그의 반어법은 자신을 비난으로부터 방어하기 위한 것만이 아니다. 자신의 구원 가능성을 훼손하기 위한 것이기도 하다. 그는 사형집행인이 그에게 부여한 죄의식-용서라는 속박에서 벗어난다. 자기 식대로 죽기 위해 농담을 던진다.

허벅지에 흉터가 생긴 이유에 대해 말해준 그날, 형은 약 5년 전 마약상들이 자신과 그의 동료 토비아스에게 코카인 6킬로그램을 마을에 몰래 들여오면 빚을 탕감해주겠다고 제안했다는 얘기도 들려줬다. 토비아스는 거절했다. 마약상들이 잔뜩 흥분한 로트와일러가 타고 있는 차에 그를 집어넣고 문을 전부 잠갔다. 토비아스는 자신을 보호하기 위해 얼굴 위로 양팔을 겹쳤다. 마약상들은 그 모습을 지켜보며 웃었다. 제이슨도 웃었다.

"형도 웃었다고?" 내가 말했다.

"안 웃었으면 다음 차례가 나였어." 그가 말했다.

브르통에 대해 수업한 다음 날, 나는 여자 교도소에 있다. 앤절라와 그녀의 친구 브리트니가 내게 철학 수업이 언제 끝나느냐고 묻는다. 나는 3주가 남았다고 답한다.

"아, 안 돼!" 앤절라가 말한다.

"확실해요?" 브리트니가 말한다.

"아쉽지만 수업은 언젠가 끝나야 해요." 나는 이 두 사람이 내 수업을 좋아한다는 사실에 뿌듯해하며 자랑스럽게 말한다.

브리트니와 앤절라가 서로를 꽉 쥔다.

앤절라가 내게 말한다. "우린 다른 사동에서 지내거든요. 여기 와야만 서로를 볼 수 있어요."

"아." 내가 말한다.

"정말 3주밖에 안 남았어요?" 브리트니가 묻는다.

30분 뒤, 나는 교실의 모든 학생에게 더 많은 생각이 꽃피도록 자리를 바꿔 평소에 대화하지 않는 사람들과 생각을 공유하라고 부탁한다. 브리트니와 앤절라는 곧장 서로의 팔을 움켜쥔다. 브리트니가 앤절라의 어깨에 머리를 얹는다. 둘은 그렇게 꼼짝도 하지 않는다. 몇 분 뒤 학생들이 소규모로 나뉘어 시간의 철학에 대해 토론한다. 브리트니와 앤절라는 마주 보고 서로의 손바닥을 두드리며 "케이크를 두드려요, 케이크를 두드려요, 빵집 아저씨"라는 동요를 부른다. 앤절라가 실수로 브리트니의 가슴을 손으로 치는 바람에 두 사람이 비명을 지르며 웃는다.

목요일 밤, 나는 니체와 웃음에 대한 수업을 준비한다. 니체는 인생을 아주 심각한 문제로 여긴다. 신은 없고 우주는 비극적일 정도로 인간에게 무관심하다. 하지만 니체는 그렇다고 심각하고 무뚝뚝하고 엄숙한 태도를 지닐 이유는 없다고 본다. 심각함이 웃어야 할 바로 그 이유다. 존재의 잔혹한 공허함이 그 자체로 궁극적인 농담임을 깨닫고 나면 우리를 심연 위로 끌어올리는 웃음을 웃게 된다. '커다란 웃음'이 극복하지 못할 정도로 소름 끼치는 현실은 없다. 심각함이 커질수록 웃음은 고조된다.

나는 프랭크 삼촌을 생각한다. 그가 농담거리로 삼지 못할 만큼 비극적인 일은 인생에 많지 않다. 그가 어떻게 고통을 이기고 그렇게 웃을 수 있는지 존경스럽다. 하지만 그가 그렇게 고통을 이겨낸다는 사실이 우리 사이에 거리를 만든다.

금요일 아침, 나는 웃음이 비극을 극복한다는 니체의 이야기를 여성 재소자들에게 들려준다.

내가 말한다. "차라투스트라라는 인물이 길가에서 고통으로 온몸을 비트는 어린 양치기를 발견해요. 양치기의 입 밖으로 묵직한 검은 뱀이 튀어나와 있죠. 차라투스트라가 그의 입에서 뱀을 잡아당기지만 뱀은 이빨로 양치기의 목을 꽉 물고 놓지 않아요."

브리트니와 앤절라가 손으로 입을 가리고 숨을 헐떡이며 웃는다.

내가 말을 잇는다. "양치기가 뱀의 살점에 이빨을 박아 넣어요. 몸통이 끊어지도록 꽉 뭅니다. 꼬리가 바닥에 떨어지죠. 양치기가 일어서서 뱀의 머리를 뱉더니 섬뜩하고도 환한 웃음을 터트려요. 차라투스트라는 경이로워하죠. 그런 웃음소리는 이전에 어디서도 들어본 적이 없었거든요."

"아마도 입에 뱀이 조금 남아 있던 게 아닐까요?" 앤절라가 말한다.

브리트니가 의자에서 떨어지지 않으려고 앤절라의 팔을 꽉 붙들고 있다.

*

비트겐슈타인은 완전히 농담으로만 이루어진 정통 철학서를 쓸 수 있을 거라고 말했다. 내 친구 조니는 그 말에 동의하지 않을 것이다. 그와 나는 친구들을 놀린다는 이유로 방과 후에 학교에 자주 남곤 했다. 열일곱에 내가 철학에 발을 들였을 때 그는 내가 진지함을 과잉 섭취했다고 생각했다.

이제 그는 정원사가 되었다. 둥근 어깨와 강한 팔을 가진 데다 언제나 구릿빛 피부에 성격도 유쾌하다. 20대 후반에 처음 글을 발표할 때였다. 나는 그의 소파에 앉아 노트북으로 원고를 열어 조니 앞에 놓았다. 그가 처음 300~400글자를 읽더니 노트북을 옆으로 치우고 자리에서 일어나 차를 끓이러 갔다.

나는 그를 따라 부엌으로 갔다. "별로야?"

"그냥 더 재밌을 줄 알았어." 그가 말했다.

"이건 재밌는 글이 아니야."

"알아." 그가 웃으며 어깨를 으쓱했다. "그냥 이것보단 더 재밌을 줄 알았어."

몇 년 전 나는 독자들을 웃기겠다는 노골적인 의도를 품고 글을 하나 썼다. 출간이 결정되자 나는 내가 재밌게 쓰는 데 성공했다고 확신했다. 나는 조니에게 문자로 링크를 보냈다.

다음 날 그가 문자를 보냈다.

"앤디, 이거 가슴이 찢어지는데."

일곱 살에, 할머니 집의 거실 바닥에 앉아 형과 함께 〈크레이 형제〉를 비디오로 봤다. 1960년대에 활개 쳤던 두 이스트엔드 갱들에 대한 전기 영화였다. 나는 형의 모호크 머리를 따라하고 싶었지만 엄마가 허락하지 않아 부루퉁해 있었다. 화면 속의 크레이 쌍둥이가 한 남자를 벽에 붙잡아두고는 입에 가로로 칼을 물려 살이 잘리도록 밀어넣었다. 칼날 주위에서 피가 솟구쳤다. 나는 두 손으로 눈을 가렸다. 저렇게 하면 웃는 모양의 흉터가 영원히 남고 그런 흉터를 첼시 미소라 부른다고 형이 말했다.

몇 분 뒤, 할머니가 거실에 오더니 우리가 〈크레이 형제〉를 보는 것을 봤다. "저 시절엔 할머니를 터는 놈은 없었어. 그랬다간 크레이 형제가 손을 봐줬을 거야."

할머니가 두툼한 금 귀고리를 엄지로 건드렸다.

할머니가 말했다. "한 번은 19호 여자가 펍에 있는데 크레이 형제가 들어와서는 모두에게 술을 샀지. 거 참, 인물도 아주 훤했다니까."

그날 밤 나는 누군가 내 방에 들어와 얼굴을 영원히 웃는 상으로 만들어놓을까봐 잠을 이루지 못했다. 크레이 형제를 좋아하는 할머니가 그들에게 문을 열어줄까봐 두려웠다.

일요일, 나는 할머니 집에 도착한다. 할머니가 문을 열어주고는 잠그지 않은 카디건을 끌어당겨 몸을 감싼다. 할머니를 껴안는데 두 팔에 그녀의 등뼈가 느껴진다. 우리는 거실로 간다. 〈크레이 형제〉 비디오테이프가 아직 선반에 있다. 비디오테이프의 빨간 글씨가 빛이 바랬다.

프랭크 삼촌은 지난 3일간 이층의 자기 방에 틀어박혀 있다. 그는 가끔 울적해하면서 더 이상 사는 게 의미 없다고 말한다. 기분이 점점 무거워지다가 결국 말하는 것도 불가능한 지경에 다다른다.

모두가 기대하는 코미디언이 되지 못하자 그는 자기 방에 스스로를 감금시켰다.

"마리화나를 많이 피웠어요?" 내가 할머니에게 묻는다.

"냄새가 전혀 안 나던데." 할머니가 말한다.

"안 좋은 신호네요. 밥은 먹어요?"

"새 모이만큼. 그래도 널 보기 싫어하는 건 아니란다, 앤디." 할머니가 말한다.

나는 계단 아래에 가서 그의 침실 문을 올려다본다. 방 안에서 텔레비전 소리도, 인기척도 들리지 않는다.

"힘내세요, 삼촌. 그냥 사랑한다고 말하고 싶었어요." 내가 문틈으로 말한다.

아무 답이 없다.

내가 문을 두드린다.

문이 열리지 않는다.

다음 날 아침, 나는 층계참을 걸어가다가 문틀 위에 문 대신 두꺼운 투명 아크릴 판이 붙어 있는 감방을 발견한다. 사복 차림의 교도관이 감방 앞에 놓인 회전의자에 앉아 있다. 감방 안의 남자가 최근 자살을 시도해 현재 24시간 감시 중이다. 나는 천천히 지나가며 내부를 흘깃 본다. 그가 매트리스 위에 얼굴을 파묻고 있다.

나는 교실로 걸어가 화이트보드에 이렇게 쓴다. "철학은 죽음을 위한 준비다 -소크라테스." 그리고 의자를 원형으로 배치한다. 복도의 교도관이 외친다. "자유롭게 이동!" 재소자들이 다가오는 소리가 들린다.

이언이 온다. 지난주부터 티셔츠 어깨 부분에 5센티미터 크기의 구멍이 나 있다. 앨리스테어, 제롬, 그리고 나머지 학생들이 줄지어 들어와 원형으로 앉는다.

내가 말한다. "브르통은 교수대 유머가 '감정 표출에 치명적인 적'이라고 말했어요. 하지만 감정 표출의 적을 만드는 일이 위험할까요?"

앨리스테어가 안경알 위로 나를 쳐다본다.

내가 말을 잇는다. "니체는 '농담은 감정의 죽음 위에 놓인 묘비명'이라고 말했어요. 키르케고르 역시 유머가 영혼을 희생시킬 수 있다고 경고했죠. 그는 우스갯소리를 잘하는 사람은 자신을 진심으로 표현할 기회를 잃게 된다고 생각했어요."

"로빈 윌리엄스요. 그도 자살했어요." 이언이 말한다.

내가 묻는다. "브르통의 이야기에 나오는 그 남자는 좀더 진심 어린 말을 했어야 할까요?"

"진심 어린 말을 했어요." 앨리스테어가 말한다. "'이거 안전한 거 확실하죠?'라고 말하는 동시에 가랑이 부분에 소변이 꽉 찬 걸 알아차리면 그건 진심 어린 게 아니죠. 그리고 전날 다양한 대사를 구상하느라 밤을 지새웠다면 그것도 진심 어린 게 아니에요. 하지만 그는 '이거 안전한 거 확실하죠?'라고 말해서 자기 자신마저 놀라게 했어요. 순전히 즉흥적인 말이었죠. 그것보다 더 진심 어릴 수는 없어요."

"그건 그냥 그가 훌륭한 연기자라는 뜻이야." 이언이 말한다.

앨리스테어가 한숨을 쉰다. "자네는 그가 사과하길 바라겠지만 목에 올가미가 걸렸을 때 사과하는 건, 안됐지만 아무 의미도 없어."

"자넨 그가 대사를 잘 쳤느냐만 신경 쓰고 있어. 그가 진실한지가 아니라." 이언이 말한다.

"이봐, 어떤 농담은 진실을 가리지만, 어떤 농담은 진실에서 나와. 그의 농담은 사실 그의 상황이 얼마나 엿 같은지를 보여주는 거야." 앨리스테어가 말한다.

"그게 아니라 이곳의 수많은 바보 천치들처럼 현실과 마주하지 않으려고 조롱한 거야. 왜 감옥이 언제나 조롱꾼 천지인지 알아? 조롱꾼들은 인생의 문제들을 결코 해결하지 않거든."

교실에서 나는 앨리스테어를 쳐다본다. 그는 의자에 비스듬히 등을 기대고 얼굴에 희미한 미소를 띤 채 이언의 말을 듣는다.

내가 말한다. "시인 로버트 프로스트에 따르면, 우리가 농담을 하는 것은 인생이 농담이 아니라는 사실을 회피하기 위해서예요."

"안됐군요." 앨리스테어가 말한다.

"그는 '유머는 가장 매력적인 형태의 비겁함'이라고 했죠." 내가 말한다.

제롬이 말한다. "몇 년 전에 어떤 하우스 파티에 갔는데 통제 불가능한 상황이 펼쳐졌어요. 몇몇 사람이 총을 들고 총격전을 벌인 거죠. 나는 바닥에 엎드려 총격전이 끝날 때까지 죽은 척했어요. 몇 년 뒤 감옥에서 이층 침대를 같이 쓰던 놈한테 그날 어떤 일이 벌어졌고 내가 어떻게 죽은 척했는지를 들려줬더니 오줌을 지리면서 웃는 거예요. 그놈한테 뭐가 그리 웃기냐고 물었죠. 그냥 이러더라고요. '꼴값했잖아.' 그러면서 계속 웃었어요."

"너를 겁쟁이라고 생각한 거야. 하지만 프로스트라면 웃는 그놈을 보고 겁쟁이라고 했을 거야." 이언이 말한다.

"본인이 그 자리에 있었으면 빌어먹을 웃음이 나왔을까." 제롬이 말한다.

앨리스테어가 반대쪽 다리를 꼰다. 그가 한 손을 흔들면서 말한다. "미안하지만 난 프로스트처럼 순수하지 않아. 사실은 이거야, 겁쟁이는 교수대에서 목숨을 구걸했을 거라는 것. 브르통의 남자는 용감했어. 사실상 사형집행인한테 가운뎃손가락을 날린 거야, 최대한 교묘하게 말이지. 훨씬 폭력적으로 반항하는 방법도 있지만 그는 농담을 택했어. 반항의 가장 온화한 형태를 고른 거지."

"어차피 죽을 텐데, 그가 무슨 말을 하든 결과는 똑같아. 그건 진짜 용기가 아니야. 그냥 막 던진 거라고." 이언이 말한다.

앨리스테어가 안경을 벗더니 자신의 폴로셔츠 아랫부분으로 안경알을 닦는다. 그의 얼굴이 완전히 달라 보인다. 눈은 새처럼 작고 그 아래의 피부는 거칠고 실팍하다.

"신성 대 불경, 그게 다야. 프로스트는 농담이 불경스럽다고 생각하는 거야." 앨리스테어가 말한다.

그가 안경을 쓴다. 눈이 다시 날카로워 보인다.

그가 말한다. "그는 인생은 신성하므로 농담이 아니라고 말하는 거야. 그것뿐이야."

20분 뒤, 나는 교도소 문을 나와 사물함에서 휴대전화를 꺼낸다. 엄마에게서 부재중 전화가 와 있다. 담배를 피우는 교도관 무리 쪽에서 불어오는 바람을 맞으며 주차장에서 엄마에게 전화를 건다.

엄마가 받는다. "프랭크 삼촌 일이야."

"무슨 일인데요? 삼촌은 괜찮아요?" 내가 묻는다.

교도관들의 담배 연기가 내 얼굴로 날아온다. 눈이 따갑다.

"복지국에서 편지가 왔어. 곧 프랭크가 일을 해도 된다나 봐." 엄마가 말한다.

"금방 갈게요."

한 시간 뒤, 할머니 집 거실에서 삼촌이 이리저리 서성거린다. 나는 커피 탁자 옆 바닥에 양반다리를 하고 앉아 30페이지짜리 서식을 휙휙 넘겨본다. 삼촌의 인적 사항, 자격증, 범죄 기록, 정신건강 기록 등을 적어야 한다.

"빌어먹을, 뭘 적어야 할지 내가 어떻게 알겠어? 그래도 너는 문서를 볼 줄 알잖아, 앤디." 삼촌이 말한다.

삼촌이 발코니로 가서 담배를 피운다. 그가 방에서 나온 것을 보니 안심이 된다. 할머니가 초콜릿 파이 여섯 개와 커스터드 두 조각을 접시에 담아 갖다 준다. 나는 서식의 첫 장을 채워 넣는다. 삼촌에 대한 종합적 질문들에 답하는 것이 신난다. 마치 내가 손수 기입한 그의 삶이 우리의 관계를 증명하기라도 하는 것처럼.

삼촌은 딱 한 번 직업을 가졌었다. 20대에 창고에서 근무했는데, 그가 창고 수십 군데를 털었다는 사실을 생각하면 놀라운 일이다. 관리인으로부터 회사가 파산했다는 통보를 받을 때까지 그는 그곳에서 18개월간 일했다. 이후 추천서를 받았지만 어떤 고용주도 그를 채용하지 않았다. 하지만 '일'은 삼촌이 자주 쓰는 단어였다. 종종 비니와 자신이 어떻게 '함께 일하는지' 설명하기도 했다. 삼촌은 50년 동안 전국을 돌아다니며 일을 했다. 밤에도 일요일에도 쉬지 않고 일했다. 여전히 "일 좀 해보지 않겠냐"고 묻는 전화가 걸려온다. 전처와 다툴 때도 자신이 "이 가족을 위해 뼈 빠지게 일한다"고 말하곤 했다. 하지만 지금은 빈집을 털기엔 너무 늙었다. 복지국에서는 그가 은퇴라도 한 것처럼 취업을 허락하려 하고 있다.

나는 정신건강 부분에 기재한 내용을 다시 훑어본다. 너무 극단적으로 적은 것 같다. 나는 발코니로 나간다. 삼촌이 담배를 거의 필터까지 태우고 있다.

"제가 쓴 내용이 마음에 드시는지 확인하려고요." 내가 말한다.

"그냥 고물이라고 적어." 그가 말한다.

"이렇게 썼어요. 절망감, 말이 없음, 단기 기억력 감퇴, 감정 변화."

"그거 괜찮구나, 앤디."

"공황 장애, 자살 생각, 불안감."

"완벽해."

14장

분노와 즐거움, 어느 것이 더 나은 저항 수단일까요?

"할로웨이에서 일을 시작했을 때
어느 교도관한테 인사를 건넸어요.
'안녕하세요. 좋은 아침이에요.'
그렇지만 돌아오는 건 무시였죠.
나는 매일 갔고, 그때마다 무시당했어요.
그래도 인사를 건넸죠.
'안녕하세요.' '잘 주무셨어요.' '좋은 아침이에요.'"

어제 오후, 교도소에 갔다. 보안검색대 앞에 재소자의 가족과 친구들이 면회를 하기 위해 줄 서 있었다. 내 앞에는 엄마와 함께 온 소년이 있었다. 그의 얼굴에서 어린 시절 형을 면회하러 갔을 때 내가 느꼈던 흥분과 두려움이 뒤섞인 감정이 보였다. 나는 소년에게 미소를 지었다. 그가 엄마의 손을 꼭 쥐었다. 두 사람 모두 보안검색대를 통과했고 나는 그 뒤를 따라 들어갔다.

교도소에 발을 들이면 가끔 과거에서 현재로, 감옥의 방문객에서 감옥의 교사로, 내 가족에서 나 자신으로 이어지는 길을 걷고 있는 듯한 기분이 든다. 일요일 오후에 할머니 집에서 삼촌과 어울릴 때는 그 길을 반대 방향으로 여행하는 것처럼 느껴지기도 한다. 불경스럽고 우스꽝스러운 용두사미식 대화가 가끔 교실에 있는 순간을 떠올리게 한다.

일자리를 얻은 첫해, 나는 노스 페컴 단지의 전 의회 아파트에 세를 얻었다. 그 지역은 나이지리아 사람들이 많이 살아서 '작은 라르고'라고 불렸다. 집에서 2분 거리에 아프리카식 잡탕밥, 플랜테인과 퍼프퍼프를 파는 식당이 있었지만 나는 페컴의 젠트리피케이션과 함께 최근 개업한 한 카페에서 주로 맥북으로 일을 하며 시간을 보냈다. 어느 날 아침 교도소에서 수업을 반쯤 진행했는데 19세 정도밖에 안 되어 보이는 흑인 남자애가 교실로 들어왔다. 그가 펜을 집어 들더니 화이트보드에 그래피티 스타일로 우편번호를 적었다.

"뭐 필요한 게 있니?" 내가 물었다.

그가 바닥에 펜을 떨어뜨리고는 문도 닫지 않고 걸어 나갔다. 그가 화이트보드에 적은 우편번호는 그의 갱단이 다른 갱단과 싸움을 벌인 장소였다. 그리고 내가 사는 곳에서 두 블록 떨어진 곳이었다.

그날 저녁 나는 집으로 가면서 그 청년에 대해 생각했다. 우리 둘 다 노동자계급 출신이지만 나는 대학에 가서 교사가 되어 임대주택 세입자가 아닌 일반 세입자로 주택단지에 돌아온 반면 그는 감옥에 갔다. 내가 그 나이였을 땐 철학 선생님이 점심시간을 할애해 내게 도움을 주었다.

어른이 되고 나서 내가 아빠, 형, 삼촌이 전과자라고 말할 때마다 악순환의 고리를 끊은 것에 대해 칭찬이 돌아왔다. 몇 주 전, 아빠와 형이 전과자인 자메이카계 영국인이 내 수업을 들었다. 나는 그를 보면서 만약 내가 흑인인데 사람들에게 내 가족이 전과자라고 말한다면 어땠을까 상상했다. 아마 다들 나를 감시해야 한다고 생각했을 것이다.

감옥에 발을 들이면 내 배경에 대해 떠올리게 된다. 하지만 또한 내가 그 배경에서 벗어났다는 생각, 내가 백인이 아니었으면 탈출 경로가 훨씬 적었을 거라는 생각도 하게 된다.

*

18개월 전, 딱 두 명만 수업에 나타났다. 로키는 혼혈로 목에 'HMP 군인'이라는 문신을 새겼다. 백인인 이매뉴얼은 긴 머리에 땋은 염소수염을 가졌다. 손목에는 보라색 묵주 한 벌을 차고 있었다.

나는 다른 학생들이 오는지 복도를 내다봤다. 흑인 청년이 자신에게 기본형을 내린 흑인 교도관과 언쟁을 벌이고 있었다.

"배신자." 그 청년이 이렇게 말하며 가버렸다.

혹시 다른 학생이 올까봐 10분을 더 기다렸지만 사동 한 군데에서 싸움이 일어나 감방이 폐쇄됐다는 소리가 들렸다. 나는 문을 닫고 수업을 시작했다.

나는 화이트보드에 이렇게 적었다. "다른 종류의 동물들."

그 아래에 호르헤 루이스 보르헤스가 허구로 지어낸 고대 중국의 백과사전《천상에 있는 친절한 지식의 중심지》에 소개된 동물 분류법을 적었다. "황제에 예속된 동물들. 박제된 동물들. 훈련된 동물들. 젖먹이 돼지들. 인어들. 떠돌이 개들. 이 분류 항목에 포함된 동물들. 미친 것처럼 떨고 있는 동물들."

"별자리가 뭐예요?" 이매뉴얼이 내게 물었다.

"전 별자리가 없어요." 내가 답했다.

"그렇게 빈정대는 걸 보니 염소자리 같네요."

나는 계속 목록을 적었다. "헤아릴 수 없는 동물들. 낙타털로 만든 매우 섬세한 붓으로 그린 동물들."

"어디 출신이에요, 앤디?" 로키가 물었다.

"영국 출신이에요." 내가 말했다.

"하지만 완전히 영국인은 아니잖아요." 그가 말했다.

"부모님 모두 영국에서 태어났어요. 그분들의 부모님도 마찬가지고요."

바깥에서는 어디 출신이냐는 질문을 듣는 일이 거의 없다. 교도소에선 일주일에 몇 번씩 듣는다. 가끔은 유색인종 학생들이 내가 완전한 백인은 아니라고 말하는 것을 듣고 싶어서 묻는다. 이곳에선 모두가 타인과 거리를 유지하기 때문에 다른 사람이 진짜 누군지 알 수가 없다. 남들이 보는 내가 내 본질을 대신하게 된다.

나는 화이트보드로 몸을 돌려 계속 적었다. "방금 꽃병을 깨뜨린 동물들. 멀리서 보면 파리를 닮은 동물들."

"그러면 그냥 일광욕을 좋아하는 거예요?" 로키가 물었다. 그가 내게 윙크를 날렸다.

"고조부님이 집시 여행자였는데 이스트엔드에 정착했어요." 내가 말했다.

"지난주에 집시들에 대한 다큐멘터리를 봤어요."

"그러면 나보다 집시들에 대해 더 잘 알겠네요." 내가 말했다.

"뭔가 좀 다를 줄 알았어요." 그는 만족한 듯했다.

나는 화이트보드 위의 목록을 가리켰다. "혹시 여러분은……."

"언제 태어났어요, 앤디?" 이매뉴얼이 물었다.

"아침에요." 내가 답했다.

이매뉴얼이 도끼눈을 뜨고 내 쪽을 쳐다봤다.

문이 쾅 하고 열렸다. 한 남자가 교실 구석으로 돌진했다. 그의 뺨, 이마, 머리선에 흉터가 또렷했다. 얼굴이 마치 낙서장 같았다.

"안녕하세요." 내가 말했다.

그가 나를 무시하고 문을 지켜봤다.

"여긴 철학 수업 중이에요." 내가 말했다.

그가 나를 위아래로 훑더니 다시 문을 쳐다봤다.

"자리에 앉을래요?" 내가 말했다.

"간수가 날 쫓고 있어."

"저기요, 이제 막 수업을 시작했어요. 자리에 앉아요. 혹시 교도관이 오면 그쪽을 우리 교실에 둬도 괜찮을지 물어볼게요." 내가 말했다.

그가 날 비웃었다.

"길 가다 몇 번이나 검문을 당해봤어?" 그 남자가 물었다.

이매뉴얼이 나를 쳐다봤다. 그가 머리끝을 배배 꼬았다.

"갑자기 몸수색 당해본 적 없지?" 그가 물었다.

"있어요."

"딱지를 떼셨나? 그거야 떼겠지. 장담하는데 선생님이라고도 불렀을 거야. '아, 귀찮게 해드려 죄송해요, 선생님.'"

"기억이 안 나는군요. 오래전이라서." 내가 말했다.

"물론 그러시겠지."

그가 교실 저편으로 달리더니 문 밖으로 나갔다. 나는 출입문으로 가서 그가 복도를 전력 질주해 다른 교실로 피하는 것을 지켜봤다. 문을 반쯤 닫다가 이상한 느낌이 들어 다시 열었다.

"다시 올 수도 있으니까요." 내가 말했다.

"딱 염소자리처럼 말하네요." 이매뉴얼이 말했다.

열여덟 살 때였다. 친구네 집에 갔다가 집에 돌아가려고 새벽 2시에 혼자 텅 빈 간선도로를 걸었다. 나는 진회색 후드티를 걸치고 검은 스카프로 코를 덮고 있었다. 경찰차가 내 앞에 섰다. 경찰들이 내리더니 내게 어디에 갔었고 어디로 가느냐고 물었다. 그러면서 불심 검문을 하겠다고 했다.

"아무 짓도 안 했어요." 내가 말했다.

경찰관들이 내게 주머니를 뒤집고 양팔을 벌리라고 했다.

나는 시키는 대로 했다. 그들이 내 주머니를 뒤졌다. 고개를 돌리고 무심한 척했지만 한쪽 무릎이 계속 떨렸다.

그들은 내게서 아무것도 찾지 못했지만 나는 따지고 싶은 기분이 들지 않았다.

"난 아무 짓도 안 했어요. 원하면 음주 측정도 하세요. 0으로 나올 거예요."

경찰관들은 차를 타고 떠났다.

나는 죄책감을 안고 집으로 걸어갔다. 머릿속에서 사형집행인이 말했다. 내가 뭔가 나쁜 짓을 안 했으면 경찰이 나를 멈춰 세우지도 않았을 거라고. 그들은 나에 대해 나도 모르는 무언가를 안다고. 다음에는 나를 경찰서로 끌고 갈 거라고.

나는 집에 도착한 뒤에 후드티를 벗어 옷장 맨 밑에 아무렇게나 처박았다.

며칠 뒤 중고 가게에서 감청색 리넨 재킷을 샀다. 아직 겨울이라 두툼한 빨간 스웨터를 걸치고 스웨터 위로 재킷을 꽉 잡아당겨야 했다. 재킷 때문에 겨드랑이가 꽉 조였다.

2주 뒤, 이른 아침에 빨간 스웨터와 감청색 재킷을 걸치고 집으로 걸어가는 중이었다. 경찰차가 내 옆에 멈춰 섰다. 겁이 났다. 나는 그들이 내게 무슨 짓을 하든 체념하고 받아들일 생각이었다.

그들이 창문을 내렸다. 차 안을 보려고 쭈그리니 남녀 경찰관이 보였다. 그들이 나를 쳐다본 다음 서로를 흘깃거렸다.

"휴우." 여자 경찰관이 말했다.

경찰차가 움직이기 시작하더니 이내 사라졌다.

*

만약 내가 흑인이었으면 경찰관이 '휴우'라고 말했을 확률은 낮다. 옷을 바꿔 입는 것만으로 나를 보는 그들의 시선이 달라졌을지 의문이다.

《대지의 저주받은 사람들》에서 철학자 프란츠 파농은 이렇게 말한다. "식민지 개척자들이 구성한 세계와 마주쳤을 때 식민화된 주체들은 항상 가책을 느낀다. 식민화된 주체는 자신의 죄를 받아들이기보다는 오히려 그 죄를 일종의 저주, 즉 다모클레스의 검으로 여긴다." 고대 그리스 신화에서 다모클레스는 한 가닥의 실로 검을 묶어서 머리 위에 걸어놓고는 언제든 검이 자신에게 떨어질 수 있음을 인지하며 하루하루를 살았다. 파농은 사형집행인과 함께 산다는 것이 어떤 것인지 설명한 것이다.

매일 저녁 5시면 나는 교도소 밖으로 나가기 위해 층계참을 지나간다. 피부가 검거나 갈색인 사람들이 밤에 몇 명이나 갇혀 있는지를 보면 머릿속의 목소리로만 존재하지 않는 사형집행인들이 있다는 생각이 든다.

오늘 맬컴 엑스에 대한 또 다른 수업을 진행한다. 백인들이 그를 거리낌없이 "야"라고 불렀던 시대를 살았다는 사실이 남성성의 약화에 대한 그의 선입견과 어떤 관련이 있는지에 대해 간단히 다룬다. 수업이 끝날 때 흑인 학생 몇 명이 혹시 다음 수업 시간에 철학과 인종에 대해 얘기할 수 있냐고 묻는다. 좋은 제안처럼 들릴 정도로 학생들 사이에 충분한 신뢰와 솔직함이 자리 잡았다.

나도 인종에 대한 토론이 흥미롭다. 어렸을 적엔 내 인종이 어떻게 내 인생을 이런 식으로 형성했는지 온전히 이해하지 못했다. 유색인종들이 형사사법 체계에 의해 학대받는 것과 경찰이 출소한 지 두 시간밖에 안 된 형을 체포하려고 애쓰는 것 사이에 굉장한 차이가 있음을 몰랐다. 하지만 나이가 들고 경험이 넓어지면서 만약 제이슨의 피부가 검거나 갈색이었다면 훨씬 더 많이 체포되고 훨씬 더 중한 형을 받았을 가능성이 크다는 것을 알게 되었다. 나는 이러한 인종의 현실을 좀더 이해하고 싶다. 동시에 클로에의 저녁 파티에서 폴이 테이블 너머로 나를 빤히 바라보던 모습을, 호기심 어린 시선을 받는다는 것이 어떤 기분을 들게 하는지를 나는 기억한다. 폴이 나를 보던 것과 같은 시선으로 그들을 보지 않고 그들의 생각에 관심을 갖고 싶다.

토요일, 책상에 앉아 토니 모리슨, 조지 스카일러, 콰미 앤서니 애피아의 책 속에서 아이디어를 찾으면서 뭐라도 준비하려고 애를 쓴다. 길을 잃은 기분이다. 2009년에 대학을 졸업할 때까지 인종에 대해 토론해본 적이 없다. 유색인종에 대해선 단 한 명도 공부한 적이 없지만, 비유럽인은 이성적 사고가 불가능하고 선천적으로 열등하다고 말한 사상가들은 서양 고전에서 수도 없이 들여다보았다. 나는 할머니 집을 떠올린다. 그녀는 파키스탄계 영국인 이웃이 들어올 수 있도록 오후에 현관문을 열어둔다. 그들은 거실에 앉아 달달한 차를 마시며 전화를 안 받는 주택 관리인, 모든 사람의 일에 간섭하는 사회복지 사업, 젠트리피케이션 때문에 문을 닫은 펴시 잉글 빵집, 불필요할 땐 사람을 체포하고 필요할 땐 체포하지 않는 경찰에 대해 불평한다. 상대방이 지난주, 아니면 40년 전에 길거리에서 무슨 일이 벌어졌는지에 대해 떠드는 동안 서로 번갈아 청중이 되어주면서 이야기만 나눈다. 이웃인 하나가 말할 땐 할머니가 종종 따라서 고개를 끄덕이지만 어떨 땐 그냥 듣기만 한다. 낭만적으로 포장하려는 게 아니다. 노동자계층 공동체에 인종차별이 많다는 건 나도 안다. 하지만 수업 준비를 하려다 보니 대학 세미나에서 토론한 것보다 이스트 런던의 공영 주택단지의 인종에 대해 얘기하는 게 더 쉽겠다는 생각이 든다.

나는 오드리 로드의 에세이 〈분노의 활용〉에서 몇 가지를 모아 겨우 수업을 준비한다. 월요일 아침, 교실에서 수업 계획을 대강 훑어본다. 학생들이 오지만 이 주제를 제안했던 두 학생은 오지 않는다. 둘 다 다른 곳으로 이감됐다. 대신 새 학생이 둘이다. 한 명은 세브라는 중년의 백인 남자로 파일을 보니 극우주의와 관련된 범죄를 저지르고 수감됐다. 또 한 명은 네베이라는 이름의 에리트레아 남자다. 몇 안 되는 영어 문구밖에는 알지 못하는데 대부분이 '감방에 처넣다', '구내식당', '전화'처럼 층계참에서의 삶에 관한 것이다. 원래 영어 수업을 듣기로 돼 있었지만 정원이 다 차는 바람에 대신 여기로 보내졌다.

갑자기 나는 인종에 대한 철학을 수업 주제로 원했던 무리와 매우 다른 무리 앞에 서게 됐다. 세브는 자신이 해당 층계참에서 소수인종이고 흑인 교도관이 흑인 재소자에 비해 자신을 불공평하게 대한다고 주장하는 등 자신이 인종차별의 희생자라고 내 동료에게 종종 불평한다. 지금 당장 〈분노의 활용〉에 대해 토론을 시작하면 최선과 최악 둘 중 하나가 되겠지만 나는 수업 계획을 잠시 접어두기로 한다. 조만간 이 주제를 다시 꺼낼 수 있기를 바란다.

나는 교실 구석에서 오래된 파일을 훑다가 영어 연습 문제지를 몇 장 찾아 네베이에게 한 장 건넨다.

지금은 코로나가 한창 유행 중이다. 〈분노의 활용〉 수업을 접고 6개월 뒤, 교도소는 봉쇄에 들어갔고 그 수업은 진행되지 못했다. 교도소로 돌아가 수업을 할 수 있으려면 1년은 걸릴 것이다. 그 주제에 대해 토론을 못 하게 돼서 실망스럽다.

나는 한때 수감 생활을 했지만 지금은 교도소에서 일하고 있는 맨디 오군모쿤, 자말 칸, 브렌다 비룽기, 세 사람에게 이메일을 보낸다. 감옥에 대한 회고록을 쓰고 있는데 수감 경험이 있는 사람들의 다양한 의견을 독자들에게 보여줄 수 있도록 인종에 대한 철학적 토론을 넣고 싶다고. 그들이 제안을 받아들여 우리는 온라인으로 함께 만나는 자리를 마련한다.

맨디는 중독과 사투를 벌이며 20년 동안 매년 감옥을 들락거렸다. 그녀는 감옥에 가면 안심이 됐다고 말한다. 때론 바깥보다 안에서 더 안전하고 자유롭다고 느꼈다. 감옥은 그녀에게 집과도 같았다. 중독을 극복한 뒤, 그녀는 중독 문제를 겪는 재소자들을 위해 일하게 되었고 여성 출소자들에게 보금자리를 제공하는 자선단체 '트레저스 재단'을 설립했다. 맨디는 그들과 함께 살면서 요리하고 청소하고 식물을 보살피는 법을 가르쳤다. 몇 년 뒤 이사를 나오면서 그녀가 보살피던 몇몇 사람이 그녀의 역할을 맡아 새로운 여성 출소자들이 가정을 꾸리도록 도왔다.

어린 시절 자말은 빈곤 속에서 자라다가 양육 시설에 맡겨졌다. 그는 공동체에서 수많은 폭력을 목격했다. 어릴 적 친구가 눈앞에서 총에 맞아 죽는 것도 보았다. 자말은 학교에서 쫓겨났고 열다섯 살에 징역 5년 형을 선고받았다. 인생이 끝난 것만 같았다. 그는 감방에서 일상을 종이에 끼적이며 시와 단편소설을 쓰기 시작했다. 자신이 겪은 모든 일을 이해하는 게 하나의 치료가 되었다. 출소 뒤, 그는 워터스톤(영국 최대의 서점 체인-옮긴이)이 수여하는 젊은 신진 작가상을 수상했다. 지금은 '배제는 이제 그만'이라는 자선단체와 함께 일하면서 자신이 10대 시절 겪은 것과 비슷한 경험을 하고 있는 지역사회의 젊은이들과 글쓰기 워크숍을 진행하고 있다.

브렌다는 우간다에서 태어나 아기 때 영국에 왔다. 스물한 살에 유죄 선고를 받았을 때 당국은 그녀에게 아프리카로 강제 추방할 거라고 통보했다. 그녀는 자신이 영국 여권을 갖고 있다고 말했다. 당국은 그녀를 봉고차에 태워 외국인 수용소로 보냈다. 흑인 교도관이 문을 열어 그녀를 안으로 들여보냈다. 이후 감옥에서 흑인 교도관은 더 이상 보지 못했다. 높은 사람들에게 일종의 착오가 있었다고 상황을 설명하는 편지를 보냈지만 며칠 후에 강제 추방 날짜가 통보되었다. 그녀는 편지에 몇몇 단어의 철자를 잘못 써서 직원들이 자신을 진짜 영국인이 아니라고 생각한 건 아닐까 의심했다. 그래서 감방에서 사전을 뒤져가며 편지의 철자를 확인했다.

브렌다는 몇 년 전 잃어버린 옛날 사진을 떠올렸다. 다섯 살에 그녀가 다니던 사우스 런던 초등학교의 모든 아이가 빅토리아의 날을 맞아 옛날 복장을 갖춰 입고 찍은 사진이었다. 사진 속의 브렌다는 흰색 앞치마에 프릴이 달린 보닛을 쓰고 나머지 아이들 옆에 서 있었다. 그 사진이 지금 어디에 있는지 알면 얼마나 좋을까 싶었다. 그녀의 엄마가 집에서 CD 몇 장을 포함해 물건을 보내준다고 했다. "우간다 음악은 보내지 마." 브렌다가 말했다. "그들이 그 비행기에 나를 태워 보낼 만한 어떤 근거도 주고 싶지 않아."

교도소는 시골에 있었다. 운동장에 있으면 공기 중에 거름 냄새가 났다. 브렌다가 코를 막자 몇몇 교도관이 웃으며 말했다. "뭐가 잘못됐어?"

"뭐가 잘못됐냐고요? 이 냄새 안 나요?" 그녀가 말했다.

"아무 냄새도 안 나는데. 네가 온 나라에선 신선한 공기 냄새가 어떤 건지 모르나 보네."

그녀는 악취에도 끄떡없는 교도관들을 보면서 혹시 그들의 말이 맞는 건 아닐지, 이것이 정말 신선한 공기의 냄새가 아닐지 의아해했다.

브렌다는 식사량이 너무 적다고 불만을 표했다. 한 교도관이 그녀에게 말했다. “네가 온 나라에선 하루에 세 끼를 먹는다는 소리야?” 일반 교도소와 달리 외국인 교도소의 재소자들은 자기 감방의 열쇠를 소지할 수 있었다. 교도관들이 브렌다에게 열쇠를 건네자 그녀는 조롱당하는 기분이 들었다. 실질적인 자유를 빼앗고는 자유의 상징을 쥐어준 것이 아닌가.

결국 그녀는 자신이 영국인임을 당국에 입증하고 나머지 형기는 일반 교도소에서 보낼 수 있게 되었다. 런던에서 온 여자 교도관이 브렌다를 외국인 교도소 밖으로 호송하다가 거름 냄새를 맡고는 코를 가리며 “웩” 하고 헛구역질을 했다.

“댁도 저 냄새를 맡을 수 있군요?” 브렌다가 말했다.

“맡는다 뿐이야? 악취가 코를 찌르는데.” 교도관이 말했다.

“고마워요!” 브렌다가 말했다.

브렌다는 일반 교도소로 이송되었다. 강제 출국된다는 두려움에서 벗어나 그녀는 글쓰기에 집중했다. 출소 이후 그녀는 ‘레이디 언체인드’라는 이름으로 낭독 예술가, 시 교사, 라디오 방송 진행자로 활동하고 있다. 최근엔 재소자들에게 나눠줄 음식과 옷을 들고 우간다의 몇몇 교도소를 방문했다. 그들이 그녀를 쳐다보며 자기들끼리 이렇게 중얼거렸다. “저 영국 여자는 여기서 뭘 하는 거야?”

우리 모두 로그인하고 인사를 나눈다. “저는 수감 전력이 있는 아빠, 형, 삼촌을 둔 사람의 관점에서 교도소에 대한 글을 쓰고 있어요.” 내가 말한다. “하지만 우리 가족의 이야기는 백인 노동자계층에 국한돼 있죠. 교도소에는 그 밖에도 많은 이야기가 있다는 걸

압니다."

"어릴 때 형이 감옥에 갔다는 사실을 누군가한테 말한 적이 있어요?" 브렌다가 내게 묻는다.

"딱히 그렇진 않아요."

"내 조카와 똑같네요. 녀석이 면회를 왔었는데 집에 돌아간 뒤에 아무한테도 얘기를 안 했더라고요."

"흔히 있는 일이죠, 안 그래요?"

브렌다가 고개를 끄덕인다.

맨디가 말한다. "수치심은 대물림돼요. 가족을 통해 자식에게로 전해지죠. 아이들은 수치심을 느끼지만 자신이 뭘 잘못했는지 몰라요."

나는 눈을 깜빡인다.

"난 아직 그 문제와 사투 중이에요." 그녀가 말한다. "여전히 머릿속에서 누군가 내게 벌을 줘요."

몇 분 뒤, 토론이 시작된다. "철학자 오드리 로드는 분노에 혁명적인 잠재력이 있다고 생각했어요." 내가 말한다. "〈분노의 활용〉에서 그녀는 미국의 흑인 여자들이 매일 분노를 느낄 이유가 있지만 분노를 표현하면 성난 흑인 여자라는 딱지가 붙을까봐 두려워한다고 했어요. 그래서 많은 흑인 여자가 분노 대신 자신의 정체성에 대해 사과하고 죄책감을 느끼게 되죠. 하지만 로드는 죄책감이 자신을 좀먹는다고 말해요. '당신의 죄책감이든 나의 죄책감이든 나로서는 그것을 창조적으로 사용할 방법이 없다. 죄책감은 정보에 근거한 행동을 피하는 방편, 명확한 선택이 절실히 필요한 상황에서, 나무를 부러뜨리고 땅을 세차게 적실 태풍이 다가오는 상황에서 시간이나 벌어보자는 또 다른 방편일 뿐이다.'"

"난 혼혈이고, 60년대에 태어났어요." 맨디가 말한다. "엄마는 매춘부였죠. 아빠는 도박꾼이었고요. 할머니는 엄마의 포주였어요. 그리고 그게 내 배경이에요. 어릴 적엔 사람들이 나를 빤히 쳐다보면 그냥 내가 뭔가 잘못했다고 생각했어요. 내게 흑인 핏줄이 흐른다는 게 싫었지만 내가 그걸 싫어하는지도 몰랐죠. 내 피부색을 문제로 여기도록 세뇌당한 것도 몰랐어요. 심지어 할머니도 나와 언니를 '깜둥이'라고 불렀어요. 사실 할머니가 우리를 가장 많이 사랑해줬지만요."

맨디의 이야기를 들으면서 나는 그녀의 머릿속 징벌자와 내 머릿속 사형집행인의 차이를 확인한다. 내 머릿속 사형집행인은 내 인종 때문에 나 자신을 혐오하라고 말한 적이 없다. 내 수치심은 거리에서 나를 바라보는 사람들을 통해서가 아니라 내 속에서 은밀히 작동했다.

맨디가 말을 잇는다. "난 매춘부, 도둑, 마약 중독자가 되었어요. 헤로인 주사기를 베개 밑에 두고 잠들었죠. 20년 동안 할로웨이 교도소를 드나들었어요. 그러다 마약 중독을 극복하고는 흑인 역사의 달에 강연을 하러 할로웨이로 돌아갔죠. 거기서 마틴 루터 킹의 연설문을 읽다가 와락 눈물을 쏟았어요. 그가 언젠가 흑인과 백인이 조화롭게 함께 사는 날을 꿈꾼다고 말한 부분이었죠. 나는 평생 둘로 나뉘어 서로를 증오하며 살았어요. 나 자신과 조화롭게 살지 못했죠. 그게 나를 계속 구속시켰던 거예요. 그냥 울고 또 울었어요."

내가 말한다. “로드는 죄책감을 느끼기보다 분노를 수용하는 것이 낫다고 했어요. 또한 분노의 불협화음 속에서 사는 것과 화음 속에서 사는 것은 다르다고 말했어요. 흑인 여자들은 ‘분노가 우리를 분열시키지 못하도록 세밀히 조율하는 법을 배워야 한다’고 하죠. ‘분노를 헤치고 나아가 그것을 일상 속에서 용기와 힘, 통찰로 활용하는 법을 터득해야 한다’고요.”

맨디가 말한다. “마약에서 회복하기 전에는 머릿속이 늘 트라우마로 시끄러웠어요. 오드리가 말하는 거칠고 조화롭지 못한 삶이었죠. 내 주장을 이해시키려고 노력할 때마다 아무도 들으려고 하지 않아 그냥 화가 났어요.”

그녀가 계속 말한다. “하지만 지금은 내가 과거에 겪은 그 모든 일들, 그 한 방울 한 방울이 현재 내가 사용하는 재료로 바뀌었어요. 지금은 나와 똑같은 트라우마를 겪으며 교도소를 들락거리는 여자들을 위해 일하고 있어요. 그들과 나란히 서서 함께 싸우고 있죠. 그들을 감독하는 것이 아니라 내가 이곳에 있다는 것을, 누구나 변할 수 있다는 것을 알려주면서요. 가끔 희망이 없다고 생각하는 사람들도 있지만 난 그냥 버티라고, 조금만 더 버티라고 말해요. 내가 겪은 그 어떤 경험도 헛된 것이 아니었어요. 그 모든 소음이 조화로운 음악이 되었죠. 오드리가 말하는 것처럼, 난 나아갈 수 있어요. 나아갈 수 있어요.”

내가 말한다. “로드는 분노가 가진 변화의 힘을 믿었어요. 이렇게 말했죠. ‘나는 늑대의 입술에서 빨아낸 분노를 가지고 빛도, 먹을 것도, 자매도, 쉴 곳도 없는 곳에서 빛으로, 웃음으로, 안식처로,

불로 사용했다.'"

"분노는 빛을 밝힐 수 있어요." 자말이 말한다. "재판에서 내가 어릴 적에 어떤 고난을 겪었는지 하나도 참작되지 않았어요. 나는 자리에 앉아 별로 말도 안 했어요. 판결을 보고 내 개인적 상황이 간과되었다는 사실에 너무 화가 나더군요. 하지만 그 분노가 도움이 됐어요. 이 시스템이 내 인생을 바꾸는 데 도움을 주지 않을 거라는 사실을 깨달았으니까요. 내가 나서서 인생을 바꿔야 했어요. 그래서 감옥에서 내 이야기를 쓰기 시작했죠. 재판정에서 진술된 이야기가 아니라 진술되었어야 하는 이야기를요. 내 생각을 분명히 표현하자 눈앞이 밝아졌죠. 궁극적으로 그 작업이 나를 더 밝은 미래로 이끌어줬어요."

"분노가 나를 보호하는 데 도움이 된다는 로드의 말이 맞다고 생각해요?" 내가 묻는다.

브렌다가 말한다. "감옥에 있을 때 내게 가장 필요한 보호는 자신에 대한 분노로부터의 보호였어요."

자말과 맨디가 고개를 끄덕인다.

"변화를 창조할 힘을 주는 분노가 있고, 덫에 걸린 듯한 무력한 기분을 느끼게 하는 분노가 있죠." 자말이 말한다. "감옥에서 나오고 나서 내 경험에 대해 들려주는 낭독 행사를 수차례 가졌어요. 내가 쓴 모든 글이 불공정에 대한 거였어요. 내 모든 정체성이 형사사법 체계의 영향 아래 살던 존재를 기반으로 하고 있었어요. 그게 나였죠."

"시인 에보니 데이비스는 이렇게 말했어요. '너무 많은 사람이 트라우마에서 치유되기를 두려워한다. 그들의 모든 정체성이 자신이 경험한 트라우마를 중심으로 만들어졌기 때문이다. 그들은 트라우마를 빼면 자신이 누군지 전혀 모른다. 그리고 이 사실이 두려움을 일으킨다.' 완전 내 얘기였어요. 나는 과거에 너무 사로잡혀 살았어요. 그런 삶이 내게 기쁨을 조금이라도 주는지 자문해야 했죠. 난 과거에서 벗어나 앞으로 나아가기로 다짐했어요. 잘못된 체계에 대해 말하는 대신 더 나은 체계를 건설하고 싶었죠. 그래서 무대에서 내려와 나와 비슷한 고통을 겪고 도움을 필요로 하는 젊은이들을 지원하기 시작했어요.

그게 쉬운 일은 아니에요. 특히 감옥에서 출소해 수감 시절의 경험을 바탕으로 생계를 꾸리는 사람들한테는요. 그들에겐 그 경험이 자산이니까요. 하지만 분노를 넘어 진짜 나를 즐겁게 하는 일을 하려면 그래야만 했어요."

내가 말한다. "또 다른 철학자 민나 살라미는 저항의 수단으로서 분노와 즐거움의 차이에 대해 성찰했어요. 그녀는 중산층 백인 남자들과 달리 소외된 집단들은 언제나 자신에 대해 설명해야 하는 짐을 진다고 말하죠. 피부가 검거나 갈색이면 그건 내 정체성이 일종의 '범죄 현장'인 것과 다름없어요. 살라미에 따르면 이에 맞서는 방편은 소외된 집단이 '블랙 파워' 같은 것을 이용해 '싸울 준비'를 하고 자신의 정체성을 권력 분산을 위한 '무기'로 사용하는 거예요. 살라미는 이런 대응이 여러 면에서 성공을 거둔 것은 맞지만 또한 억압자를 이야기의 중심에 두었다고도 생각했어요. 무기가 항상 그들을 겨누고 있다는 거예요."

자말이 고개를 끄덕인다.

내가 말한다. "살라미는 블랙 파워가 아니라 블랙 조이에 주목했어요. 즐거움은 억압자들에게 아무런 지위도 주지 않으니까요."

브렌다가 말한다. "교도소에 가기 전에는 인종차별이나 노예제에 대해 이야기를 꺼낼 때마다 늘 미리 사과했어요. 백인들이 인종차별적인 얘기를 하기 직전에 가끔 사과하는 것처럼요. 공공장소에서 우간다어로 말하는 것도 싫었죠. 사람들이 내가 자메이카인이라고 추측하도록 내버려뒀어요. 내가 아프리카인이라는 사실이 화두에 오를 때마다 '그냥 넘어가자. 그 얘긴 할 필요 없어'라고 하기 일쑤였죠. 나는 백인의 시선으로 내 고유한 유산을 바라봤어요. 어린 시절 내게 아프리카는 긴장을 풀어주는 막간의 희극 같은 거였어요. 온몸에 파리떼가 들끓는 굶주린 아이들이라니. 범죄를 저지른 사람만 그곳에 가는 줄 알았다니까요."

브렌다가 계속 말했다. "하지만 이상하게도 감옥에 가면서 내 유산에 대해 자신감이 생겼어요. 내가 아프리카인이라는 것에 기쁨을 느껴요. 전에는 결코 느끼지 못한 감정이죠. 이젠 노예제나 인종차별에 대한 시를 낭독할 때도 사과하지 않아요. 이젠 공개석상에서 우간다어로 말하기도 해요. 사람들이 내게 자메이카인이냐고 물으면 나는 아프리카인이라고 답하죠. 3주 후에 다시 우간다로 날아가는데 너무너무 기대돼요."

"그 반대가 되기 정말 쉬웠을 텐데 말이죠." 내가 말한다. "많은 사람이 감옥에 가면서 수치심을 재확인하잖아요."

"난 분노를 받아들이면서 진짜 나 자신을 받아들였어요."

분노와 즐거움 중 어느 것이 더 나은 저항 수단인지에 대해 토론하다가 맨디가 또 다른 이야기를 들려준다.

"할로웨이에서 일을 시작했을 때 어느 교도관한테 인사를 건넸어요. '안녕하세요. 좋은 아침이에요.' 그렇지만 돌아오는 건 무시였죠. 나는 매일 갔고, 그때마다 무시당했어요. 그래도 인사를 건넸죠. '안녕하세요.' '잘 주무셨어요.' '좋은 아침이에요.'"

"반항아가 따로 없네요." 자말이 말한다.

맨디가 말한다. "그러던 어느 날 그녀가 인사를 받아줬어요. 나와 대화를 하려고 노력하더라고요. 하지만 속으로 생각했죠. 난 너하고 대화하고 싶지 않아. 그냥 인사만 하고 싶을 뿐이야."

우리 모두 웃는다.

"그녀와 대화하기 위해 무지 노력해야 했어요." 맨디가 말한다. "몇 주가 지나 그녀도 인간이고 문제가 있다는 것을 깨달았죠."

어린 시절의 내가 제이슨이 감옥에 갔다고 아무한테도 말하지 않은 이유 중 하나는 왠지 곤경에 처할 것 같아 겁이 났기 때문이다. 사람들이 형이 나쁘니 나도 나쁘다고 지레짐작할 것 같았다. 나는 입을 꾹 다물고 의심을 사지 않으려 노력했다. 브렌다의 조카가 그녀에 대해 말한 적이 없다고? 고모와 연관돼 있다는 처벌 의식이 나보다 훨씬 심하지 않았을까. 만약 우리 형이 피부색이나 특이한 성 때문에 강제 출국될 위기에 처했더라면 내 피부색이나 성이라는 기본적 사실이 내게도 문제가 될까봐 겁이 났을지도 모른다.

"다운뷰 교도소에서 수감 생활을 한 적이 있어요." 브렌다가 말한다. "그러다 10년 뒤 시를 가르치는 강사로 그곳에 가게 됐죠. 워크숍이 끝나고 나서 교도소 측에서 교도소를 견학하고 내 옛날 감방도 보지 않겠느냐고 물었어요. 너무 신이 났죠. 처음 글쓰기를 시작했던 감방을, 내가 새 인생을 찾고 결국 수감자가 아닌 강사로 돌아오게 해준 감방을 빨리 보고 싶었어요." 브렌다가 말을 이어간다.

"그래서 수업이 끝난 뒤에 백인 여성 둘을 양옆에 끼고 교도소 마당을 걸어갔어요. 한 명은 내 제작자였고 또 한 명은 우리가 감방에 들어올 수 있게 예약해준 사람이었어요. 그런데 거대한 백인 교도관이 나를 막아 세우면서 이러잖아요. '왜 네 감방으로 안 돌아갔어? 감방에 있어야지.'

'뭐라고 하셨죠.' 내가 말했죠.

'네 감방으로 돌아갔어야지.' 그가 말했어요.

나와 함께 있던 두 백인 여자가 나는 재소자가 아니라 시인이자 방문객이라고 설명했어요. 교도관의 얼굴이 시뻘게졌죠. 사과도 없이 얼굴만 벌게졌어요. 내가 그랬죠. '아 제가 수감자인 줄 알았군요. 아니, 아니에요. 그냥 여기 행사를 진행하러 온 사람이에요.'

교도소에서 나오고 나서 내 제작자가 너무 화가 나서 나도 같이 화를 내기를 바라더군요. 하지만 흑인 여자에겐 그게 훨씬 복잡한 문제라는 점도 이해했어요. 그런 나를 보고 그녀가 슬퍼했지만 나는 '아니, 아니에요. 그냥 여기 행사를 진행하러 온 사람이에요'라고 말하는 것만으로도 굉장히 큰 힘을 느꼈어요. 만약 화를 냈으면 그 분노를 집까지, 그리고 다음 날까지 계속 가져갔을 거예요. '잘하고 있다고 생각했는데 왜 그 교도관은 나한테 그렇게 말했을까,

어떻게 감히 그럴 수가'라고 생각하면서요. 하지만 그 대신 이렇게 생각하며 기쁜 마음으로 집에 돌아갔어요. '옛날엔 체제에 힘을 빼겼지만 지금의 나를 보라'고."

15장

인간의 본성은 사회와 충돌할까요?

"인간의 본성은 죽이고, 강간하고, 훔치는 거예요. 여기만 봐도 그렇잖아요. 우리에겐 사회가 필요해요. 사회가 없으면 혼란의 도가니가 될 거예요." 앤드로스가 말한다.

"글쎄, 우리를 나쁘게 만드는 건 사회야." 무치가 말한다.

네베이는 일주일이 지난 지금도 내 수업에 오고 있다. 교실 뒤편에 있는 파일에서 연습 문제지도 거의 다 꺼내줬다. 오늘은 '휴가를 떠나요'라는 문제지를 준다. 나머지 학생들은 에픽테토스와 자유에 대해 토론한다.

수업이 끝나기 20분 전, 영어 강사가 들어와 네베이에게 이제 수업을 들을 수 있다고 말한다. 네베이가 짐을 싼다. 우리는 작별 인사를 나누고 그는 떠난다.

다음 날 아침, 가스레인지 사진을 찍고 집을 나선다. 10분 뒤, 길을 건너는데 가스레인지를 켜놨을까봐 겁이 난다. 내가 찍은 사진을 쳐다보지만 마음이 놓이지 않는다. 마치 내가 보고 있지 않을 때 일을 벌이는 사악한 손이 있는 것처럼, '사진을 찍고 나서 실수로 가스 불을 다시 켰으면 어떡하지'라는 생각이 든다. 나는 몸을 돌려 다시 길을 건넌 뒤 집으로 달려가 가스 불을 켜놓지 않은 것을 확인한다.

한 시간 뒤, 경비가 삼엄한 교도소의 접수처로 걸어간다. 내 몸이 문을 통과하는 것을 감지하고 센서가 자동으로 안내 방송을 한다. "멈추세요! 시설 안으로 휴대전화를 반입하는 것은 불법입니다. 시설 안에서 휴대전화를 소지하고 있다가 적발되면 처벌받을 수 있습니다."

나는 배낭을 열어 여권, 껌을 비롯해 금지 물품들을 꺼내 사물함에 넣는다. 다른 사람이 접수처로 걸어 들어오자 안내 방송이 다시 울린다. "멈추세요! 시설 안으로 휴대전화를 반입하는 것은 불법입니다. 시설 안에서 휴대전화를 소지하고 있다가 적발되면 처벌받을 수 있습니다."

나는 휴대전화를 꺼내 엄마에게 문자를 쓰고 키스 표시 두 개로 끝맺음을 하고는 문자가 전송됐음을 알리는 두 번째 신호음을 기다린다. 그리고 사물함에 휴대전화를 넣고 잠근 다음 열쇠를 주머니에 넣는다.

또 다른 사람이 문을 통과하면서 센서를 작동시킨다. 안내 방송이 울린다. 나는 바지와 코트의 모든 주머니를 더듬으며 내가 정말 사물함에 휴대전화를 넣었는지 확인한다. 휴대전화가 느껴지지 않지만 이런 생각이 든다. 혹시 코트 안감처럼 내가 쉽게 못 찾는 어딘가에 떨어졌으면 어쩌지?

사물함을 연다. 휴대전화가 있다. 휴대전화를 집어 들고 내가 첫눈에 반한 여자가 한 시간 전에 올린 내 글에 좋아요를 눌렀는지 소셜미디어를 확인한다. 누르지 않았다.

"……처벌받을 수 있습니다." 머리 위에서 목소리가 말한다.

나는 휴대전화를 사물함에 넣는다. 사물함에 휴대전화가 있다는 사실을 확인하기 위해 손으로 만져본다. 왠지 내 휴대전화가 동시에 두 장소에 있지 않은 걸 확인해야 할 것 같아서 가방 안을 들여다본다. 사물함을 닫고 경비실로 들어간다.

내 뒤로 문이 닫히고 나는 검문 줄에 합류한다. 벽에 전직 보안요원의 얼굴 사진이 붙어 있다. 그녀는 인터넷에서 중고 스마트폰을 250파운드에 사서 재소자들에게 약 1500파운드에 판매한 죄로 징역형을 선고받았다. 내 몸 어딘가에 휴대전화가 틀림없이 있을 것만 같다. 내가 찾을 수 없을 뿐이지 분명히 내 몸에 있다. 되돌아가고 싶지만 너무 늦었다. 보안요원이 나를 부른다. 나는 걸음을 앞으로 옮긴다. 그가 나를 수색한다. 휴대전화는 나오지 않는다.

이 교도소에는 BOSS라고도 불리는 체구(body Orifice) 보안 스캐너가 있다. 기계 위에 앉으면 스캐너가 질이나 직장 내에 있는 금속을 감지한다. 오늘은 보안요원이 내게 그 위에 앉으라고 하지 않아 실망스럽다. BOSS 의자는 교도소 보안 시스템 중에서 나를 불안하게 하지 않는 장치 중 하나다. 아무리 공포가 극에 달하더라도 나도 모르게 항문 속에 아이폰을 집어넣지 않았다는 것만은 자신할 수 있다.

이런 수위 높은 보안에도 불법 스마트폰은 여전히 감옥에 돌아다닌다. 롱시즈 미니폰은 충계참에서 인기 있는 선택지가 되었다. 항문에 보관할 수 있을 만큼 작은 데다 플라스틱으로 만들어져서 BOSS 의자도 감지할 수 없다.

1분 뒤, 나는 층계참을 걸어간다. 문자를 확인하기 위해 나도 모르게 주머니에 손을 넣지만 비어 있다. 소셜미디어를 스크롤하거나 내 아이콘 옆에 작고 빨간 알림 점이 있는지 확인할 수 없어 아쉽다. 하지만 오전 10시가 되자 전화기가 없어 오히려 기분이 좋다. '띵' 하는 소리와 경고음에 관심을 뺏기지 않으니 정신이 더 맑아진 것 같다. 하지만 이곳에 있는 동안 연결이 끊기는 것은 불안한 즐거움이다. 계단에서 재소자들을 지나가면서 나는 주머니가 가볍다는 사실을 즐기지만 이들 중 일부는 직장 안에 휴대전화를 넣고 있을 것이다.

30분 뒤, 나는 재소자들이 소년원에 보낼 티백, 고온살균 우유, 설탕을 작은 비닐봉지에 담는 작업장으로 주로 사용하는 교실에서 수업을 한다. 내 교실과 달리 이곳엔 교실 한쪽 구석에 전화기가 설치돼 있다. 수업 시간에 재소자들이 빙 둘러앉아 자유의지, 책임, 그리고 운명에 관해 토론한다. 한 사람이 구석으로 가서 자기 딸에게 90초간 전화를 건다. 또 다른 남자는 자신의 변호사와 통화를 한다.

오후 1시. 나는 검색대를 통과하고 사물함을 연다. 접수처에서 걸어 나와 휴대전화를 쳐다보니 화면에 알림 목록이 반짝인다. "처벌받을 수 있습니다"라는 목소리가 내 뒤로 희미해진다.

열여덟 살에 난생처음 프란츠 카프카의 소설을 읽었다. 〈유형지에서〉라는 단편소설로, 자신이 무슨 잘못을 저질렀는지도 모른 채 체포된 남자에 대한 이야기였다. 그는 유죄 판결을 받기만 할 뿐 절대 자신을 변호할 수 없다. 그는 피를 흘리고 죽을 때까지 등에 자신의 죄목을 새기고 또 새기는 장치 위에 놓인다. 나는 끝까지 소설을 읽은 뒤에도 그 어두운 울림 때문에 손에서 책을 내려놓지 못했다. 카프카는 그때까지 내가 혼자만 느껴왔던 기분을 용케도 전달했다. 그건 바로 '너무 늦었다'는 것. 사형수는 이야기가 시작되기도 전에 이미 장치 위에 놓여 있다. 처음 등장했을 때부터 이미 그의 모든 기회는 만료된 뒤였다. 나는 책을 뒤집어 뒤표지에서 카프카의 사진을 봤다. 나처럼 귀가 뾰족하고 골격이 사춘기 소년 같았다. 이 사람이 누구인지 궁금했다.

몇 주 동안 더 많은 책을 읽으면서 카프카가 어렸을 때 아버지로부터 신체적, 정신적 학대를 당했다는 사실을 알게 됐다. 학대는 어린 카프카에게 두려움과 수치심을 남겼다. 그는 주인공이 사악한 권위 앞에서 속수무책으로 당하는, 악몽과도 같은 제멋대로의 유죄 선고를 중심으로 수많은 이야기를 써나갔다. 그렇게 사형집행인 전문가가 되었다. 서른다섯에 그는 아버지에게 편지를 쓰며 이렇게 말했다. "내 글은 전부 당신에 대한 것입니다. 결국 책에서 제가 한 모든 일은 차마 당신의 가슴에 대고 하지 못한 탄식 행위입니다." 아버지가 성인인 아들에게 물에 가서 빠져 죽으라고 명령하자 아들이 순응하는, 그의 소설《판결》에 대한 설명 같았다.

그해 여름, 나는 카프카에 푹 빠졌다. 일 년 중 가장 더운 날, 공원 벤치에 앉아 그의 이야기를 읽으며 그 무표정한 부조리에 웃음을 터트렸다. 당시 여자 친구였던 제스와 주말을 맞아 비싼 호텔을 찾았을 때였다. 메뉴판에 섹스토이가 올라오는 곳이었다. 아침에 나는 침대에 앉아 녹색 펜으로 카프카의 문장에 밑줄을 그었다. 카프카가 내게 사형집행인과 단둘이 있는 게 아니라는 느낌을 주리라 믿었다. 주말 데이트를 끝내고 돌아온 뒤 제스와 나는 헤어졌다.

지난 15년간 카프카에 대한 애착은 내게 위안을 주었던 만큼이나 나를 괴롭혔다. 그의 작품을 알면 알수록 그가 새벽 2시에 책상에 앉아 일종의 안티테라피(반反치료)로서 글을 썼다는 생각이 들었다. 그는 아버지, 법, 사형집행인으로부터 절대 벗어나지 못하는 사람들을 중심에 놓고 언제나 똑같은 유형의 이야기로 돌아갔다. 마치 그가 탈출을 포기하고는 펜이 주는 지배의 환상에, 똑같은 운명론적 이야기를 거듭해서 쓰는 전지전능한 작가의 위치에 안주한 것만 같았다. 그를 읽을 때 나는 더 이상 사형집행인과 단둘이 아니다. 대신 자신이 당하는 고문에 대해 너무 자세히 아는(대부분의 고문이 자신이 가한 것이다) 이상한 남자와 함께하게 된다. 카프카를 읽었던 그 세월이 문학적 장치를 부여함으로써 내 머릿속 사형집행인을 더욱 강하게 만들었을까봐 염려스럽다. 내가 카프카의 마조히즘을 이용해 나의 마조히즘을 실행시키고 있는 것일까?

나 역시 사형집행인을 통제하려고 노력한다. 휴대전화가 있는지 확인하기 위해 사물함을 여러 차례 살피고, 집으로 돌아가 내가 건물을 태워먹지 않았음을 확인하고, 사형집행인이 약점을 잡지 않도록 내 일거수일투족을 되돌아본다. 또한 내 악몽이 세심히 통제됐을 때 어떤 형태일지를 보기 위해 카프카의 소설을 다시 읽는다. 내가 가장 많이 읽은 책은 요제프 K.라는 남자가 등장하는《심판》이다. K.는 30세 생일날 아침 눈을 떴을 때 자신의 방에 두 명의 공무원이 있는 것을 발견한다. 그들이 그에게 기소됐다는 소식을 전한다. 그가 기소 이유를 묻지만 두 남자는 그에게 일요일 재판에 참석해야 한다고만 말한다. K.가 자신이 무슨 죄를 지었냐고 재차 묻는다. 두 공무원은 재판에 꼭 참석하라는 말만 반복한 뒤 자리를 뜬다.

그날 늦게 K.의 친구들이 일요일에 열리는 선상 파티에 그를 초대한다. 일요일이 되자 그는 파티 대신 재판에 가기로 결심한다. 공무원들이 시간을 알려주지 않은 탓에 그는 9시에 법정 문이 열리자마자 들어가야겠다고 마음먹는다. K.는 집을 나선 뒤 제 시간에 도착하기 위해 달린다.

그는 교외의 거리에 도착한다. 그는 어느 집의 창문 너머로 웬 남자가 아기를 안고 있는 모습을 보게 된다.

K.는 걸음을 잠시 멈추고 주위를 둘러본다.

다른 집 창문 너머로 한 남자가 담배를 음미하는 모습이 보인다. 길에선 과일 장수가 노점을 펼쳐놓고 장사를 한다. 두 친구가 도로를 사이에 두고 서로 대화를 나누며 웃고 있다.

K.는 몸을 돌려 재판정으로 향한다.

그는 처벌을 받을 때까지 일요일마다 재판정으로 간다. 자신이 무슨 죄를 지었는지 결코 알아내지 못한 채.

경비가 삼엄한 교도소에서 집으로 돌아간다. 오후 3시다. 나는 우리 집 정원 벤치에 앉아 있다. 작고 새하얀 재스민꽃이 담장을 덮고 있다. 두 팔에 닿는 햇살의 느낌을 더욱 즐기기 위해 눈을 감는다. 불운의 느낌이 어렴풋이 엄습한다. 오늘 아침에 교도소에서 실수로 휴대전화를 들고 들어갔다가 실수로 놓고 나왔다면 얼마나 끔찍했을까 생각한다. 불과 한 시간 전에 휴대전화를 사용했고 현재 침실에서 충전 중이니 터무니없는 생각이란 것은 안다. 하지만 '경찰관이 교도소 안에서 내 휴대전화를 발견하면 어떡하지'라는 생각이 스친다. 그러면 다음번 출근 때 체포될 것이다.

나는 재스민 향기를 들이마시고 심호흡을 하면서 생각들을 떨쳐내려고 노력한다. 하지만 내가 틀림없이 뭔가 잘못했다는 느낌이 떠나지 않는다.

나는 일어나 집으로 들어간 뒤 계단을 올라간다. 침실 문을 열고 책상 위에 놓인 휴대전화를 확인한다. 휴대전화를 집어 들고 손끝이 하얘지도록 꽉 쥔다.

"제기랄." 내가 말한다.

나는 요제프 K.가 그 거리를 떠난 것처럼 정원을 떠났다. 그리고 방금 막 사형집행인에게 달려왔다.

며칠 뒤, 다른 교도소의 접수처에 들어선다. 경비가 삼엄하지 않은 곳이라 머리 위로 울려 퍼지는 안내 방송과 신체 스캐너 대신 그냥 이렇게 적힌 거대한 표지판이 있다. "시설 내부에서 휴대전화를 소지했다가 발각되면 경찰을 부를 것입니다." 언제부터인지는 모르겠지만 이 표지판을 보면 안심이 된다. 사형집행인은 내 감각을 불신하게 만들 때가 많다. 내게 법적 조치를 취하겠다고 위협하는 권위주의적 메시지를 보면 내 환경이 내 마음과 조화를 이루고 있는 듯한 기분이 든다.

휴대전화, 껌, 여권을 사물함에 넣는다. 돌아서서 보안문으로 걸어간다. 그러다 생각한다. '휴대전화가 가방에 있으면 어쩌지.' 가방을 확인해보니 휴대전화가 없다. 또 생각한다. '가방에 있는데

내가 못 본 거면 어쩌지.'

"빌어먹을." 내가 말한다.

책상 뒤에 앉은 보안요원이 나를 쳐다본다.

나는 뒤돌아서서 다시 사물함으로 걸어가 문을 연다. 휴대전화가 안에 있는 것을 확인한다. 다시 사형집행인의 부름에 달려갔다는 사실에 화가 난다. 하지만 두려움을 떨쳐낼 수 없다. 사물함에서 휴대전화를 확인할 수 있는데도 나는 가방을 뒤져 휴대전화를 찾는다.

보안요원이 나를 지켜본다.

휴대전화를 사물함에 넣고 심호흡을 한 뒤 교도소로 들어간다. 층계참에 노란색과 초록색의 점프슈트, 여기선 '탈출복'이라 부르는 옷을 입은 사람이 보인다. 탈옥의 위험이 있는 재소자는 그 옷을 입어야 한다. 도망치더라도 군중 속에서 눈에 쉽게 띄기 때문이다. 한 감방에서 재소자가 불결 투쟁을 벌이고 있다. 오물 냄새가 코를 찔러서 나는 걸음을 재촉한다. 그 옆방에 갇힌 남자가 문을 두드리며 옆방 남자에게 오물을 치우라고 소리친다.

나는 수업 준비를 한다. 앤드로스가 가장 먼저 도착한다. 그는 키가 작고 말랐지만 다부진 체격으로 언제나 운동복 소매를 팔꿈치까지 걷어올리고 있다. 말투가 런던 토박이 말투와 요즘 젊은 도시 노동자들이 사용하는 다문화적 런던 말투 사이를 왔다 갔다 한다. '띵'이라고 말해야 할 때 어떨 때는 '핑'이라고 발음하고, 또 어떨 때는 '팅'이라고 발음한다. 사동의 나이 많은 재소자들과도 10대들과 얘기할 때만큼이나 쉽게 대화를 나눈다. 앤드로스는 최근 감방 안에 샤워장과 전화기가 있는, 경비가 덜 삼엄한 교도소로 이감 신청을 했지만 그의 동생이 그 교도소에 있다는 이유로 요청을 거부당했다. 형제가 같은 감옥에 있는 것이 규칙 위반은 아니다. 일부는 감방을 같이 쓰기도 한다. 하지만 앤드로스의 동생은 그 감옥에서 재활 활동과 관련된 일을 하고 있다. 만약 그와 앤드로스가 같은 교도소에 있으면 이해 충돌로 분류될 것이다.

앤드로스가 화이트보드로 다가와 지저분하다고 혀를 찬다. 그가 천과 스프레이를 집어 들고 화이트보드를 닦는다.

그는 작년에 이어 두 번째로 내 수업을 듣고 있다. 그가 첫 번째 과정을 마치고 나서 다시 들어도 되냐고 물었다. 내가 똑같은 내용일 거라고 말했지만 그는 그래도 듣고 싶다고 했다. "안 그러면 수학 수업에 집어넣을 거예요. 그 과정은 벌써 네 번이나 마쳤어요."

그는 화이트보드가 새것처럼 보일 때까지 닦는다. 그리고 스프레이와 천을 내려놓는다. 그가 허리를 잡고 신음한다. "여기 매트리스 때문이에요. 옥살이를 하기엔 너무 늙었나 봐요." 그가 말한다.

앤드로스는 곧 마흔이다. 그가 지난주 라디오에서 교도소는 불필요한 시설이므로 폐지해야 한다는 말을 들었다고 한다. "우리 모두를 어디에 가두겠다는 걸까요? 그 생각은 해봤으려나?" 그가 말했다. "그러니까 그냥 느닷없이 나타나선 손가락을 우두둑거리며 '좋아, 이제 교도소를 없애버리자'라고 하면 된다고 생각하는 걸까요? 아무것도 모르는 놈들이라니까요." 그 말을 들으니 형이 떠올랐다. 제이슨도 교도소 폐지론에 대해 그처럼 불쾌함에 가까운 반응을 보인다. 내 생각엔 자신이 살아온 삶에 대한 부정이라고 여기는 것 같다. 나는 교도소를 없애는 것이 그와 내가 더 많은 시간을 함께 보냈을 수도 있는 방법이라고 생각하지만.

나머지 학생들이 오고 나는 수업을 시작한다.

"감방 안에서 행복한 죄수를 상상해보세요. 그에겐 감방을 떠나고 싶은 욕구가 없어요." 내가 말한다.

"스마트폰을 할 수 있어서요?" 앤드로스가 묻는다.

"그는 자유로울까요?" 내가 묻는다.

앤드로스가 답한다. "아니요, 감방에 있잖아요." 몇 분 뒤 그가 말한다. "아니 자유로울지도 모르겠네요. 네, 자기가 원하는 만큼만 자유로워요." 잠시 후 그가 묻는다. "이해가 안 되는 사람이네요. 본인이 자유를 원치 않는데도 자유로운 건가요?"

"어떻게 생각해요?" 내가 묻는다.

앤드로스가 입을 열지만 주저한다.

"망할 새끼네요." 그가 말한다.

학생들이 웃는다.

나는 학생들에게 고대 그리스어로 '길이 없다'는 뜻인 아포리아에 대해 말한다. 아포리아는 철학적 문답 속에서 자신의 기본적 신념과 가정이 진실이 아닐 수도 있음을 깨닫는 마음 상태에 도달하는 것이다. 이러면 이제껏 걷던 길이 막다른 골목에 부딪쳐 이젠 뭘 생각해야 할지 확신이 서지 않는다. 갑자기 오도 가도 못하는 처지가 된다. 하지만 그런 혼란스러운 상태에서 자신에 대해 진심으로 생각하고 앞으로 나아갈 길을 개척할 기회가 생긴다.

"바로 그거예요." 앤드로스가 말한다. "댁은 날 항상 아포리아하게 만들어요. 왜 그러는 거예요, 앤디?"

학생들이 다시 웃는다.

손끝이 새하얗게 변할 때까지 휴대전화를 꽉 쥐고 있던 나 자신이 떠오를 땐 내가 불확실성의 가치에 대해 그들에게 얘기하고 있는 게 어색하게 느껴진다. 나는 계속 사형집행인을 향해 똑같은 길을 걸어가면서, 그들에게는 오도 가도 못하게 내버려두라고 말한다. 한 시간 뒤 교도관이 소리친다. "자유롭게 이동!" 학생 서너 명이 태프 주위에 모여 그와 악수를 하고 행운을 빈다. 30대 초반인 태프는 어린 시절 전 세계의 다양한 국제 학교를 다닌 까닭에 범세계적 억양을 가지고 있다. 감옥에 수감된 것은 이번이 처음이다. 그는 아내가 첫아이를 출산하고 몇 주 만에 수감됐지만 내일 석방돼 전자 인식표를 착용한 채 몇 달간 남은 형기를 채울 것이다.

"나 대신 맥도날드를 먹어줘." 앤드로스가 말한다.

앤드로스는 내게도 가끔 이렇게 말한다. 때론 오후 5시에 내가 교도소를 나가려고 코트를 걸친 채 층계참을 걸어가는 것을 보면 나와 주먹을 부딪치면서, "저 대신 맥도날드를 먹어줘요" 또는 "오늘 저녁에 나 대신 맛있는 걸 먹어줘요, 알겠죠?"라고 말한다. 나는 항상 어색하게 웃는다. 뭐라고 답해야 할지 모르겠다.

"몇 달간 음식 꿈을 꿨어요." 태프가 말한다. "처음 여기 왔을 때는 집에 가면 맨 처음 잠을 자야겠다고 생각했어요. 그런데 지금은 옆방에서 싸우는 소리가 안 들리면 과연 잠이 올지 모르겠어요. 아내한테 내 코고는 소리가 들릴 때까지 거실 벽을 발로 차달라고 부탁하려고요."

앤드로스가 말한다. "지난번에 출소했을 때는 마냥 울었어요. 감옥에 갇힌 그 2년 반 동안 단 한 번도 눈물을 안 흘렸는데 말이죠. 그런데 첫날밤 호스텔에서 침대 끄트머리에 앉아 울었죠."

수업이 끝나고 교도소를 나서는 길에 보안요원이 내게 줄을 서라고 말한다. 모든 사람을 불시 검문하는 중이다. 나는 줄 맨 앞에 선다. 교도관이 나를 수색한다. 휴대전화가 사물함에 있는 건 알지만 그가 내 주머니에서 휴대전화를 찾지 못하자 안심이 된다.

다음 날 오후, 나는 제이슨의 거실에 있다. 형이 스콧과 함께 외출하기 위해 그의 방에 가서 엑스박스를 그만하라고 말한다. 나는 벽에 플러그가 꽂힌 스탠딩 램프 옆에 서 있다. 벽면의 콘센트에 전원이 켜져 있다. 텔레비전 콘센트에 연결된 전원도 마찬가지다.

15년 전, 제이슨은 집에 있는 모든 전원을 끄지 않으면 잠에 들지 못했다. 텔레비전 볼륨을 2단계로 조정할 때엔 4단계까지 올린 다음 2단계를 줄이곤 했다. 문을 통과할 때는 항상 세 번 열고 닫아야 했다. 반바지를 다릴 땐 40분은 들여야 양쪽 다리가 똑같이 매끈해진다고 말했다. 여전히 가끔 긴장을 풀기 위해 특정 방식으로 일을 통제하긴 하지만 예전만큼 나쁜 상태는 결코 아니다.

불안이 최악이었던 시기에 제이슨은 친구와 함께 한밤중에 대학교를 털고 있었다. 맨 위층 교실에서 DVD 플레이어를 최대한 모아서 아래층으로 내려오다가 로비에서 그들을 기다리는 네 명의 경찰관을 발견했다. 형은 DVD 플레이어를 떨어뜨리고 로비를 달려가 건물 밖으로 이어지는 복도로 향했다. 제이슨은 복도를 전력 질주한 다음 출구를 밀어젖히고 계속 달렸다.

그가 소리쳤다. "빌어먹을!" 그러고선 반대 방향으로 돌아서서 다시 달렸다. 문을 세 번 열고 닫기 위해서였다.

그가 문을 열었다. 경찰관 두 명이 그를 바닥에 밀치더니 두 손을 등 뒤로 돌린 채 수갑을 채웠다.

나는 제이슨의 부엌으로 가서 컵에 물을 따른다. 살짝 열린 창틈으로 들어온 산들바람에 두 팔이 선득하다. 나는 컵을 입술에 갖다 댄다.

휴대전화에 알림음이 띵 하고 울린다. 화면을 보니 죄수 몇 명이 HMP 윈체스터를 탈옥하다가 붙잡혔다는 뉴스 속보가 뜬다.

제이슨이 목 부분에 아직 가격표가 달린 새 티셔츠를 입고 부엌으로 들어온다. 그가 서랍을 열어 가위를 찾는다.

"어젯밤에 재소자 몇 명이 윈체스터 교도소에서 탈옥했나 봐." 내가 말한다.

제이슨이 서랍 하나를 닫고 다른 서랍을 연다.

"그런데 실패했어." 내가 말한다.

그가 서랍에서 가위를 꺼내 내게 건네고 돌아선다. 나는 티셔츠 목 부분에 달린 가격표를 자른다.

"가자." 그가 말한다.

우리는 스콧과 딘을 데리고 공원으로 출발한다. 스콧은 이제 열 살, 딘은 다섯 살이다. 제이슨이 잠시 멈춰서 테스코 앞에 앉아 구걸을 하는 옛 친구와 소식을 주고받는다. 어른들의 대화에 지겨움을 느낀 스콧과 딘은 가위바위보를 한다. 몇 분 후 우리는 공원에 도착한다. 잔디밭 곳곳에 돌로 만든 커다란 공룡 조각상들이 자리 잡고 있다. 기온이 거의 섭씨 30도다. 제이슨이 티셔츠 소매 안으로 손을 집어넣어 어깨를 긁자 이두박근의 흉터가 드러난다. 상처가 방울 모양인 것이 칼보다는 스크루드라이버처럼 뭉툭하고 강력한 흉기에 찔린 것 같다.

"이 흉터는 어쩌다 생겼어?" 내가 묻는다.

"아." 그가 말한다. "그건……."

스콧과 딘이 소리를 지르며 달려들더니 그의 몸통을 껴안는다.

"내가 이겼어." 딘이 말한다.

"아니야, 내가 이겼어." 스콧이 말한다.

그들이 크게 웃으며 숨을 헐떡인다. 제이슨이 그들의 머리를 쓰다듬는다.

"몇 년 전 일이야, 동생." 제이슨이 내게 말한다.

나는 그를 보고 멋쩍게 웃는다.

두 아이가 공룡 조각상을 향해 뛰어간다. 제이슨과 나는 그 뒤를 따라 걷는다. 제이슨이 말아놓은 담배를 피운다. 그가 계속 내게서 얼굴을 돌리고 연기를 뿜는다.

"잘 지내, 동생? 피곤해 보여." 제이슨이 말한다.

"일이 많았어." 내가 말한다.

"네가 교도소에 가는 게 마음에 걸려."

"괜찮아."

"정신건강에 무슨 해가 되진 않아?" 그가 묻는다.

내가 어깨를 으쓱인다. "형이 겪은 것처럼 그렇진 않아."

그가 얼굴을 찌푸리면서 시선을 돌린다. 그는 내 죄의식이 강렬하고 거만한 것을 안다. 나도 멈출 방법을 알았으면 좋겠다.

장미 덤불 옆을 지나치며 꽃 냄새를 포착한다. 오늘이 지나간다는 생각에 우울해진다.

제이슨이 나를 돌아본다.

"네가 할 수 있는 게 얼마나 많은데." 그가 말한다. "왜 교도소야? 나 때문이야? 내가 들어가 있던 게 악영향을 미친 거지?"

"내가 하고 싶은 일이야." 내가 말한다.

그가 슬픈 미소를 짓는다.

"그 일을 하면 행복해?" 그가 묻는다.

"그것과는 결이 좀 달라." 내가 답한다.

"네가 행복했으면 좋겠어, 앤디."

나는 발로 시선을 떨군다.

스콧이 목이 긴 회색 디플로도쿠스 조각상을 가리키며 그쪽으로 달려간다. 딘이 그를 뒤따른다. 제이슨이 내게 사진을 찍어달라고 부탁한 뒤 디플로도쿠스 앞에 서서 두 아들에게 어깨동무를 한다. 나는 몇 걸음 물러나 휴대전화를 그들 쪽으로 향한다.

제이슨이 스콧을 쿡 찌르며 웃으라고 말한다.

휴대전화 화면 맨 위에 공지가 뜬다. 윈체스터 교도소 소식이다.

"치즈!" 아이들이 말한다.

나는 공지를 연다. 죄수들이 플라스틱 포크와 나이프로 허술한 교도소 담장에 굴을 팠다는 기사다.

"빨리 찍어, 동생." 제이슨이 말한다. "얼굴에 쥐나겠어."

다음 날, 나는 태프와 작별 인사를 나눈 교도소로 다시 향한다. 접수처에 들어가 다음 표지판을 본다. "시설 내부에서 휴대전화를 소지하고 있다가 발각되면 경찰을 부를 것입니다." 금지 물품을 사물함에 넣고 교도소로 들어간다.

30분 뒤, 나는 교실 한가운데 놓인 거대한 탁자 주변에 의자를 준비한다. 태프가 출소했으니 의자 하나를 적게 놓는다. 복도에서 교도관이 소리친다. "자유롭게 이동."

책상에 앉아 메모를 하는데 앤드로스가 들어온다. 내가 계속 글을 쓰며 위를 흘깃 본다. 앤드로스가 화이트보드 스프레이와 천을 집어 든다. 하지만 화이트보드는 이미 깨끗하다.

"그럴 필요 없어요." 내가 말한다.

그가 화이트보드로 걸어간다.

"내년에도 수업을 또 할 건가요?" 그가 묻는다.

"내용은 똑같을 거예요, 앤드로스." 내가 말한다.

"언제인지 알려줘요, 알겠죠?"

그가 화이트보드에 스프레이를 뿌린 뒤 천으로 닦는다.

몇 분 뒤 무치가 들어온다. 팔은 창백하고 손가락 관절은 붉으며 양쪽 손목에는 우정 팔찌를 차고 있다. 정수리가 훤하지만 나머지 머리를 드레드락으로 땋아 하나로 묶었다. 그가 전자담배를 한 모금 빤다.

"UFO에 대해 수업합시다." 무치가 말한다.

"그건 천문학이야. 이건 철학 수업이고." 앤드로스가 말한다.

"열린 마음을 가져야 하지 않겠어? 지난주에 내 감방 창문에서 UFO를 네 대나 봤어. 큰 게 한 대 있었는데 거기서 작은 것 세 대가 나오는 거야. 내 생각엔 착륙했다가 우리를 보고 얼마나 끔찍한 개자식들인지 깨닫고 집으로 돌아간 것 같아."

"그러면 B 사동에 착륙한 게 틀림없군." 앤드로스가 말한다.

"그랬으면 좋았을걸. 그러면 나도 데려가라고 했을 텐데." 무치가 말한다.

태프가 문으로 걸어 들어온다.

"아니 뭐야! 말하지 마!" 앤드로스가 말한다.

태프가 고통스러워 보인다. 그가 어제 아침에 소지품을 챙기고 접수처로 호송됐다가 석방을 기다렸던 과정에 대해 설명한다. 아내는 주차장에서 그를 기다리고 있었다. 몇 시간 뒤인 정오 무렵, 그의 석방과 관련해 교도소 직원 간에 소통이 잘못됐다는 소식이 전해졌다. 서류 작업이 끝나지 않은 것이었다. 그는 층계참으로 다시 끌려왔다. 몇 시간 전에 비웠던 감방은 이미 다른 재소자가 차지해 새 감방으로 옮겨야 했다. 새 감방 동료는 영어를 한마디도 하지 못한다.

"변호사한테 전화했어요." 태프가 떨리는 목소리로 말한다. "교도소가 나를 풀어줘야 하는 게 맞지만 6주가 더 걸릴 수도 있대요. 그도 정확한 기간은 모르더라고요."

"정부가 실수로 감금했다면 하루에 150파운드를 받을 수 있어." 무치가 말한다.

"여기 있을 수 없어. 놈들이 6주 후에 또 헛짓거리를 하면 어떡해?" 태프가 말한다.

"돈을 아주 많이 받겠지." 무치가 말한다.

"아내한테 전화해 사정을 말했는데 통화 내내 우는 거야. 나한테 언제 오냐고 계속 묻기만 하는데 뭐라고 해야 할지 모르겠더라고." 태프가 말한다.

"감방 동료 중에 1만 파운드를 사기 쳐서 들어온 놈이 있었는데 실수로 두 달을 더 갇혀 지냈어." 무치가 말한다.

"아내한테 그 얘기를 해주라고?"

"그 망할 자식은 6000파운드를 받았어."

태프가 무치 옆에 앉는다. 앤드로스가 태프의 어깨를 토닥거리며 오늘은 잘 먹어야 한다고 말해준다.

무치가 말한다. "딱히 놀랍지도 않아, 태프. 이 자식들은 식은 죽 먹기도 못하는 무능한 인간들이야."

앤드로스가 혀를 차며 말한다. "너라면 더 잘할 것처럼 말하네. 여긴 재소자가 1300명이야. 보통 규모가 아니라고."

"글쎄, 내가 책임자라면 완전히 달랐을 거야." 무치가 말한다. 그가 전자담배를 한 모금 빤다. 딸기맛 연기가 공중을 떠다닌다.

문을 닫고 학생들과 함께 탁자에 앉는다. 내가 말한다. "고대 그리스에 디오게네스라는 사람이 있었어요. 그는 자연과 조화를 이루며 살고 싶어 했죠. 그는 술통 속에서 자고 맨발로 걸어 다녔어요. 사람들은 그를 개 같은 디오게네스라 불렀죠. 그는 그 별명이 자랑스러웠어요. 한번은 연회에서 누군가 장난으로 그에게 뼈다귀를 던졌는데 디오게네스가 한쪽 다리를 들고 그 위에 오줌을 눴죠."

"역겨워요." 앤드로스가 말한다.

"그래서 그런 짓을 한 거였어요." 내가 말한다. "그는 수치심을 느끼지 않고 수치스러운 행동을 하는 자유를 경험하고 싶었던 거예요."

무치가 약에 취한 것처럼 깔깔대고 웃는다.

내가 말한다. "그리스 제국의 통치자 알렉산드로스 대왕이 디오게네스를 찾아갔다는 전설 같은 일화가 있어요. 디오게네스가 햇볕을 쬐며 편하게 누워 있는데 알렉산드로스 대왕이 그에게 자신이 뭘 해주면 좋겠냐고 물었죠. 디오게네스가 답했어요. '사실 한 가지 있소.'"

"몸에다 오줌을 갈겼나요?" 무치가 묻는다.

앤드로스가 혀를 찬다. "그는 알렉산드로스 대왕이야. 도널드 트럼프가 아니라고."

내가 말한다. "디오게네스가 알렉산드로스한테 말했죠. '옆으로 비켜주시오. 당신이 내 햇볕을 가리고 있으니.'"

"내 옛날 감방 동료 같네요." 앤드로스가 말한다. "법정에서 판사가 녀석한테 일어서라고 했더니 녀석이 뒤로 일어났죠."

"디오게네스는 일부러 체포되려고 했어요. 화폐 훼손이 범죄라는 걸 알면서도 고향 시노페에서 동전 몇 개를 망치로 부쉈죠. 그는 도시에서 추방됐고 그 사실에 기뻐했어요. 인간의 본성은 사회와 상충한다는 생각이 그의 철학의 핵심이었죠. 그는 추방을 자유라고 여겼어요."

"마음에 드는 자로군." 무치가 말한다.

태프는 엎드린 채 바닥을 응시하고 있다.

내가 말한다. "디오게네스는 시노페의 성문을 떠나 황야에서 자유롭게 살다가 결국 아테네 성문에 오게 됐죠. 선택의 여지가 있었을 거예요. 전처럼 도시 바깥에서 머물 수도, 아니면 안으로 들어가 사회와 어울릴 수도 있었어요."

"뭐가 됐든 안으로 들어가는 건 안 돼." 무치가 말한다. "안으로 들어가면 다른 사람의 규칙에 맞춰 살아야 해. 규칙을 어기면 무슨 짓을 당하게 될까 두려워하며 하루하루를 살아야 할 거라고."

앤드로스가 말한다. "두려움을 느끼는 데는 그만한 이유가 있는 거야. 그런 두려움이 있어야 우리가 그것보다 더 커질 수 있어. 그래야 디오게네스가 자신을 통제하는 법을 배울 수 있다고."

"그건 진짜 자기 통제가 아니야. 사회가 그를 통제하는 거지." 무치가 말한다.

나는 고개를 기울이고 태프와 눈을 마주치려 한다. 그가 위를 흘깃 보지만 얼굴에는 아무런 표정이 없다.

앤드로스가 말한다. "인간의 본성이 사회와 반대라니 기쁘군요. 인간의 본성은 죽이고, 강간하고, 훔치는 거예요. 여기만 봐도 그렇잖아요. 우리에겐 사회가 필요해요. 사회가 없으면 혼란의 도가니가 될 거예요."

"우리를 나쁘게 만드는 건 사회야." 무치가 말한다. "난 이 안에 갇혀 있어, 그렇지? 나쁜 놈이니까. 하지만 내 이복동생은 사립학교에 갔어. 집도 있고 애도 둘이야. 그 녀석을 좋은 놈으로, 나를 나쁜 놈으로 만든 게 사회야."

태프가 고개를 든다. 그와 눈이 마주친다. "어떻게 생각해요?" 내가 묻는다.

"안 되겠어요. 오늘은 안 되겠어요." 그가 말을 마치고 다시 바닥을 쳐다본다.

수업 중, 앤드로스가 말한다. "디오게네스는 인간의 본성이 사회와 안 맞는 걸 어떻게 아나요? 사회에 속하지 않은 인간을 본 적도 없으면서."

"있어. 나야!" 무치가 말한다.

"네가?" 앤드로스가 말한다.

"벌방에 있을 때 며칠 동안 오직 나 혼자였어. 그때 난 사회 속에 없었어. 그냥 순수한 나만 존재했지. 다른 건 아무것도 없었어. 그저 의식 속을 둥둥 떠다녔을 뿐."

"감옥은 인간이 속할 수 있는 가장 사회적인 곳이야." 앤드로스가 말한다.

"텔레비전도 없었어." 무치가 말한다.

"그건 상관없어." 앤드로스가 말한다.

"그냥 침대를 누르는 내 체중을 느끼며 누워 있었다고."

"정부와 사회가 없으면 교도소도 없을 거 아냐."

"그 생각은 안 해봤네." 무치가 말한다.

그가 머리를 긁적인다.

"중국이나 아프리카에 가면 어떨까." 그가 말한다. "다양한 사람을 많이 만나면 인간의 본성이 뭔지 알게 되겠지."

"전과가 있어서 중국에서 받아주지도 않아." 앤드로스가 말한다.

"그렇지." 무치가 말한다.

무치가 전자담배를 한 모금 빨자 그의 콧구멍에서 연기가 피어오른다. 연기가 태프 쪽으로 흘러가지만 그는 반응이 없다.

무치가 말한다. "디오게네스를 보면 누가 떠오르는지 알아? 나야."

앤드로스의 입이 벌어져 다물어질 줄 모른다. 그가 무치의 다음 말을 기다리며 빤히 쳐다본다.

무치가 말을 잇는다. "난 매점에서 아무것도 안 사. 매점의 날은 내게 그냥 평범한 하루에 불과해. 난 이곳에 내 돈을 갖다 바치지 않아. 그리고 간수들이 운동장에 모이라고 해도 그냥 감방에 있어."

"왜죠?" 내가 묻는다.

"내가 나간다는 건 영원히 나간다는 거예요."

무치가 하나로 묶은 머리를 꽉 조인다.

"형씨, 지난주에 매트리스 위에서 초콜릿 비스킷을 먹던데. 내가 봤어." 앤드로스가 말한다.

"하지만 그건 내 비스킷이 아니었어."

"이봐, 네가 봉지를 들고 있었잖아."

"내 생일이었거든. 몇 개밖에 안 먹었어."

"무치, 디오게네스는 생일에 비스킷을 먹지 않아."

무치가 전자담배를 들이마시며 웃다가 정신없이 기침을 한다. 태프는 눈을 질끈 감는다.

*

나는 10분간 휴식을 준다. 무치가 펜을 집더니, 화이트보드에 디오게네스가 뼈다귀에 오줌을 누고 있는 그림을 그린다. 나는 혼자 미소 지으며 디오게네스의 엉뚱한 행동이 요제프 K.의 심장 떨리는 죄책감과 얼마나 대조적인지 생각한다. K.는 운명론적 길을 걷지만 디오게네스는 자신의 길을 간다. 《심판》의 결말에서 K.는 심장에 칼을 맞고 처형당해 죽으면서 "개같이!"라고 말한다. 그런 뒤 소설은 다음 문장으로 끝을 맺는다. "그가 죽은 후에도 수치심은 남을 것 같았다." 하지만 디오게네스는 자신의 수치심보다 오래 살아남은 개였다.

휴식이 끝나고 우리는 토론으로 돌아간다. 수업이 끝나기 15분 전, 내가 말한다. "디오게네스는 철학자가 되려면 인습에서 벗어난 삶을 살아야 한다고 생각했어요. 또 다른 철학자 세네카는 네로 황제의 조언자였죠. 그는 사회적 질서의 심장이었어요."

허벅지에 손을 내려놓는다. 주머니에서 휴대전화가 느껴진다.

나는 두 손을 들어 책상 위에 반듯이 놓는다.

"네로라면 사람들을 산 채로 태워버린 놈 아니에요?" 무치가 말한다.

양 허벅지가 경직된다.

"그에게 햇볕을 가리니 비키라고 했다간 잡아먹으려고 할 거야." 무치가 말한다. 그가 웃는다. 그의 입술이 위로 올라가 윗니와 잇몸이 보인다.

다음 15분 동안 나는 얼굴에 두려움이 드러나지 않도록 안간힘을 쓴다. 입이 건조하다. 귀가 울린다. 복도에서 교도관이 소리친다. "자유롭게 이동." 학생들이 줄지어 나간다. 앤드로스가 나가기 전에 화이트보드를 지운다. 태프는 의자에 계속 앉아 있다.

나는 배낭을 챙긴다.

"밖으로 나갈 수 있기를 바랄게요, 태프." 내 목소리가 내게 두려움을 불어넣는다.

그가 비웃는다. "그자들이 신경이나 쓰겠어요."

그가 일어나 감방으로 돌아간다.

나는 교실에서 나와 2번 층을 걸어간다. 음식이 담긴 플라스틱 접시를 감방으로 가져가는, 노란색과 초록색의 탈출복을 입은 남자를 지나친다. 공포심이 너무 커서 신장이 아프다. 몇 미터 앞에 층계참을 순찰하는 교도관이 보인다.

내가 교도소에 휴대전화를 가지고 들어와 뭔가 나쁜 짓을 했다는 생각이, 내가 그저 실수를 저지른 것이 아니라는 생각이 불현듯 스친다. 어떤 범죄를 저지를 작정이었던 게 틀림없다. 교도관에게 말해야 한다.

하지만 그것이 사형집행인의 부름이라는 것을 나는 안다.

나는 교도관을 지나 문으로 가서 열쇠를 반납한다. 전자식 보안문이 열린다.

교도소 밖으로 걸음을 내딛는다.

교도소의 출입구에서 멀어진다. 오토바이가 내 옆을 쏜살같이 지나간다. 직접 오토바이를 모는 것처럼 전율이 느껴진다. 회색 고양이가 정원 울타리의 좁은 윗면을 밟고 지나간다. 도도하게 재주를 뽐내고 있다. 대낮에 묘기를 잘도 선보인다.

현기증이 날 정도로 기분이 가볍다. 다행히 내 안에 애정이 넘쳐난다. 모든 것이 마음을 건드린다. 방과 후 집으로 함께 걸어가는 멀대 같은 두 10대 소년, 쇼핑을 하고 버스에 올라타는 할머니, 모든 것이 생기로 나를 감동시킨다.

나는 운하에 도착한다. 거룻배가 나를 스쳐 지나간다. 배 안에 있는 늙은 개 한 마리가 창문 너머로 나를 바라본다. 나는 운하가 강과 만나는 곳까지 예선용 길을 따라 걷는다.

16장

사람은 시간이 지나도 여전히 같은 사람일까요?

"한때 내가 실망시킨 사람들이 다시 나를 신뢰했으면 좋겠어."

"그런데 그걸 어떻게 하는데?

네가 다른 사람이 됐다는 걸 어떻게 증명할 거야?"

에이든이 말한다.

일주일 뒤 나는 교도소를 떠나 햄스테드 히스로 간다. 숲속에서 바닥에 쓰러진 거대한 붉은 떡갈나무를 발견한다. 바닥에 배낭을 떨어뜨리고 나무 몸통 위로 올라간다. 나무 본체를 따라 걷다가 한때는 하늘에 닿았지만 지금은 바닥에 평행하게 뻗어 있는 굵은 가지 위로 올라간다. 내 무게를 감당하기 힘들 정도로 가늘어지기 전까지 가지 위를 걷는다. 가지에 앉는다. 내 두 발이 땅으로부터 6미터 위에서 달랑거린다.

'교도소에 휴대전화를 두고 나왔으면 어쩌지?'라는 생각이 스친다. 휴대전화가 있는지 확인하기 위해 배낭을 뒤지고 싶은 충동이 들지만 단지 사형집행인의 부름에 불과하다는 것을 안다. 나는 내 체중이 나무에 실리는 느낌에만 집중한다. 두려움이 배 속에서 더 심하게 뒤틀린다.

나는 숲을 바라보며 이 떡갈나무들이 수백 년을 살았음을 기억한다. 그들은 나보다 먼저, 이 두려움보다 먼저 존재했다. 내가 앉은 자리의 나무껍질을 만진다. 손으로 껍질을 훑다가 매끄러운 부분을 만지작거린다.

두려움이 지나간다. 작은 희열이 가슴속에 떠오른다. 나뭇잎의 녹색이 한 색조 더 밝아 보인다.

내가 막 어떤 대담한 일을 한 것만 같다. 나는 나의 사형집행장에 나타나지 않았다. 집행은 나 없이 진행해야 할 것이다.

새벽 2시. 불길한 기분에 잠에서 깬다. 내게 금방이라도 나쁜 일이 벌어질 것 같은 느낌이다. 내가 뭔가 잘못을 저지른 게 틀림없다.

이런 일이 다시 벌어지다니 짜증난다. 나는 옆으로 누워 깊게 한 숨을 내쉬고 다시 잠에 빠져든다. 아침까지 깨지 않고 잔다. 피로가 풀린 듯 상쾌한 기분으로 눈을 뜬다.

가끔 사형집행인에게 가지 않겠다고 다짐하게 만드는 것은 다름 아닌 그에 대한 분노다. 죄책감에 사로잡힐 때 나는 언제나 내가 무엇을 하고 있는지, 내가 무엇을 했는지, 내가 누구인지 다시 한 번 생각한다. 만성적 자기 의심 상태다. 하지만 화가 나면 죄책감이 그만큼 절절하게 느껴지지 않는다. 분노가 너무 육체적이고 도드라져서 복잡다단한 생각들이 마음을 단단히 붙들지 못한다.《심판》에서 가장 숨 막히는 장면 중 하나가 요제프 K.가 증언대에 서서 꿀 먹은 벙어리가 되는 부분이다. 자신을 옹호할 기회가 주어지지만 그는 한마디도 할 수 없다. 만약 그가 분노를 끌어낼 수 있었다면 검찰에게 자신이 누구인지 말할 기회를 주지 않았을 것이다.

다음 몇 주 동안 나의 분노는 좀더 잔잔해지고 걷어내기도 쉬워진다. 언젠가 다시 격렬해지겠지만 지금은 이런 유예 기간을 즐기기로 마음먹었다.

내 친구 애덤은 나처럼 각진 얼굴을 갖고 있다. 둘 다 눈동자도 녹색이고 머리칼도 굵고 검다. 지난 2월, 파리에 그를 만나러 갔을 때는 둘 다 정확히 똑같은 더블 브레스티드 피코트 차림이었다. 코트를 벗어놨을 땐 내 것은 중간 사이즈, 그의 것은 큰 사이즈라서 구분이 가능했다.

아파트에서 그가 최근 구입한 우아한 페도라 모자를 보여줬다.

"이 모자 산 가게에 데려가 줄게."

"가지 말자." 내가 말했다.

"날 믿어봐. 굉장히 멋있을걸."

"너에게 헌정하는 옷차림처럼 보일 것 같은데." 내가 말했다.

우리는 그의 아파트를 나와서 생제르맹 거리로 갔다. 구름 한 점 없이 화창한 날이었다. 우리는 맑고 화창한 날이면 대낮에 상영하는 옛날 영화를 보러 극장에 갔다. 지난 10년 동안 우리의 우정에는 활기 넘치는 도시에서 만나 극장에 가는 일이 큰 부분을 차지했다. 하지만 그 많은 공통점에도 애덤과 나는 화학 구성물이 너무나 다르다. 그는 향정신성 약물 애호가다. 종종 LSD나 MDMA(흔히 엑스터시라 불린다-옮긴이)의 미덕과 함께 그 약물들이 열어주는 새로운 패러다임을 칭송한다. "나는 또래가 즐기는 이 문화를 네게도 전파하고 싶어." 그가 이러면 나는 언제나 웃어넘긴다.

애덤의 약에 대한 애호는 만성적인 정서적 고통을 마비시키기 위해서가 아니라 개방적이고 긍정적인 삶에 골몰하기 위해서인 것 같다. 그는 의식의 가능성에 뛰어들기 위해 버섯, MDMA, DMT(디메틸트립타민이라는 마약-옮긴이), LSD를 활용한다. 그의 자유가 부럽다.

때로 절대 금주에 대한 고집을 버리면 그 근원에 해당하는 고통을 없앨 수 있을지 궁금해진다. 맨 정신을 붙드는 행위는 과거를 붙들게 만든다. 다음 달에 나는 리스본에 있는 애덤의 아파트를 방문할 예정이다. 리스본은 무엇보다 마약이 처벌 대상에서 제외된다는 점 때문에 그가 이사한 곳이다. 며칠 전 왓츠앱으로 통화할 때 그는 내게 리스본의 MDMA 품질이 매우 우수하다고 말했다.

"진심으로 이 또래 문화를 너에게 전파해야 한다고 생각해."

학생 세 명이 더 오기를 기다렸다가 수업을 시작한다. 그들이 밤새 다른 교도소로 이감됐을까봐 걱정했다. 보안 당국은 이감 시기를 일찍 알려주기를 꺼린다. 혹시 그때를 기회 삼아 탈출을 계획할까봐 걱정하는 것이다. 나는 눈 밑에 다크서클이 진하고 키가 작은 캠벨에게 혹시 나머지 학생들이 어디 있는지 아냐고 묻는다.

"감방 동료가 면회가 있어요." 캠벨이 말한다.

"데이비드도 면회가 있어요?" 내가 묻는다.

"감방을 독차지하고 자위하고 있겠죠."

나는 출입구에 서서 데이비드와 나머지 학생들을 찾는다. 텅 빈 복도에서 한 남자가 마약 재활 사동 쪽의 문을 쾅쾅 두드리고 있다.

"명단에 제 이름이 있을 거예요!" 그가 유리창 너머로 소리친다.

"다시 확인해봐요!"

반대편에 있는 교도관은 문을 열지 않는다.

마약 재활 사동은 마약을 구할 수 있는 최고의 장소다.

"좀 들여보내주세요. 친구 얼굴만 볼게요, 약속해요." 남자가 소리친다. "딱 2분만요."

나는 교실 문을 닫는다. 교실 안이 음침하다. 바깥은 화창하지만 이곳은 창문도 작고 두꺼운 철창도 달려 있다. 7월에도 이 교도소는 잠수함 같다. 나는 전등 스위치를 켠다. 형광등이 켜지면서 빛이 캠벨의 광대뼈 아래 움푹한 곳에 그림자를 드리운다.

나는 학생들에게 말한다. "테세우스의 배라는 것이 있다고 상상해봅시다. 선장이 7년에 걸쳐 배의 모든 부분을 새것으로 교체해요. 나무판자 하나하나, 못 하나하나, 돛대와 돛도 새것으로 바꾸죠."

내가 묻는다. "이 배는 똑같은 배일까요?"

"여전히 테세우스의 배인가요?" 캠벨이 묻는다.

"네."

"그러면 여전히 같은 배죠. 여전히 그가 소유했으면요."

"왜죠?"

"누구나 처음 감옥에 오면 이제 예전의 나는 영원히 못 보게 되는 걸까 걱정해요." 캠벨이 말한다.

"교도소가 사람을 다른 사람으로 바꾸나요?" 내가 묻는다.

"내 경우엔 안 그래요. 엄마가 아직 날 보러 오거든요. 안 그런 엄마도 많지만 우리 엄마는 와요. 엄마가 날 바라볼 때 난 항상 똑같은 아들이에요."

스물한 살일 때 형과 함께 트윈베드가 있는 호텔 객실에 머문 적이 있다. 아침에 그가 화장실에 들어가 문을 닫고서는 제대로 잠겼는지 확인한다고 문틀을 덜컹덜컹 흔들었다. 20분 뒤에도 그는 나오지 않았고 나는 소변이 마려웠다.

나는 문밖에서 기다렸다. 그가 이빨 사이로 공기를 빨아들이는 소리가 들렸다.

"오줌 마려워, 형." 내가 문 너머에서 말했다.

"잠깐만."

나는 방광에 대한 생각을 하지 않으려고 호텔방을 서성거렸다. 그가 못 듣게 발끝으로 살금살금 걸으려고 노력했다. 그래야 그가 불안해하지 않고 제 속도로 일을 처리할 테고, 나는 소변을 더 오래 참지 않아도 될 테니까.

"사랑해, 동생." 그가 말했다.

"나도 알아."

테세우스의 배에 대해 수업을 한 다음 주, 캠벨이 안 보인다. 다른 학생이 말하길, 캠벨은 사동에서 갚을 수 없는 액수의 마약 빚을 졌다고 한다. 그래서 안전을 위해 취약 죄수 사동으로 옮겨졌다. 그러지 않으면 머리통을 걷어차이거나 마약상을 위해 강제로 전화기 또는 무기를 드는 신세가 될 수도 있으니까. 삼촌이 감옥에서 성 행위로 마약 빚을 갚아야 했던 재소자에 대해 말해준 적이 있다. 돈 많고 나이 든 재소자 중 일부가 이런 현실을 알고 젊은 헤로인 중독자들과 친해진 뒤 그들이 갚지 못할 액수의 현금을 빌려주겠다고 제안했다.

나는 캠벨이 주로 앉는 의자를 들어 교실 뒤편으로 옮긴다. 학생들에게 좀더 붙어서 원형을 메우라고 부탁한다. 그들이 어색하게 주위를 둘러보더니 제자리에서 움직이지 않는다.

이곳의 재소자들은 말썽을 피하기 위해 혼자 지낸다. 이런 환경은 우정을 쌓는 데는 좋지 않다. 이 교도소에는 1300개의 침대가 있고 1년에 3만 3000명의 사람들이 거쳐 간다. 이곳에서 사는 건 공항에서 사는 것과 같을 것이다. 나는 같은 층계참에서 지내는 재소자들에게 서로의 이름을 계속 상기시켜줘야 한다.

데이비드가 교실에 들어온다. 그는 얼굴에 곰보 자국이 있고 마치 선제공격이라도 할 것처럼 어깨를 앞으로 내밀고 있어 초조해 보인다. 그가 지난주 수업에 빠진 것에 대해 사과하며 악수를 하려고 손을 내민다. 내가 그에게 지난 시간에 나눠준 자료를 건넨다. 그가 의자에 앉아 새 학생과 대화를 시작한다. 그들은 런던 남동부의 캣포드에 자주 간다는 공통점을 바탕으로 유대감을 형성한다. 데이비드가 말한다. "캣포드 잘 알지. 거기 펍에 자주 가는데…… 내 마권업자들이 있어서…… 그 근처에 자주 가지." 그는 4년 동안 캣포드 근처에도 못 갔고 앞으로 적어도 3년은 가지 못할 테지만 현재 시제를 사용한다.

나는 수업을 진행한다. 지난주와 같이 우리가 7년 전과 같은 사람인지에 대해 토론을 이어간다. 내가 말한다. "여러분의 피부, 머리칼, 골수의 세포, 태도, 성격은 시간에 따라 변합니다. 그 말인즉, 여러분……."

문이 열린다. 50대 교도관이 들어와 학생들과 나 사이를 가로질러 걸어간다. 데이비드가 팔짱을 낀다. 교도관이 내 책상 위에 놓인 서류들을 훑어본다. 그의 무전기가 울린다. 소리가 커진다. 데이비드가 고개를 흔들면서 분개한 표정을 짓는다. 교도관이 서류철을 집어 들고 나간다.

"실례한다는 말도 안 하네요. 우리가 그 정도 자격도 안 돼요?" 데이비드가 말한다.

"짜증나는 거 알아요." 내가 말한다.

"짜증나지 않아요. 간수가 어쩌든, 빌어먹을, 상관 안 해요. 나는 출소해도 저자는 여전히 매일 이곳에 올 테니까요. 여기서 인생을 낭비하는 건 내가 아니에요. 저놈이지."

나는 그의 관심을 다시 철학으로 돌리려 노력한다. "만약 여러분의 모든 것이 변한다면, 그건 여러분이 변한다는 뜻일까요?" 내가 말한다. "지문이요." 데이비드가 말한다. "내가 얼마나 변하는지가 뭐가 중요해요? 지문 때문에 계속 체포되는데."

프랭크 삼촌은 열다섯 살에 친구와 함께 가게에 침입해 눈깔사탕과 젤리를 훔치다가 경찰에 붙잡혔다. 경찰이 삼촌을 경찰차 뒷좌석에 앉힌 뒤 그의 양옆에 앉았다. 그들이 가게의 현금상자를 삼촌의 무릎 위에 떨어뜨리더니 삼촌의 손목을 붙잡아 억지로 상자 속에 손을 집어넣으려 했다. 삼촌이 돈도 훔치려 한 것처럼 지문을 묻히려던 것이었다. 삼촌은 주먹을 꽉 쥐었다. 경찰관 두 명이 삼촌의 엄지와 나머지 손가락을 잡아당겨 억지로 비틀어 펴려고 했다.

삼촌은 경찰서에 도착할 때까지 주먹을 펴지 않았고 경찰관들은 포기했다.

내가 일하는 빅토리아 시대 교도소 한 곳은 B사동이 약물 재활 사동이다. 그곳에선 헤로인 중독 치료를 받고 있는 재소자들의 금단 증상을 관리하기 위해 모르핀 패치를 처방하거나 금단 증상의 속도를 높여 빨리 지나가게 만드는 약물인 로펙시딘을 투여한다. 재활 사동이 마약을 구할 수 있는 최고의 장소가 된 이유 중 하나가 바로 이것이다. 재소자들은 교도소 내 다른 사동에서 이곳으로 넘어와 모르핀 패치를 구매한 뒤 자기 감방으로 가져간다. 그리고 환각을 맛보기 위해 입에 넣고 씹는다. 로펙시딘도 종종 찾는다. 헤로인을 복용하지 않은 사람이 이 약을 복용하면 정신이 몽롱해지기 때문이다.

처방약 외에도 B사동에는 마리화나가 아주 많다. 중독에서 벗어나고자 노력하는 해당 사동의 재소자들은 감방 동료가 스파이스를 피울 때 타의로 약에 취하지 않기가 얼마나 어려운지 불평하곤 한다. 스파이스는 소변 검사에서 발견하기 힘들고 종이에 적실 수 있다는 이유로 교도소에서 인기를 끌고 있는 합성 마약이다. 책이나 편지에도 쉽게 숨길 수 있다. 하지만 증상을 예측하기가 굉장히 힘들다. 종이마다 흡수되는 양이 달라서다. 두 모금 들이마시고 몇 시간 동안 취할 수도 있지만, 입에 거품을 물 수도, 눈알을 후벼 파낼 수도, 옷을 벗고 나체로 운동장을 뛰어다닐 수도 있다.

우리 반에 B사동 재소자가 오면 어떤 일이 벌어질지 나도 모른다. 약에서 손을 떼려고 최선을 다할 수도 있지만 살짝 졸리거나 취한 상태일 수도 있다. 발작처럼 웃을 수도, 구토할 수도, 기절할 수도, 내 품에 안겨 울 수도 있다.

오늘 아침 우리 반에 눈꺼풀이 처지고 얼굴에 환한 미소를 띤 개리라는 학생이 왔다. 학생들은 테세우스의 배에 대해 토론하고 있었다.

"테세우스. 그 음매음매 황소를 죽인 자죠." 개리가 말한다.

"미노타우로스요, 맞아요. 개리는 같은 배라고 생각하나요?" 내가 묻는다.

"몰라요. 그건 황소한테 달려 있죠."

나는 나머지 학생들에게로 시선을 돌린다. "여러분은 어떻게 생각……."

"같아요. 같은 배예요." 개리가 소리친다.

"왜 그렇죠?" 내가 묻는다.

"왜냐면."

그가 나를 얼빠진 듯이 바라보다가 이마를 찌푸린다.

"질문이 뭐였죠?" 그가 묻는다.

"모든 부분을 대체했는데도 여전히 같은 배일까요?" 내가 말한다.

"네. 그렇죠." 그가 말한다.

"왜요?"

"그야."

그가 생각을 쥐어짜려는 듯 한쪽 눈을 감는다.

"잠깐. 질문이 뭐였죠?" 그가 말한다.

다음 날, 나는 다른 교도소의 직원 식당에서 점심을 먹고 있다. 함께 앉은 조디라는 여자는 보건과에서 근무한다. 그녀에 따르면 이곳에선 재소자들에게 콘돔을 여섯 개까지 허락한다고 한다. 그런데 마약을 항문에 감추는 데 사용하는 이들이 많아서 콘돔을 빨리 쓰기를 권장한다. 조디는 재소자들이 사용한 콘돔을 반납해야만 새 콘돔을 제공할 수 있다.

애덤이 간밤에 내게 문자를 보냈다. 그는 '앤디의 현상학'에 취해 몇 달 동안 약에 손을 대지 않았다고 했다. 나를 위해 고품질의 MDMA를 준비했다는 말도 덧붙인다. 흥분이 되면서도 한편으론 리스본에 가서도 감옥에서 보던 중독자들의 파멸이 머릿속에 떠오를까봐 걱정된다.

점심 식사를 마치고 수업을 한다. 이 반에는 레그와 야니스가 있다. 레그는 마흔인지, 예순인지 모르겠다. 주름진 얼굴에 앞니 네 개가 없다. 야니스는 머리를 상투처럼 틀어 올린 건장한 남자다.

나는 시간이 지나도 변치 않는 고정된 자아는 없다는, '무아(無我)'라는 불교 개념에 대해 설명한다. 우리는 1분이 멀다 하고 변하고 있다. 자아에 대한 우리의 믿음은 자아에 대한 애착이자 망상이며 고통의 원인이다. 불교에 따르면 모든 인간은 어제의 나와 같은 사람이 아니다.

레그가 엄지 두덩에 '무아'라고 쓴다. 재구류 중인 그는 공판에서 자신이 여전히 사회에 위험한 존재냐는 질문을 받으면 '무아'를 들이밀 거라고 했다.

야니스가 말한다. "그런데 넌 1분이 멀다 하고 변한다잖아. 다시 범죄자로 변하면 어쩌려고?"

"글쎄, 여기서 나가자마자 불교와 작별해야지." 레그가 말한다.

야니스가 웃는다. "벌써 계몽한 것 같네."

레그가 말한다. "한 번 수감됐던 사람은 교도소로 돌아올 때마다 지난번과 똑같은 번호를 받게 돼. 나가 있던 기간이 10일이든 10년이든 상관없이 번호는 똑같아."

"출소를 하더라도 감옥은 계속 따라다니는 거네." 야니스가 말한다. "어떤 것들은 기억하기 싫어도 기억하게 돼. 태양을 바라보다가 시선을 돌리면 눈앞에 잔상이 반드시 남는 것과 비슷해."

"그러면 본인은 전과 같은 사람인가요?" 내가 묻는다.

야니스가 말한다. "중요한 건 오직 하나, 어떻게 달라지느냐예요. 탈바꿈해서 달라지느냐, 아니면 변해서 달라지느냐?"

"뭐가 다른데?" 레그가 빠진 이빨 사이로 물기를 머금은 단어들을 뱉는다.

야니스가 말한다. "탈바꿈한다는 건 자신을 새로 만드는 거야. 변한다는 건 파괴됐다는 거고. 어떤 사람들은 교도소에 와서 변해. 살이 찌고, 아무하고 말도 안 하고, 여기 오기 전까지는 시도조차 안 했던 약물에 중독되지. 하지만 집중력을 잃지 않으면 이곳에서도 탈바꿈할 수 있어."

"만약 탈바꿈한다면 그땐 같은 사람인가요?" 내가 묻는다.

"변하는 동안 탈바꿈하는 거예요. 교도소는 우리를 더 강한 동시에 더 약하게 만들어요."

교도관이 "자유롭게 이동"을 외친다. 20분 뒤, 교무실에서 강사들이 내 수업을 듣는 테드에 대해 이야기한다. 테드는 키가 150센티미터에 살짝 못 미치는데, 내가 교도소에서 만난 사람 중 가장 작다. 그는 층계참에서 가장 건장한 사람에게 다가가 이렇게 말한다. "빌어먹을, 길에서 비켜. 네놈이 전세 냈냐." 아니면 "출입구 막지 마. 너 때문에 이곳이 갑갑해 보이잖아." 하지만 그에겐 어떤 위해도 가해지지 않는다. 사람들은 그냥 그를 내려다보고는 어리둥절해하며 길을 비켜준다. 만약 그의 말에 반박하거나 싸울 자세를 취하면 테드보다는 그들에게 더 굴욕적인 일이 될 것이다.

강사 중 한 명인 다나가 테드에 관해 들려준다. 작년에 법정에서 판사가 판결을 내리는 동안 테드가 손가락으로 귀를 막았다는 것이다. 그 말이 진짜일지 의심스럽다. 그런 이야기들은 종종 출처가 불분명하거나 부풀려진 것이다.

"직접 그렇게 말해요?" 내가 그녀에게 묻는다.

"안 믿기면 구글에 검색해보세요." 그녀가 말한다.

저녁에 나는 휴대전화 검색창에 테드의 이름과 함께 '수감되다'라는 단어를 입력한다. 엔터키를 누른다. 기사가 뜬다. 판사가 선고하는 동안 테드가 정말 손가락으로 귀를 막았음을 확인시켜준다.

기사에는 테드가 체포되던 날 찍은 범인 식별용 사진이 실려 있다. 이제 막 잠에서 깬 것처럼 보인다. 나는 웃는다. 내가 아는 거만한 남자의 모습은 온데간데없다. 이 사진이 그를 나타낸다는 게 부적합해 보인다.

다른 학생들은 어떨지 궁금하다. 내가 아는 그들의 이미지와 공개된 그들의 이야기 사이에 얼마나 큰 차이가 있을까? 나는 야니스의 이름을 입력하고 엔터키를 누른다. CCTV 영상이 담긴 기사가 뜬다. 대낮에 야니스가 범죄 현장에서부터 도로 끝까지 쏜살같이 달리더니 화면 밖으로 사라진다. 마약이 좀먹은 그의 몸에 후드티가 헐렁해 보인다. 프레임이 잘리며 다음 거리에서 그를 포착한 CCTV 화면으로 넘어간다. 그가 길을 따라 달리더니 다시 프레임

밖으로 사라진다. 화면이 그를 포착한 다른 카메라로 넘어간다. 2분 30초 후, 야니스는 여전히 달리고 있는데 영상이 검은색으로 변한다.

나는 노트북을 닫으며 내가 일종의 배신을 저지른 건 아닌가 생각한다. 강사로서 나는 야니스가 과거에 무엇을 했는지보다 그의 미래가 어떨지에 더 신경 써야 한다.

며칠 뒤, 층계참에서 바닥에 고정된 플라스틱 의자에 앉아 있는 야니스와 마주친다. 우리는 수다를 떤다. 내 말소리에서 억양이 변한 것을 알아차릴 수도 있겠지만 그는 평소처럼 체포되기까지 몇 년 동안 자신이 어떻게 살았는지 이야기해준다. 그가 자신의 정신 상태가 정상이 아니었고 마약상들에게 수천 파운드의 빚을 졌다고 말한다. 그 모습이 마치 내가 지난번엔 몰랐던 그에 대한 무언가를 이젠 안다는 사실을 알아차리기라도 한 것 같다.

몇 시간 뒤, 나는 교도소를 벗어나 쓰러진 나무로 간다. 아홉 살쯤 된 소년이 가로로 누운 엉킨 가지들 속에 웅크리고 숨어 있다. 또 다른 소년이 나무로 살금살금 다가간다. 소년이 가지 사이로 팔을 넣어 웅크리고 있는 소년의 머리를 건드린다. 그가 돌아서서 달아난다. 소년이 가지들 틈에서 기어 나와 방금 자신을 건드린 소년을 쫓아간다. 나는 그들이 숲으로 사라지는 모습을 지켜본다.

나는 나무에 기대 휴대전화를 꺼내고 내 검색 기록에서 테드와 야니스에 대한 기사를 지워버린다.

다음 날 저녁, 애덤과 함께 리스본의 한 패스트푸드 식당에서 종이 접시에 담긴 눅눅한 감자칩을 먹고 있다. 우리는 각자 본 책과 영화에 대해 못 다한 이야기를 나눈다. 애덤이 핫도그를 다 먹고 카운터로 가서 핫도그를 하나 더 들고 온다. 내가 반쯤 먹은 감자칩 접시를 밀어내며 말한다. "프리모 레비의 〈수치심〉이라는 에세이 읽어봤어?" 애덤이 고개를 저으며 핫도그를 우적우적 씹는다.

내가 그 책에 대해 자세히 말해준다. "그는 세상을 잃었어." 내가 말한다. "책을 읽으면서 그가 어떻게 해야 세상을 되찾을 수 있었을까 계속 궁리하게 되더라."

"흠. 작년에 내 친구 벤저민이 유월절에 나를 초대했어." 애덤이 입 한쪽에 음식을 가득 넣고 말한다. "벤저민이 접시에 음식을 담고 먹기 전에 그러더라. 수용소에 감금됐던 사람들을 생각하면 음식을 음미하는 게 얼마나 중요한지 모르겠다고."

나는 얼굴을 찡그린다. "아우슈비츠에 있던 사람들을 생각하면서 어떻게 음식을 음미할 수 있어?"

"그러면 식사가 조금은 특별해져. 우린 그들을 대신해 음식을 즐겨야 해."

나는 내 감자칩을 내려다본다. 만약 내가 그들처럼 식사를 음미하려 노력했다면 나 자신이 역겹게 느껴졌을 것이다.

"그거 다 먹을 거야?" 애덤이 내 감자칩을 가리킨다.

"네가 먹어." 내가 말한다.

몇 분 뒤, 애덤의 친구 두 명이 합류한다. 애덤은 지금이 자신이 가장 좋아하는 클럽에 가기 딱 좋은 시간이라고 말한다. "분위기가 괜찮게 무르익었을 때 가야지. 새벽 1시에 가면 거나한 술판이나 다름없어." 그가 주머니에서 연두색 알약 네 개를 꺼낸다. 그와 그의 두 친구가 하나씩 가져간다. "나는 거기서 받을게." 내가 말한다.

한 시간 뒤, 우리는 클럽 꼭대기 층에 있는 타원형 수영장을 마주 보고 앉아 있다. 클럽 가장자리에는 침대들이 놓여 있다. 한 침대에서 남자 둘과 여자 둘이 함께 껴안고 있다. 천장에 매달린 실크천이 그들 위로 드리워져 있다. 어둑한 오렌지색 불빛이 모로코 스타일의 벽조명에서 뿜어져 나온다. 디제이가 최면을 거는 듯한 느린 템포의 테크노 음악을 틀었다.

애덤은 동공이 확장된 채 얼굴에 한가득 웃음을 짓고 있다. 그가 주머니에서 알약을 꺼내 내게 권한다.

"죄책감이 너무 심해." 내가 말한다.

"이걸 삼키면 싹 사라질 거야." 그가 말한다.

"수영이나 할래." 내가 말한다. 나는 신발과 양말을 벗는다.

"내가 대신 안전하게 보관할게." 애덤이 청바지 주머니에 알약을 도로 넣는다.

나는 수영장으로 걸어가 청바지와 티셔츠를 벗고 물속으로 들어간다. 숨을 참고 물 아래로 머리를 넣은 뒤 바닥까지 잠수해 내려간다. 물속이라 음악 소리가 둔탁하게 들린다. 나는 앞으로 손을 내밀어 수영을 한다.

물 위로 나오자 애덤이 풀장 옆에 서 있다.

"너 물 아래서 수영하더라, 앤디." 그가 생기 넘치게 말한다.

침대 위에 남자 둘과 여자 둘이 보인다. 그들이 서로의 머리카락으로 놀고 있다. 남자 한 명이 쾌락에 빠져 눈을 질끈 감고 있다.

나는 물속에 머리를 집어넣고 다시 바닥까지 잠수한다.

몇 주 뒤, 새 교도소다. 아침에 오늘은 마약 재활 사동인 F사동에서 수업을 할 거라는 이야기를 듣는다. 이 재활 사동은 개리가 있던 B사동 같은 곳보다 치료에 훨씬 진심이라고 들었다. 이곳에서 지내기 위해선 손을 씻었다는 것을 증명해야 한다. 그런데도 약을 하던 시절을 향수에 젖어 이야기하다가 사동에서 쫓겨난 사람들을 본 적이 있다. 또한 다른 사람들의 섬뜩한 범죄 이야기를 듣는 것이 더없이 힘들어서, 또는 자신의 파일에 '반항적'이라고 적히는 것이 두려워 억지로 말을 해야 하는 분위기가 싫어서 교도소의 치료 모임을 자발적으로 떠난 사람들과 대화한 적도 있다. 감옥에 있는 많은 사람이 치료를 통해 혜택을 얻을 수 있지만 수감 상태로 치료를 받는다는 것은 매우 복잡한 문제다.

오후 2시. F사동으로 간다. 이 문의 특수 열쇠는 갖고 있지 않다. 버저를 누르고 문이 열리길 기다린다. 창문 너머로 담장 위의 고리 모양 가시철조망에 너덜너덜한 비닐봉지가 걸려 있는 것이 보인다.

교도관이 문을 열고 나를 수색한 뒤 안으로 들여보내준다. F사동은 특별 비밀 구역이다. 교도관의 말에 따르면 이 사동은 18, 19세기에 IRA(영국령 북아일랜드와 아일랜드공화국의 통일을 요구하는 반군사조직-옮긴이) 일원들과 탈옥 가능성이 농후한 죄수들을 가두기 위해 감옥 내의 감옥으로 지어졌다. 하지만 오늘날 F사동의 엄격한 보안은 죄수의 탈옥이 아니라 마약 반입을 막기 위한 것이다. 부패한 간수들은 마약이 교도소로 들어오는 주요 통로다. 그래서 나도 수색을 받아야 하는 것이다. 이곳 사동의 사람들은 여전히 며칠 단위로 소변 검사를 받는다. 결과가 양성으로 나오면 다른 사동으로 돌려보내지고 최소 석 달 동안 이곳으로 돌아올 수 없다.

사동 안에 발을 들이니 기타 소리가 들린다. 한 남자가 의자에 비스듬히 누워 아르페지오를 연주하고 있다. 두 뺨이 불그레하다. 머리칼에는 윤기가 난다. 그가 기타줄을 뜯으며 멜로디를 흥얼거린다.

그가 기타를 내려놓고 자신을 에이든이라고 소개한다. 그가 나를 교실로 데려다준다. 벽에는 이런 글귀가 적혀 있다. "내가 바꿀 수 없는 것들을 수용할 평정심을, 바꿀 수 있는 것들을 바꿀 용기를, 그 차이를 아는 지혜를 주십시오." 슬리퍼를 신은 남자가 내게 다가와 이곳에 왜 왔냐고 묻는다. 내가 설명하자 그가 철학에 대해 더 알고 싶어 한다. 층계참에서 이토록 솔직하게 호기심을 표출하는 사람은 만나기 힘들다.

에이든과 함께 교실로 간다. 우리는 의자 여섯 개를 정돈한다. 밝은 눈동자에, 한쪽 뺨에 약 8센티미터 길이의 흉터가 있는 학생이 들어온다. 그의 이름은 타이레스다. 그와 에이든이 포옹한 뒤 서로의 등을 철썩 친다. 그리고 나란히 앉는다. 그들의 무릎 간 간격이 3센티미터도 되지 않는다.

학생 세 명이 들어와 자리를 잡는다. 나는 수업을 시작한다. 우리는 테세우스의 배가 같은 배인지, 사람은 시간이 지나도 같은 사람인지에 대해 토론한다.

"난 예전 사진을 보면서 '이게 나야'라고 하지 않아요. 그냥 '이게 나였어'라고 하지." 에이든이 말한다.

"그러면 네가 다른 사람이라고 생각하는 거야?" 타이레스가 묻는다.

"하지만 그렇게 말하기는 힘들 것 같아. 그건 그냥 사진이니까. 외면만 보여주잖아." 에이든이 말한다.

"지금 나는 생각하고 행동하는 방식을 바꾸고 있어." 타이레스가 말한다. "아침마다 눈을 뜨면 에너지가 넘쳐. 몇 년 동안 음식을 하찮게 봤지만 이젠 때만 되면 먹고 싶어."

"그렇다고 네가 다른 사람인 건 아니지. 아침형 인간이 됐다고 해서 네가 내일 누군가의 얼굴을 아작 내지 않을 거라는 뜻은 아니야." 에이든이 말한다.

"맞아. 예전엔 사람들의 눈에 살기 있는 사람으로 보이고 싶었어. 하지만 지금은 한때 내가 실망시킨 사람들이 다시 나를 신뢰했으면 좋겠어."

"그런데 그걸 어떻게 하는데? 사람들한테 네가 다른 사람이 됐다는 걸 어떻게 증명할 거야?" 에이든이 말한다.

"그 배와 똑같아. 배도 모든 부분을 교체한 뒤에야 다른 배가 되잖아. 우린 이곳에서 우리 자신의 첫 번째 부분만 바꿨을 뿐이야. 계속 바꿔나가야 해." 타이레스가 말한다.

"예전엔 내가 폭력배로 보였다더군." 에이든이 말한다. "'네가 나를 폭력배라고 불렀으니, 내가 진짜 폭력배를 보여주지.' 이런 식으로 행동했어. 사람들이 생각하는 최악의 나보다 더 최악이 되고 싶었지. 하지만 그건 진짜 내가 아니었어. 여기 오고 나서 내가 누군지 깨닫기 시작했어."

"계속 그렇게 해야 해. 계속 바꿔나가." 타이레스가 말한다.

*

20분 뒤, 교도관이 들어와 벽에 등을 기대고 토론을 듣는다. 학생들이 대화를 이어나간다. 에이든이 교도관을 보고 고개를 끄덕이자 교도관도 고개를 끄덕인다. 이곳의 분위기는 일반 사동보다 훨씬 부드럽다. 다들 서로 마음을 편히 터놓는 것 같다. 의견 대립이 심해지다가 분위기까지 험악해져 내가 말려야 할 필요도 없다. 창문에는 여전히 창살이 있고 교도관들은 허리띠에 감방 열쇠를 차고 있지만 교도소에서 좀처럼 느낄 수 없는 낙관적인 분위기가 있다.

수업이 끝나기 30초 전, 내가 학생들에게 묻는다. "그러면 이 배는 같은 배일까요?"

"싹 다 교체하면 다른 배가 되겠죠." 타이레스가 말한다.

"아직 뭔지 모르겠어요." 에이든이 말한다.

학생들이 저녁 그룹 치료 시간을 준비하러 줄지어 나간다. 에이든이 따뜻하게 악수를 청하며 내 눈을 바라보고 말한다. "고맙습니다." 그가 나가고, 나는 문을 닫는다.

의자에 앉아 창밖으로 하늘빛이 바뀌는 것을 바라본다. 교도소의 중앙 건물이 저녁 하늘에 반해 생기 없어 보인다.

짐을 싸서 층계참으로 나간 뒤 교도관이 보안문을 열어주길 기다린다. 열린 감방 안에서 에이든이 상의를 벗고 세면대 위로 몸을 굽히고 있는 모습이 보인다. 타이레스가 옆에 서서 에이든의 뒷목을 면도해주고 있다. 에이든의 팔뚝이 세면대에 놓여 있다. 양어깨가 천장을 향해 솟아 있다. 타이레스가 에이든의 목에 입김을 불어

면도 거품을 제거한다.

3주 뒤, 애덤과 그의 친구들과 함께 지난번 그 클럽에 와 있다. 남녀 커플이 수영장 가운데서 애무하고 있다. 애덤이 날 위해 MDMA 알약을 가져왔다고 말한다.

"널 위해 안전하게 보관해뒀지." 그가 말한다.

"반만 먹을게." 내가 말한다.

"앤디, 이렇게 아름다운 곳에 와 있잖아. 친구들도 함께 있고. 네가 덜 취한다면 너무 아쉬울 거야."

나는 알약을 받아 입에 넣고 삼킨다.

4일 후, 아직 황홀한 여운이 가시지 않았다. 애덤과 함께 리스본의 거리를 걷고 있는데 마주 오던 낯선 사람이 내 어깨에 부딪힌다. 너무나 멋진 놀라움이다. 우리는 카페에 들러 콜라 두 잔을 주문한다. 종업원이 테이블에 음료를 놓는다. 병의 둥근 테두리도 나를 놀라게 한다.

내가 애덤에게 테두리를 보여준다.

"이것 봐. 우주를 가지다니 우린 정말 운이 좋아." 내가 말한다.

"맞아." 그가 말한다.

우리는 서로를 보고 웃음을 터트린다.

MDMA는 내게 행복하면 비난을 면치 못할 거라고 말하던 머릿속 목소리를 일시적으로 잠재웠다. 내게 검열 없는 기쁨을 경험하게 해주었다. 화학적 취기는 사라졌지만 난 여전히 평범한 감각에도 놀란다. 일주일 후 나는 런던으로 돌아간다. 월요일 아침에 교도소로 출근한다. 기다란 형광등 조명이 황홀하다. 철창문을 밀어 연다. 금속의 촉감이 너무 매끈하다. 계단을 내려오다가 야니스와 마주친다.

"주말은 잘 보냈어요?" 내가 묻는다. 평소에는 재소자들에게 이런 질문을 하지 않으려고 노력하지만 전보다 말을 걸러내는 능력이 떨어진다. 하지만 야니스가 주말을 잘 보냈다고 답한다. 금요일에 몇 년 동안 못 본 친구로부터 편지를 받았단다. 누군가의 소식이 담긴 여섯 장짜리 편지를 받게 되어 매우 기뻤다고 한다. 주말 동안 편지를 여러 번 읽었는데, 때로는 편지에서 묘사하는 장면 속에 좀더 오래 머물기 위해 문장 사이에서 잠시 쉬기도 했단다. 답장을 하고 싶어 몸이 근질거리지만 바로 쓰진 않는다. 며칠 동안 답장할 편지가 있다는 흥분을 즐기고 싶어서다. 밤에 교도관들이 불을 끌 때 그는 침대에 누워 친구에게 물어볼 질문들을 생각할 것이다.

5시에 감옥을 나선다. 그리고 친구 조니네 집에 가서 그와 함께 정원에 앉는다. 우리는 몇 시간 동안 대화를 나누다가 날이 어둑해지는 것을 눈치챈다. 조니가 나뭇가지 더미로 작은 모닥불을 피운다. 여기서 좀더 함께 있을 수 있게 돼서 기쁘다. 나는 야니스를, 그가 친구에게 편지를 보낼 생각에 얼마나 흥분했는지를 생각한다. 어쩐지 그 생각을 하니 조니와 이곳에 함께 있는 순간이 더욱 특별하게 느껴진다.

해가 완전히 진다. 조니가 일어나 긴 나뭇가지를 반으로 잘라 모닥불 위에 놓는다. 그가 내 옆에 다시 앉고 나는 야니스를 대신해 기쁨을 느낀다.

약에 취한 동안 형에 대해 생각했다. 그가 발가락 사이에 주삿바늘을 찌르는 모습이나 마약 빚 때문에 칼에 찔리는 모습이 아니었다. 그가 아이들과 나누는 사랑에 대해, 그가 마음 편히 여기는 장소에 대해 생각했다. 기뻤다. 아주 어린 시절 이후 처음으로 그를 연민 없이 볼 수 있었다. 리스본에서 돌아온 다음 주말, 형과 함께 맥도날드에 있다. 우리는 셀프서비스 카운터에서 먹고 싶은 것을 검색한다. 터치스크린이 너무 날렵하고 아름답다. 우리는 초콜릿 밀크셰이크 두 잔을 주문하고 표를 받은 뒤 카운터에 서서 번호가 불리기를 기다린다.

"얼마 전에 약을 했어." 내가 말한다.

"농담이지?" 그가 말한다.

"MDMA를 살짝 했어." 내가 말한다.

"진짜야?"

"진짜야."

그가 이마를 찌푸린다.

"괜찮아?" 내가 묻는다.

"마음이 놓이네." 그가 중얼거린다.

카운터 뒤의 직원이 우리 번호를 부른다. 제이슨과 나는 밀크셰이크를 받는다. 우리는 창문을 마주 보는 스툴 두 개에 나란히 앉는다.

"내가 널 영원히 망가뜨린 줄 알았어." 그가 말한다.

"형, 정말 즐거웠어."

17장

용서란 대체 무엇일까요?

“카라바조는 자신의 머리가 잘린 자화상을 그렸어요.
정말 심하게 자신에게 벌을 준 거잖아요.
그렇게 자신을 용서할 권리를 얻은 거예요.” G가 말한다.
“자기 손으로 용서를 허락하는 건 있을 수 없는 일이야.
용서는 실제 삶에서 일어나는 거야.” 토미가 말한다.

4년 전, 교도소에서 일을 시작하고 얼마 안 됐을 때였다. 일요일 오후에 나는 할머니 집에 있었다. 텔레비전에서 〈이스트엔더스〉 옴니버스판을 방영하고 있었다. 프랭크 삼촌은 내 맞은편 소파 팔걸이에 앉아 담배를 말았다.

"내가 네 번가량 털었던 비디오 가게가 있었어."

전에도 여러 번 들은 이야기였지만 그냥 그가 말하게 내버려두었다. 그는 교도소에 대한 똑같은 이야기를 수없이 되풀이했다. 나는 가사를 전부 외운, 오래된 노래처럼 반복해서 그 이야기를 들었다. 나는 그의 목소리에서 들끓는 환희와 결정적 구절의 운율을 놓치지 않으려고 귀를 기울였다. 나와 삼촌의 관계를 이야기로 표현하면 그가 내게 이야기를 들려주는 이야기다. 우리 사이에 벽이 있다는 느낌이 아주 많이 들곤 했지만 나는 그가 이야기를 들려줄 때 상상의 실이 우리를 연결해준다고 생각했다. 그는 미로 안에서 실의 한쪽 끝을 잡고 있는 테세우스였고, 나는 미로 밖에서 다른 한쪽 끝을 잡고 있는 아리아드네였다.

그가 말을 이었다. "나와 비니는 가게를 털 때마다 정확히 똑같은 식으로 일했어. 식은 죽 먹기였지. 매번 지붕으로 들어갔어. 안에는 석고 바닥과 나무 대들보가 있었지. 나는 대들보에 무릎을 꿇고 손가락으로 석고를 팠어. 계속 파서 구멍을 크게 만들었지."

그다음에는 석고에 박혀 있는 구리 전선에 대한 이야기가 나올 차례였다.

"석고 안에 약 8센티미터 간격의 구리 전선이 있었어. 그걸 끊으면 경고음이 울리게 돼. 그래서 구멍을 3미터 넓이로 팠지. 전선을 느슨하게 걸쳐놓을 만큼 크게. 그런 다음 전선을 갈랐어."

그가 두 손을 아래로 향한 다음 전선을 살살 어루만져 조심스레 분리시키는 시늉을 했다.

"와우." 내가 마치 이 이야기를 처음 듣는 것처럼 반응했다.

교실 바깥쪽 벽에는 미술 수업을 듣는 학생이 그린, 책을 읽는 해골 그림이 있다. 뼈가 하나하나 세세하게 묘사돼 있다. 지난주에는 해골의 입에 붙은 말풍선에 이렇게 적혀 있었다. "배움에는 때가 없다." 하지만 그 후 누군가 대사를 고쳐놓았다. "배움에는 때가 있다."

나는 복도 벽에 기대어 아침 자유 이동이 시작되길 기다린다. 대각선 맞은편의 안내판에 전과자들을 고용하는 회사 목록이 있다. 현재 라이프코칭 과정을 공부하고 있는, 맨체스터 출신의 여자 교도관 콜린스가 안내판에 LGBT 포스터들을 붙이는 중이다. 한 포스터에는 트랜스 남성의 사진과 그가 자신의 경험에 대해 설명하는 문구가 실려 있다.

콜린스가 합판으로 된 프라이드 깃발 사진을 벽에 고정시키려 하지만 위쪽까지 손이 닿지 않는다. 그녀가 내게 도움을 요청하며 천장에서 30센티미터 정도 떨어진 자리를 가리킨다.

"지난달에 프라이드 깃발을 낮은 곳에 붙였더니 사라졌더라고요." 그녀가 말한다.

"그럴 법도 하죠. 이곳은 동성애 혐오가 심하잖아요."

"그런 게 아니었어요. 그 사라진 깃발을 누군가의 감방 벽에서 찾았거든요."

"용감한 사람이네요. 그런 걸 벽에 붙이다니." 내가 말한다.

"나이 많은 재소자였어요. 프라이드 깃발이 뭔지 몰랐던 거죠. 그냥 색깔이 마음에 들어서 감방을 밝게 만들려고 붙인 거였어요."

내가 까치발로 서서 사진을 벽에 붙인다. 교도관이 외친다. "자유롭게 이동!" 나는 교실 앞에 가서 선다. 빅토리아 시대의 기숙학교처럼 학생들은 자유 이동이 끝날 때까지 복도에서 줄을 서야 하는 새로운 규칙이 생겼다.

토미가 제일 먼저 온다. 대들보처럼 건장한 체격의 그는 몸을 천천히 흔들면서도 안정되게 걷는다. 지난달에 그는 자신이 10년 동안 수감 생활을 했고 앞으로 10년은 더 할 거라고 내게 말했다. "하지만 그래야 세상이 더 나은 곳이 돼요." 그가 말했다. "내가 벌을 받는다는 게 미래에 나 같은 사람이 줄어든다는 것을 의미한다면 받아들여야죠." 나는 그의 말이 사실과 다르다는 걸 알았다. 교도소의 억제력은 특히 그가 저지른 범죄 유형에는 별 효과가 없다. 하지만 그에게 그런 말을 하고 싶지 않았다. 속으로 생각하고 싶지도 않았다. 나는 그의 평정심이 아름답다고 생각했다. 그런 마음이 좀더 오래 지속되길 바랐다.

토미의 손에 A3 크기의 폴더가 들려 있다. 그는 옥살이를 시작한 20대 후반에 자신이 그림에 재능이 있음을 발견했다. 몇 주 전, 그가 내게 자신의 작품을 보여줬다. 자신의 손 그림, 매점에서 산 티백 정물화, 감방 창문에서 보이는 철조망 선화 10여 점이었다. 나는 그에게 초상화를 그리고 싶은지 물었다. "봉쇄 때문에 매번 초상화를 망쳐요." 그가 말했다. "타인에게 영향을 받지 않는 것들을 그리는 게 더 쉬워요."

복도에서 나는 토미에게 지금은 무슨 그림을 그리느냐고 묻는다. 그가 폴더에서 A4 용지를 꺼내 건넨다. 열대의 새와 꽃을 그린 그림이다. 길고 노란 부리를 가진 큰부리새. 빨간 히비스커스. 잉꼬앵무새 몇 마리와 인도재스민은 스케치는 끝났지만 아직 색칠을 하기 전이다.

"브라질로 휴가를 오라고 홍보하는 신문 광고를 보고 그렸어요." 토미가 말한다.

교도관이 웬 노인을 호송해 복도를 지나간다. 교도관은 발그레한 두 뺨과 큰 귀를 가졌으며 인중에 금색 솜털이 나 있다. 열아홉이나 스무 살쯤으로 보인다. 노인은 두툼한 한쪽 귀 뒤에 보청기를 착용하고 있고 대머리를 감추기 위해 머리칼을 단정히 빗어 올렸다. 교정 당국이 최근 필사적으로 신입 직원을 채용했는데 교도관이 되기 위한 최소 연령이 열여덟이다. 한편, 과거 범죄를 대상으로 유죄 판결이 내려지고 형량이 길어졌다는 것은 교도소 내에 그 어느 때보다 연금 수령자들이 많아졌음을 의미한다. 두 사람이 복도를 빠져나간다. 보건소로 향하는 것 같다.

그 후 몇 분 동안 복도에 줄이 늘어선다. 한 남자가 어깨로 나를 밀친다. 나는 뒷걸음질을 쳐서 벽 쪽에 붙는다. 토미가 그림을 보호하기 위해 폴더에 도로 집어넣는다. 래퍼티라는 학생이 온다. 나이는 예순가량에 진한 벨파스트 억양을 쓰는데, 눈썹을 덮을 정도로 빨간 털모자를 꽉 눌러쓰고 있다.

래퍼티가 토미의 폴더를 가리키며 자신은 잡지에서 오려낸 스포츠카 사진들로 감방을 도배했다고 말한다. "내 감방은 백만장자의 차고를 방불케 하지."

"멋지네요, 형씨." 토미가 말한다.

"뭐라고 했어?" 래퍼티가 말한다.

"감방이 훌륭해 보이겠다고요, 형씨, 그 말이었어요." 토미가 말한다.

"나더러 형씨라고 했잖아. 너 호모야?" 래퍼티가 말한다.

나와 토미가 어리둥절해 서로를 쳐다본다.

"똑똑히 들어!" 래퍼티가 곧 장황한 설명이 이어질 것을 예고하듯 말한다. "동물의 왕국에서 '형씨'(영어 단어 'mate'의 이중적인 의미로 인해 벌어지는 해프닝이다. mate에는 '형씨, 이보게'라는 뜻과 '짝짓기하다'라는 뜻이 있다-옮긴이)가 무슨 뜻인지 알아? 교미를 의미해. 호모가 '형씨'라고 말하는 건 너와 거시기를 하겠다는 거야."

나는 웃지 않으려고 애쓴다. "그러면 감방 동료는 뭐라고 부르나요, 래퍼티?" 내가 묻는다.

"잠동무라고 하지." 그가 몸을 돌려 복도 안내판 앞에 서 있는 10대 무리를 향해 몇 걸음 걸어간다.

"지나친 부정은 긍정을 의미한다던데." 토미가 내게 말한다.

"어떻게 '잠동무'가 '형씨'보다 덜 게이 같다는 거죠?"

래퍼티가 10대 다섯 명과 차례로 하이파이브를 한다. "잘 들어봐." 래퍼티가 입을 열고 독백을 시작한다. "3년은 껌이야. 내가 7년 반을 복역했던 때에 대해 말해주지. 난 그 세월을 하루도 빠짐없이 감옥에서 보냈어." 10대들이 입이 떡 벌어진 채 이야기를 듣는다. 감옥에서 래퍼티의 별명은 피리 부는 사나이다. 모든 아이가 그를 따르고 싶어 한다.

"누가 시비를 걸면 꼭 맞서 싸워." 래퍼티가 소년들에게 말한다. 자신이 벽면 높이 걸린 프라이드 깃발 아래에서 강연을 하고 있다는 사실을 알아차리지 못한 눈치다. 털모자가 시야 윗부분을 가린 게 틀림없다.

*

더 많은 재소자들이 복도로 몰려든다. 토미가 소리를 질러야 그의 말을 알아들을 수 있다. 내 옆의 재소자에게서 역한 입 냄새가 난다. 내 바로 앞의, 뒤통수 살이 접힌 대머리 남자가 뒷걸음질을 치자 내가 그의 허리에 팔뚝을 밀착시켜 그를 제지한다. 그의 티셔츠 틈새로 뜨뜻한 땀이 느껴진다.

교도관이 소리친다. "자유 이동 끝." 내가 교실 문을 열자 래퍼티와 토미가 안으로 들어간다. 텅 빈 복도에 10대 세 명만 남는다. 두 소년이 랩을 하는 세 번째 소년을 위해 비트박스를 한다. 일부 단어밖에 알아듣지 못하겠지만 사법 제도의 인종차별에 대해 얘기하는 듯하다.

복도를 걸어가던 교도관이 말한다. "이동 시간은 끝났어요, 여러분. 안으로 들어가요."

소년들이 계속 랩을 한다. 아프리카인들이 언제나 마약상인 것은 아니었으며 한때는 왕과 왕비였다는 구절이 들린다.

"교실이야, 감방이야, 선택해!" 교도관이 소리친다. 비트박스를 하던 한 명은 내 학생 G다. 그가 두 친구와 주먹을 부딪친 뒤 내 쪽으로 걸어온다. 볼살이 포동포동하고 양팔에 손가락 관절부터 이두박근까지 문신이 새겨져 있다.

"그 문신은 무슨 뜻이야?" 내가 묻는다.

"한 팔은 삶이에요. 다른 팔은 죽음이고요." G가 말한다.

왼쪽 팔에 나무와 임신한 여자, 꼬불꼬불한 글씨가 적힌 두루마리가 그려져 있다. 오른쪽 팔에는 빙빙 도는 소용돌이 속에 해골이 새겨져 있고 역시 두루마리가 보인다.

"그 두루마리는 무슨 의미야?" 내가 묻는다.

"그냥 삶과 죽음이에요. 가게에 있던 남자가 그렇게 말했어요. 한 팔에는 삶을, 다른 팔에는 죽음을, 그리고 가슴에는 그 중간에 있는 것들을 새기려 했는데 감옥에 왔죠."

우리는 함께 교실로 들어간다. 나는 문을 닫는다.

몇 분 뒤, 교실에서 토미와 G가 서로의 맞은편에 앉는다. 두 사람 모두 바깥에서 양아치였지만, 토미가 G보다 20년 선배다. 토미는 부츠컷 청바지 차림인 반면, G는 엉덩이가 반쯤 보이는 추리닝 바지를 걸치고 있다. 그렇지만 둘 다 똑같이 가난과 불운, 폭력을 겪었다. 래퍼티가 그들 사이에 다리를 쩍 벌리고 앉는다. 나는 의자를 끌어당겨 세 남자 앞에 앉는다. 나는 카라바조가 그린 〈골리앗의 머리를 든 다윗〉을 인쇄해 그들 각자에게 나눠준다. 어린 다윗이 거대한 골리앗의 잘린 머리를 들고 있는 그림이다. 인물들이 어둠 속에 서 있다. 다윗의 얼굴이 우울하다. 골리앗의 눈은 여전히 고통으로 빛난다.

"다윗은 지혜로웠어요." 래퍼티가 말한다. 그가 자신의 옆머리를 톡톡 두드린다.

"방금 막 거인을 죽인 것치고는 행복해 보이지 않네요." 토미가 말한다.

내가 말한다. "이 그림에는 세 가지 흥미로운 사실이 있어요. 첫 번째, 이 그림은 자화상이에요. 목이 잘린 거인이 카라바조의 얼굴을 하고 있죠. 두 번째, 이 그림은 이중 자화상일지도 몰라요. 다윗의 얼굴이 어릴 적 카라바조의 자화상과 굉장히 닮았죠. 카라바조가 우리에게 자신의 젊은 자아가 늙은 자아를 죽이는 광경을 보여주는 건지도 몰라요."

"오, 세상에. 자살 감시네요."

"세 번째, 카라바조는 이 그림이 자신을 구원해주기를 바랐어요."

"무슨 짓을 저질렀는데요?" G가 묻는다.

"그 부분으로 들어가기 전에 배경을 좀 알 필요가 있어요." 내가 말한다. "카라바조는 전염병이 창궐하던 시기에 태어났어요. 여섯 살이 됐을 때 주위의 모든 남자 어른이 죽었죠. 성인이 된 카라바조는 밤을 즐겼어요. 도박, 여자, 술을 좋아했고, 종종 다른 남자들과 결투를 벌였죠."

"깡패였네요." G가 말한다.

"요절하지 않았어요?" 토미가 말한다.

"한 번은 사제가 카라바조에게 성수를 뿌려서 죄를 씻어내주겠다고 제안했어요." 내가 말한다. "카라바조가 대답했죠. '쓸 데 없는 짓이에요. 저의 죄는 전부 씻을 수 없는 대죄거든요.'"

"그게 무슨 뜻이에요?" G가 말한다.

"자기만의 원칙을 세운 거지, 대장부처럼." 래퍼티가 말한다.

"아니면 자신이 구원받을 수 없다고 생각했거나." 토미가 말한다.

G가 래퍼티를 봤다가 토미를 본다.

"그는 싸움을 벌이고 체포되어 투옥되는 일이 잦았어요. 하지만 뛰어난 재능 덕분에 높으신 분들과 두루 친분이 두터웠죠. 그래서 다음 날 풀려나거나 피해자들이 고소를 취하하거나 목격자들이 갑자기 기억상실증에 걸리는 일이 다반사였어요. 하지만 서른다섯에 여자 때문인지, 도박 빚 때문인지 라누치오 토마소니라는 남자와 말다툼을 벌이다가 결국 결투를 하게 됐어요. 카라바조가 토마소니의 허벅지 동맥을 베는 바람에 토마소니는 피를 흘리며 죽었죠. 교황은 이 소식을 듣고 이번에는 카라바조도 벌을 받아야 한다고 선언했어요. 그리고 카라바조의 머리에 현상금을 걸었죠. 카라바조는 나폴리로 도망가 숨었어요."

G가 양팔로 허공을 휘젓는다. "토마소니가 그의 여자를 건드렸

는데 그러면 어떻게 해요? 그냥 바보처럼 앉아서 그런가 보다 해야 하나요? 그냥 무시하고 가버렸다면 다들 그를 겁쟁이라고 생각했을 거예요."

나는 〈골리앗의 머리를 든 다윗〉의 이미지를 든다. "카라바조가 이 그림을 그린 게 그때예요."

다윗의 허벅지에 놓인 검을 가리킨다. 검에 "H-AS OS"라는 글자가 새겨져 있다.

"'H-AS OS'는 '겸손이 교만을 죽인다'라는 뜻이에요." 내가 말한다. "카라바조는 이 그림을 로마의 사법부 수장인 스키피오네 보르게세에게 보냈어요. 관용을 베풀어달라고 간청하는 의미에서요."

"그림 값이 얼마였대요?" 래퍼티가 말한다. "이 세상 모든 것은 돈으로 돌아가요. 그림이 비쌌다면 보르게세한테서 목숨을 되찾을 수도 있겠죠. 아주 간단해요."

내가 묻는다. "보르게세는 뭐라고 말해야 할까요?"

토미가 말한다. "이 그림을 보면 카라바조가 보르게세한테 이렇게 말하는 것 같아요. '나를 해치고 싶다면 행운을 빌어. 내가 나를 해친 것 이상으로 나를 해치진 못할 테니까. 난 당신을 두려워하는 수준을 훨씬 넘어섰어.'"

"나라면 카라바조에게 두 번째 기회를 줄 거예요." G가 말한다.

토미가 말을 잇는다. "카라바조는 자신이 얼마나 자기 파괴적인지 자랑하고 있어요. 이 그림에서 그는 이렇게 말하고 있어요. '나는 언제나 이래왔고 언제나 이럴 거야. 돌아간다 해도 나는 똑같을 거야.'"

"하지만 얼굴이 정말 슬퍼 보여요. 자신이 저지른 일에 대해 생각을 안 할 수가 없는 거죠." G가 말한다.

토미가 말한다. "그를 용서한다면 악순환이 벌어질 거예요. 나쁜 인간인 것은 그의 예술의 일부예요. 그는 자신이 좋은 화가라는 걸 알고 나쁜 인간이라는 사실을 슬쩍 넘어가요. 로마가 그를 용서해주면 앞으로 마음껏 난장을 벌여도 된다고 생각할 거예요."

"그래도 미안하다고 말하고 있잖아요." G가 말한다.

"그는 너무 거만해서 사과하는 법을 몰라." 토미가 말한다.

G가 못마땅한 말투로 말한다. "판사가 나한테 뭐라고 했는지 알아요? '똑똑한 척 그만해라.' 내가 말대꾸하는 게 싫었던 거죠."

"이 그림은 너무 꽉 짜여있어요. 거인과 소년. 빛과 어둠. 양심의 가책과 마주하는 대신 자신의 재능에 의존하고 있어요." 토미가 말한다.

"다음번에 법정에 가면 너무 멍청해서 무슨 일이 벌어지는지 모르는 척 그냥 가만히 서 있을 거예요. 그러면 분명 형량을 좀더 가볍게 주겠죠."

"나라면 그를 다시 로마로 들이지 않을 거예요." 토미가 말한다.

잠시 후, 문이 열린다. 햇볕에 그을린 생기 넘치는 얼굴의 교도관이 교실로 들어온다. 그가 말한다. "이 교실 뒤편 저 탁자에 하드커버로 된 커다란 사전이 있었어. 누가 가져갔든지 간에 도로 갖다 놔."

"저는 절대 아니에요, 교도관님. 제 어휘력은 이미 차고 넘치거든요." G가 손을 추리닝 바지에 내린 채 말한다.

"네가 가져갔어?" 교도관이 G에게 말한다.

"교실을 털고 싶었으면 제대로 털었죠. 바보 같은 사전이 아니라." G가 말한다.

"제자리에 갖다 놔." 교도관이 학생들을 차례대로 바라보며 말한다.

"왜 나한테 그래요?" 토미가 말한다. "그것 말고도 훔칠 게 열 가지인데 굳이 사전을 훔치다니요."

교도관이 문을 닫고 나간다.

리즐라(담배 종이 상표-옮긴이)가 공식적인 밀반입품에 해당하는 탓에 사전의 얇은 종이는 교도소에서 훌륭한 담배 종이로 사용된다. 어떤 사람들은 감방 문과 문틀 사이의 틈을 막기 위해 사전의 종이를 이용하기도 한다. 그래야 담배를 피울 때 감방에서 층계참으로 연기가 새어나가지 않는다. 만약 사전 안을 기다랗게 파낸다면 칼을 숨길 수도 있다. 아니면 하드커버 표지를 뜯어내 바지에 집어넣거나 티셔츠 속에 넣어서 칼로부터 자신을 보호할 수도 있다. 하지만 이런 용도들을 제쳐두고라도, 철자를 잘 모르는 재소자들이 법적 서한을 작성하거나 애인에게 편지를 쓸 때 실수를 하지 않게 도와주므로 교도소에서 사전은 수요가 많다.

토미가 말한다. "예전에 감방 동료 하나가 바퀴벌레를 막으려고 사전 종이를 구겨서 감방 벽의 구멍을 틀어막았어요. 안타깝지만 그의 바람이 무색하게도 바퀴벌레들한테는 영어에 대한 존경심이 눈곱만큼도 없었죠. 한밤중에 눈을 떠보니 놈들이 종이를 다 갉아먹고 그 친구 발 위를 기어 다니고 있더라고요."

"교도관이 사전을 훔친 게 틀림없어." 래퍼티가 말한다. "새것은 값이 25파운드 정도 나가거든. 자기들이 훔쳐놓고 우리한테 뒤집어씌우는 거야."

토미가 의자에 기대놓은 그림 폴더를 보기 위해 G가 고개를 기울인다. "직접 그린 거예요?" G가 묻는다. 토미가 래퍼티 앞을 지나 G에게 폴더를 건넨다.

토미가 말한다. "난 카라바조가 정말 로마로 돌아가고 싶었을 거라고는 생각하지 않아. 내 생각엔 도피 생활을 즐긴 게 아닌가 싶어. 그런 소란을 자기 예술의 자양분으로 삼은 거지. 창조성을 유지하기 위해 자기 인생에 일부러 혼란을 일으킨 거야."

G가 폴더를 열어 종이 몇 장을 꺼내 본다.

토미가 말한다. "카라바조는 거만하게 굴고 싶지 않아도 거만해질 수밖에 없었을 거야. 일이 계속 그렇게 돌아가니까. 겸손이 교만을 죽인다고 칼에 적어놨지만 그건 그가 바라는 일일 뿐, 실제로 일어난 일이 아니야."

G가 브라질의 새와 꽃이 그려진 그림을 꺼낸다. "이거 진짜 멋지네요." 그가 말한다.

토미가 말한다. "그는 자신이 겸손한지 교만한지에 별 관심이 없었어. 실제 삶보다 예술에 더 마음을 쓴 거야. 어렸을 때 죽음을 너무 많이 봐서 그런 것 같아. 자신의 그림 속으로 사라진 거지."

"다음 문신은 이걸로 할래요." G가 말한다.

잠시 후 내가 래퍼티에게 묻는다. "보르게세가 뭐라고 해야 할까요?"

"카라바조한테 돌아와서 남자답게 싸우라고 해야죠." 래퍼티가 말한다.

교도관이 출입문의 유리 너머로 쳐다본다. G가 그에게 키스를 날린다.

"그래서 로마로 돌아오도록 허락했어요?" 토미가 묻는다.

"결국 보르게세는 카라바조를 용서하려고 했어요. 하지만 정치적 지원이 충분하지 않았죠." 내가 말한다. "카라바조는 몇 년 동안 도망자로 살았어요. 잠시 말타의 기사단에 합류했다가 싸움을 해서 쫓겨나기도 했죠. 그가 서른여덟이 되던 해 로마의 새 행정부가 그를 용서했지만 이틀 뒤 나폴리 해변에서 사망했어요. 사인은 아무도 몰라요. 적에게 공격당했을 수도 있고, 도망자 생활로 병을 얻었을 수도 있죠. 그의 시체는 아무 표식도 없는 무덤에 던져졌어요."

"보르게세는 얼간이예요." G가 말한다. "카라바조를 구했어야죠."

"살인자를 돌보는 건 보르게세의 일이 아니야." 토미가 말한다.

"카라바조는 그 모든 죽음 한복판에서 태어나 결국 본인도 죽음을 맞이했어요. 그렇지만 다들 그가 뒈지거나 말거나 신경도 안 썼어요." G가 말한다.

"다 본인이 망친 거야." 토미가 말한다.

그 주 일요일, 나는 할머니 집에 있다. 텔레비전에서 〈이스트엔더스〉 옴니버스편이 방영 중이다. 배가 안 고프다고 말하지만 할머니가 커스터드 네 조각을 접시에 담아 커피 탁자에 올려준다. 삼촌은 소파 팔걸이에 앉아 머그잔의 차를 홀짝인다. 그러면서 경찰이 현금 상자에 그의 지문을 찍기 위해 그의 주먹을 비틀어 펴려던 이야기를 들려준다. 법정에서 너무 크게 웃는 바람에 판사가 오히려 그가 우는 줄 알고 형량을 가볍게 줬던 이야기도. 10대 시절, 240센티미터 깊이로 구덩이를 팠는데 해가 떨어지니 간수가 도로 메우라고 했던 이야기도. 나는 이야기를 들으며 커스터드 조각 세 개를 차례대로 먹는다. 너무 달아서 위장이 불타는 것 같다.

프랭크 삼촌과 나는 더 이상 테세우스와 아리아드네가 아니다. 우리는 이야기의 고리 안에 함께 갇혔다. 우리는 그가 내게 이야기를 들려주는 이야기 안에 갇혀서 옴짝달싹도 못 한다.

할머니가 내게 마지막 커스터드 조각을 마저 먹겠냐고 묻는다. 내가 먹지 않겠다고 하자 그녀가 부엌으로 가서 초콜릿 에클레어 접시를 가져와 커피 탁자 위에 놓는다.

"나, 비니, 칼이 북쪽에서 창고를 털 때였어." 삼촌이 말한다. "비니는 밴에서 대기 중이었어. 고관절이 안 좋아서 기어를 바꿀 수가 없는 상태였지. 내가 스키 재킷 한 무더기를 밴으로 옮기고 있는데 경찰차가 우리를 향해 오는 거야."

삼촌이 커피 탁자 위에 찻잔을 내려놓고 두 손을 비빈다.

"나와 칼이 밴으로 뛰어들었어. 비니가 액셀을 밟아 경찰차를 들이받았지. 내가 그랬어. '빌어먹을, 튀자.'"

그들이 노인연금을 수령하던 때의 이야기다. 나는 초콜릿 에클레어를 집어 내 접시에 담는다.

"경찰이 고속도로로 우리를 쫓아왔어. 차를 들이받는 것을 보고는 우리가 이판사판 투지 넘치는 젊은이라고 생각한 거야. 교차로가 나올 때마다 경찰차가 한 대씩 투입됐지. 결국 14대 정도가 우리를 쫓아왔어. 빌어먹을, 얼마나 짜릿하던지. 당시 CCTV 테이프가

2층에 있으니 같이 보자꾸나. 어쨌든 80킬로미터 정도 도망가다가 기름이 떨어졌어. 내가 말했지. '빌어먹을, 우리 잡혔어. 차 세우자.'"

나는 에클레어를 한 입 삼킨다. 위장이 다시 타는 듯하다.

"이 얘기 들은 적 있어요." 내가 말한다.

"큰 까만 트럭이 우리 뒤에 멈췄어." 그가 말한다. "경찰관 여섯 정도가 진압용 방패와 후추 스프레이를 들고 내렸어. 헬멧과 안전 조끼도 걸치고 있더군. 그들이 밴을 에워쌌어."

나는 설탕을 떼어내려고 혀로 이빨을 핥는다. 에클레어를 또 하나 입에 넣는다.

"우리는 손을 들고 밴에서 내렸어. 경찰이 방패를 들어 올리고 우리한테 손전등을 비췄지. 비니가 빛 때문에 눈을 가렸어. 경찰 네 명이 그를 붙잡고 수갑을 채우기에 내가 그랬지. '살살 다루시오. 몸이 안 좋으니까.'"

나는 커피 탁자에 접시를 내려놓는다. 끈적거리는 손가락으로 옷을 만지지 않으려고 애쓴다.

"경찰들이 방패를 내렸어. 한 놈이 다른 놈한테 이러는 거야. '경사님, 영감님들인데요!'"

"그렇군요. 전 손이나 씻을게요." 내가 말한다.

다음 날 아침, 출근한 나는 복사기를 사용하기 위해 도서관에 갔다가 남자 다섯이 예배라도 보듯 조용히 책상 주위에 앉아 있는 것을 발견한다. 내 수업을 들었던 빈스가 그곳에 있다. 그는 키가 2미터에 두툼한 근육질의 팔을 갖고 있다. 그가《아주아주 배고픈 애벌레》의 책장을 넘기고 있다. 책상에 앉은 다른 남자들은《미운 오리 새끼》와 《외계인은 팬티를 좋아해》와 같은 동화책을 읽고 있다.

이들 중 일부는 가족이 130~140킬로미터 거리에 살고 있어서 이곳에 정기적으로 면회를 오려면 교통비가 너무 많이 든다. 오늘 아침 이들은 동화책을 낭독하는 목소리를 녹음할 예정이다. 녹음한 목소리는 CD로 구워져 자식들에게 보내진다.

나는 책상으로 가서 빈스와 주먹을 부딪친다. 잘 지내냐고 물으니 그가 오늘을 기다리느라 지난 두 달 동안 긍정적으로 지낼 수 있었다고 말한다.

"내 목소리잖아요." 그가 말한다. "어린 딸이 원할 때마다 내 목소리를 들을 수 있다고 생각하니 기분이 한결 좋아졌어요. 이렇게 하지 않으면 내가 전화를 걸어야만 딸이 내 목소리를 들을 수 있어요. 하지만 그땐 사동에서 문을 두드리고 고함치는 소리까지 배경음으로 다 들려요. 한 번은 딸한테 전화를 했는데 제가 읽어준 동화책 CD 소리가 뒤에서 들리는 거예요. 잠시 전화를 끊고 마음을 진정시킨 다음 10분 후에 다시 전화를 걸어야 했어요."

"이번에는 뭘 읽어줄 거예요?" 내가 묻는다.

"언제나 딸이 들어본 적이 없는 새로운 책을 읽어줘야지, 생각하다가 결국엔 감옥에 오기 전에 읽어줬던 책들 중 하나를 고르게 돼요."

책상에 앉은 사람들 중에 무사브가 내게 말한다. "감옥에 오기 전에는 이런 게 있는지 전혀 몰랐어요." 그가 《미스 리틀 선샤인》을 들어 올린다. "있죠, 이 책 정말 재밌네요."

또 다른 사람이 책상에 앉아 책장을 넘긴다. 그의 촉촉한 두 눈에 힘이 들어가 있다. "이럴 때 내가 무슨 짓을 저지른 건지 깨닫게 되죠." 그가 말한다.

언젠가 나는 한 재소자에게 내 아빠도 수감 생활을 했다고 말한 적이 있다. 그가 바닥으로 시선을 떨어뜨렸다. 그래야 나를 보고 자기 아들을 떠올리지 않을 것 같아서였다.

나는 빈스에게 작별 인사를 하고 뒤쪽으로 들어가 복사기를 사용한다. 종이를 더 가져오려고 몸을 돌리는데 열쇠고리가 문손잡이에 걸려 있다. 걸음을 멈추고 손잡이에서 열쇠고리를 빼낸다. 열쇠고리가 내 옆으로 떨어지며 쨍그랑 소리를 낸다.

무사브와 코듀로이 재킷 차림의 사서가 방에 들어와 앉는다. 사서가 녹음 장비를 준비한다. 그가 복사기 작동이 끝나기를 기다린다. 그가 장비의 녹음 버튼을 누른다.

"마이크에 대고 이름과 죄수 번호를 말해주세요." 사서가 말한다.

"무사브 압둘웨하브. 죄수 번호는 P44IX41. 저는…… 잠시만요. 내 딸이 죄수 번호도 듣게 되나요?"

"아니요. 이건 그냥 녹음을 위한 거예요. 딸한테 보내기 전에 번호 부분은 잘라낼 거예요." 사서가 말한다.

"내 이름은 무사브 압둘웨하브입니다. 죄수 번호는 P44IX41이고요. 저는《미스 리틀 선샤인》을 읽을 겁니다. 안녕, 아가…… 아빠야."

무사브가 마이크에 대고 동화책을 읽는다. 열쇠고리의 쨍그랑 소리가 배경음으로 들어가지 않도록 나는 가만히 서 있는다.

30분 뒤, 교실이다. 토미가 책상에 그림 폴더를 올려놓고 앉아 있다. 그는 오늘 아침 명상을 하기 위해 5시에 일어났다. 그에 따르면 사동이 고요한 유일한 시간이라서 제대로 집중할 수 있다. G가 책상에 머리를 눕힌 채 반대편에 앉아 있다.

"시작합시다." 내가 말한다.

G가 상체를 세우고 스트레칭을 한다.

"간수한테 침대에 계속 있을 거라고 했어요. 거지 같은 곳이에요. 밖에 나가면 늘어지게 잘 거예요."

나는 수업을 시작한다. "카라바조에게 용서는 너무 늦은 일이었어요. 하지만 또 다른 예술가 도스토옙스키의 경우엔 딱 제시간을 맞춰 찾아왔죠. 도스토옙스키는 정치 체제에 반하는 말을 했다는 이유로 사형 선고를 받았어요. 상트페테르부르크의 한 광장으로 끌려가 눈가리개가 씌워진 채 벽에 기대어 섰죠. 총살 집행부대가 그를 향해 총구를 겨눴어요. 그의 귀에 총이 장전되는 소리가 들렸죠."

G가 입을 벌리고 하품을 한다.

내가 말한다. "도스토옙스키가 죽음을 기다리며 총살대에 서 있는데 황제의 특사가 말을 타고 도착해요. 특사가 도스토옙스키에게 자비를 베풀기로 결정했다는 차르의 명을 전하죠. 이젠 유형지에서 6년 동안 강제 노동만 하면 됐죠. 총살 집행부대가 총을 내렸어요. 도스토옙스키의 눈가리개가 벗겨졌죠."

G가 눈을 비빈다.

내가 말한다. "이후 도스토옙스키는 《백치》라는 소설을 썼는데, 이 책의 주인공 미시킨 공작 역시 총살 직전에 목숨을 건져요. 미시킨은 사형집행이 취소된 이후 용서를 신봉하게 돼요. 누군가 그를 해하거나 모욕해도 언제나 곧장 너그러이 용서하죠. 도스토옙스키의 또 다른 책《죄와 벌》에는 선과 악의 경계를 뛰어넘은 초인에 대한 환상을 실천하기 위해 두 사람을 죽이는 인물, 라스콜리니코프가 등장해요. 하지만 나중에 라스콜리니코프는 양심의 가책을 느끼고 악몽에 시달려요."

"좋은 거 아니에요? 자신이 저지른 일 때문에 악몽을 꾼다면 사이코패스가 아니라는 뜻이잖아요?" G가 말한다. "결국 그는 용서의 길을 걷기 위해 경찰에 자수를 해요." 내가 말한다.

"멍청하기 짝이 없네요. 경찰이 어떻게 도와준다고?" G가 말한다.

내가 말한다. "철학자 줄리아 크리스테바에 따르면 도스토옙스키는 뇌리를 사로잡은 용서에 대한 생각을 쏟아붓기 위해 예술을 창작했어요. 우리가 예술을 창작하는 것은 변화와 자유를 추구하기 때문이에요. 용서를 하는 것과 같은 이유죠."

토미가 그림 폴더를 의자 옆에 내려놓고 팔짱을 낀다.

"용서에는 오래된 이야기를 더 이상 자신을 괴롭히지 않는 새로운 방식으로 들려주는 행위가 동반돼요. 예술도 용서처럼 상상을 통해 성취되죠. 그래서 크리스테바는 예술이 자비의 한 형태가 될 수 있다고 말한 거예요."

"그게 사실이라면 카라바조는 그림을 로마로 보낼 필요가 없었겠네요." 토미가 말한다. "그냥 그림을 그린 다음 자신을 용서하면 되잖아요."

"아니, 그냥 자신을 용서할 수도 있었죠." G가 말한다.

"카라바조가 자신을 용서할 수 있을 만큼 큰 캔버스는 이 세상에 없어." 토미가 말한다.

"하지만 다들 항상 그렇게 하잖아요. 자신을 용서했다고 말하는 소리를 수도 없이 들었어요." G가 말한다.

"자기 손으로 용서하겠다고 허락하는 건 있을 수 없는 일이야." 토미가 말한다.

G가 다시 하품을 하며 스트레칭을 한다.

"우리가 할 수 있는 건 자신이 한 짓을 받아들이고 그것을 잊을 방법을 찾는 것뿐이야." 토미가 말한다.

"이 수업 언제 끝나요? 난 자야겠어요." G가 말한다.

*

10분 뒤, G가 다시 카라바조를 옹호하는 의견을 피력한다.

"이것 보세요, 그 결투에서 토마소니가 카라바조를 죽였을 수도 있잖아요." G가 말한다.

"하지만 그런 일은 일어나지 않았지." 토미가 말한다.

"카라바조는 자신의 머리가 잘린 자화상을 그렸어요. 정말 심하게 자신에게 벌을 주잖아요. 그렇게 자신을 용서할 권리를 얻은 거예요." G가 말한다.

"그는 생명이 있던 자리에 구멍을 냈어. 그게 그에게도 영원히 구멍을 남기는 거야. 그토록 자기 파괴적으로 행동한 것에 대해선 자신을 용서할 수 있겠지만 그게 전부야. 일단 살인 같은 죄를 짓고 나면 우리 삶은 우리 손을 떠나게 되지."

"그나저나 용서의 정의가 대체 뭐예요?"

"용서란 누군가를 오직 그 사람이 저지른 악행으로만 바라보지 않는 거야." 토미가 말한다.

"그러면 누구나 자신을 용서할 수 있는 거네요. 다들 자신을 단순한 범죄자로만 보지는 않잖아요. 그쪽도 그렇지 않아요?"

"그러기엔 난 너무 늙었어." 토미가 말한다.

내가 몸을 앞으로 기울이고 책상에 팔꿈치를 댄다.

그리고 토미에게 묻는다. "카라바조도 자신의 삶을 다르게 바라보기에 너무 늙었을까요?"

"카라바조는 그림에 자신을 소년의 모습으로 집어넣었지만 그건 거짓말이에요. 그는 이제 소년이 아니에요. 다 큰 성인이고 사람을 죽인 자예요."

내가 G에게 묻는다. "카라바조는 자신이 저지른 짓 때문에 덫에 걸린 걸까요? 아니면 예술을 통해 구제받을 길을 찾았을까요?"

"만약 가석방 심의회가 기록을 뒤지다가 그림을 그리거나 글을 쓴 것을 알게 되면 가석방될 가능성이 높아지겠죠." G가 말한다.

토미가 말한다. "그림을 그리거나 책을 쓴다고 해서 자신을 용서할 수 있다는 의미가 아니야. 하지만 좀더 용서하기 쉬운 상태가 될 수는 있겠지."

G가 혀를 찬다. "내 말이 그 말이에요."

토미가 계속 말한다. "용서는 실제 삶에서 일어나는 거야. 실제 삶과 예술 사이에는 벽이 있어. 예술을 하면 그 벽까지 올라갈 수는 있지만 그 벽을 넘을 수는 없어. 크리스테바가 맞을지도 몰라. 예술을 하는 건 진짜로 구원받지 않고 구원에 가장 가까워지는 방법이야."

"그러면 그쪽은 그림을 왜 그려요?" G가 묻는다. "왜 감방에 앉아 그림을 그려요? 그냥 텔레비전을 보거나 카드를 치거나 마리화나를 피우지 않고?"

"다른 사람이 되려고."

몇 주 뒤, 나는 할머니 집 거실에서 삼촌과 나란히 소파에 앉아 있다. 1990년대에 나왔던 옛날 시트콤이 재방송되고 있다. 할머니가 체리 베이크웰 타르트 네 개가 담긴 접시를 내 앞 커피 탁자에 올려놓는다. 나는 무릎 위에 물 컵을 들고 있다. 프랭크 삼촌이 10대 시절 경찰이 현금 상자에 삼촌의 지문을 묻히기 위해 주먹을 비틀어 열려고 했던 이야기를 들려준다. 법정에서 너무 심하게 웃어 판사가 그가 우는 줄 알고 형을 줄여준 이야기도. 그가 감방에서 '밤마실'을 갔던 이야기도. 헬멧을 쓰고 방패를 든 경찰에게 포위된 밴에서 그와 비니, 칼이 내리자 한 경찰관이 "경사님, 영감님들인데요"라고 말했던 이야기도.

"케이크 남기지 말고 먹어라, 앤디. 초콜릿 비스킷도 주련." 할머니가 말한다.

"배가 안 고파요, 할머니." 내가 말한다.

"그렇게 안 먹으면 병난다." 그녀가 말한다.

나는 물 컵의 물을 홀짝인다.

삼촌이 후드티 주머니에 손을 넣어 담배 파우치와 담배 종이를 꺼낸다. 텔레비전에선 자연 다큐멘터리를 방영 중이다. 하얀 올빼미가 맑은 하늘을 활공한다.

"열네 살에 해안을 따라 알 놀이를 하러 갔다가 올빼미 알을 가지고 돌아왔어. 눈깔사탕처럼 완벽하게 동그랗고 새하얗지." 삼촌이 말한다.

"수집한 알은 어떻게 됐어요?" 내가 묻는다.

"내가 특별히 제작한 유리 상자에 보관했어. 경찰에 체포됐을 때 친구한테 몇 년간 맡아달라고 줬는데 그 집 애들이 찬장에서 그걸 발견한 거야. 자기들 장난감인 줄 안 거지."

그가 담배 종이에 담배를 조금 뿌린다. 텔레비전에서 올빼미가 머리를 좌우로 급히 움직인다.

"알 놀이를 괜히 했다 싶어." 삼촌이 말한다.

"정말요?" 내가 말한다.

"태어나지도 않은 새들을 죽인 거잖아, 안 그러니? 목을 조른 건 아니지만 내가 생명이 되는 길을 막았어."

나는 그가 죽은 새들에 대해 농담을 던지길 기다리며 활짝 웃는다.

그가 말을 잇는다. "난 알 놀이를 하면서 해안지대를 배웠어. 그 덕분에 모험을 떠났지. 네가 교도소에서 만나는 그 모든 동부 지역의 절도범과 은행털이범, 그러니까 우리 모두가 시작은 알 놀이부터였어."

내 미소가 잦아든다.

"감옥에 갇혔을 때 그 아름다운 장소들이 그리웠어. 그곳에 가지 못하는 게 힘들었지."

삼촌이 무릎 위에 말지 않은 담배 종이를 들고 있다.

"하지만 적응하게 돼. 인간은 어떤 일에든 적응할 수 있어. 그게 내가 배운 거야. 무슨 일이 일어나는지는 중요하지 않아. 어떤 것이든 받아들이게 되니까."

나는 입을 열고 이렇게 말하려 한다. "그 아름다운 장소들이 아직 거기 있어요. 같이 가요, 삼촌." 하지만 그만둔다.

"그냥 새가 없는 둥지를 찾아서 카메라로 알 사진만 찍었으면 좋았으련만. 그냥 거기 놔뒀어야 했어." 그가 말한다.

내가 그를 쳐다보자 그가 고통스러운 미소를 지어 보인다. 오늘도 날씨가 맑다.

그가 담배 종이 가장자리를 핥은 뒤 끝까지 만다.

18장

나중에 떠올려보면
이 시간도 그리워하게 될까요?

닉이 내게 다가왔다. "철학이 맘에 들어요.
내게도 정신이 있다는 걸 일깨워줘요."
교도관이 문에서 말했다. "갑시다."
닉이 내 시선을 붙들었다.
"다음 주에도 꼭 오세요." 내가 말했다.

아침 7시 20분에 교도소에 도착해 입구 밖에서 서성인다. 동이 트는 징후를 찾기 위해 하늘을 쳐다보지만 캄캄한 하늘을 배경으로 가로등 불빛이 만든 주황색 연무만 보일 뿐이다. 언젠가 가족이나 아이들, 속옷 차림의 여자 사진은 하나도 없고 신문에서 오려낸, 허블 우주 망원경으로 찍은 우주 사진만 벽에 붙어 있는 감방을 본 적이 있다. 가위를 사용할 수 없는 탓에 재소자가 손으로 찢은 신문 가장자리가 너덜너덜했다. 사진 속에는 노란색, 푸른색, 흰색의 작고 밝은 소용돌이와 별들이 가득했다. 사진은 그의 베개에서 10여 센티미터 위에 붙어 있었다. 감방 창문으로 보이는 하늘의 아주 일부분만 포착한 사진이었지만 그곳엔 수만 개가 넘는 은하들이 있었다.

내 또래쯤으로 보이는 보안요원이 정문에서 나오더니 나와 몇

미터 떨어진 곳에서 담배를 피운다. "안으로 데려가줄 직원을 기다리나요?"

"열쇠를 갖고 있어요. 일이 끝나는 5시쯤이면 다시 어두워지겠네요."

그가 나와 함께 하늘을 바라본다. "그렇겠죠."

"겨울에 하루 종일 교도소에서 일하면 햇빛이 그립지 않나요?"

그가 담배를 한 모금 빨더니 콧소리로 말한다.

"다음 달에 모로코에 갑니다." 그가 연기를 내뿜는다. "사막 사파리를 하려고요."

"직원 훈련 때문에요?"

그가 웃는다. "작년에 이집트에 가서 온갖 산호를 봤어요. 여기서 160만 킬로미터 떨어진 곳이죠. 지금 벌이가 소매업을 할 때에 비하면 거의 두 배예요. 올해는 사막이 어떻게 생겼는지 보러 갈 겁니다."

"사막 사파리를 하면 뭘 볼 수 있나요?"

"선인장. 박쥐. 낙타 위에서 온갖 것들을 해야 하죠. 바다가 없으니 해변 같은 것도 없지만 모래가 워낙 하얗다 보니 피부도 더 빨리 타요. 햇빛을 반사시키거든요."

그가 담배를 한 모금 더 빤다. 나는 그와 인사를 하고 교도소로 들어간다.

30분 뒤, 나는 교도소의 중심부를 통과한다. 철창문 사이로 재소자 12명이 줄 서 있는 모습이 보인다. 이들은 아침에 복용해야 하는 메타돈, 수부텍스(마약성 진통제인 부프레노르핀의 상품명-옮긴이),

항우울제 등의 약물을 받기 위해 일찍 감금에서 풀렸다.

내 수업을 들은 적이 있는 래리도 줄에 있다. 그는 비쩍 마른 몸에, 얼굴에는 털이 듬성듬성 나 있다. 군에서 13년을 복무하다가 노숙자가 됐고 결국 감옥에 오게 됐다. 재소자 열 명 중 한 명가량이 정권 교체에 동참했던 퇴역 군인이다. 목이 두껍고 깨끗한 흰 셔츠를 걸치고 있는 교도관 뉴브룩이 줄을 감시한다. 그는 자신이 전직 군인임을 나타내기 위해 어깨에 육해공 3군 배지라 불리는, 노랑과 빨강 문장을 달고 있다.

나는 문을 통과하고 나서 문을 잠근다. 그리고 래리와 악수를 하고 어깨를 부딪친다.

"오랜만이에요." 내가 말한다.

"출장을 좀 갔다 왔죠." 그가 말한다.

"그래요?"

"뉴욕, 밀라노, 파리, C사동." 래리가 말한다.

뉴브룩이 약을 가져가라고 래리를 부른다. 래리가 인사를 하고 카운터로 가서 알약이 든 작고 하얀 종이컵을 건네받는다. 그가 알약을 입에 넣고 삼킨다. 뉴브룩이 그에게 다가간다. 래리가 입을 연다.

뉴브룩이 입안을 살핀다. "혀를 들어봐요."

래리의 양팔이 축 늘어져 있다.

"깨끗하네요." 뉴브룩이 큰 소리로 알린다.

두 사람이 잠시 동안 정감 어린 농담을 주고받는다. 래리가 감방으로 돌아가기 위해 옆줄로 이동한다.

나는 층계참을 더 걸어가다가 스튜어트의 감방 앞에서 멈추고 문을 두드린다. 폴더에서 그가 철학 과정을 수료했음을 증명하는 서류를 꺼낸다. 스튜어트가 감시창으로 온다. 그의 얼굴 가운데 부분이 보일 만큼 창이 넓다. 그가 졸린지 얼굴이 납빛으로 보인다. 내가 문 아래로 증명서를 밀어 넣는다.

"벽지가 하나 늘었네요." 스튜어트가 말한다.

그가 싱크대로 가서 치약통을 집어 들고 증명서 뒷면의 네 모서리에 치약 입구를 꾹꾹 누른다. 재소자들이 열쇠를 본뜨거나 열쇠 구멍을 막아버릴까봐 교도소에서는 벽지용 점토 사용을 금지하고 있다.

그가 몸을 돌려 벽에 증명서를 붙인다. 나는 목을 길게 빼고 감시 창구를 통해 감방 옆쪽을 본다. 감방 벽면이 각종 교육과정, 약물 카운슬링, 분노 관리 프로그램을 이수하고 받은 수료증들로 거의 도배돼 있다. 그는 현실과 가능성을 동시에 사는 방법을 찾았다.

몇 분 뒤 교실에서 의자를 원형으로 배열한다. 나는 화이트보드에 '집'이라 쓰고 교도관이 지금 당장이라도 "자유롭게 이동"을 외치길 기다린다.

15분이 지났는데 아직 아무 소리가 안 들린다. 나는 책상에 펜들을 똑바로 늘어놓고 공책이 책상 모서리와 직각을 이루도록 위치를 조정한다.

20분 뒤에도 교실은 아직 비어 있다. 교실 밖 복도도 조용하다. 수업 시작 시간으로부터 45분이 지나자 무전기로 봉쇄 조치가 있다는 메시지가 나온다. 다시 말해 필수 활동이 아닌 모든 것이 하루 동안 취소된다는 의미다. 주방에서 일하는 재소자들은 봉쇄에서 배제되지만 교육과정, 운동장에서의 회합, 긴급하지 않은 진료 약속은 모두 취소다. 재소자들은 오늘 하루 중 약 23시간 30분을 감방에서 보낼 것이다. 나머지 30분 동안 음식을 가져오고, 전화를 걸고, 샤워를 해야 하지만 줄이 너무 길어 많은 사람이 세 가지를 전부 하기는 힘들 가능성이 높다.

계획에 없던 봉쇄 조치는 층계참에서 큰 싸움이 벌어지는 등의 보안 문제가 발생했을 때 내려진다. 다른 교도소에서의 탈옥 시도가 나비효과를 일으키고, 그로 인해 교도소장들이 극도로 예민해져 봉쇄 조치를 내릴 수도 있다. 오늘 이동이 없는 이유는 교도소를 안전하게 운영할 직원이 부족한 탓이다. 이 교도소는 초만원이다. 교도관의 채용과 유지는 교정 당국에서 현재 진행형인 문제다. 번아웃 비율도 높고 직원들이 전화로 병가를 내는 경우도 잦다. 작년에 내가 일했던 경비가 삼엄한 교도소의 경우 직원 수가 너무 많이 줄어서 12월 내내 일주일에 서너 번 수업이 취소됐다. 수업이 진행된다 해도 학생들이 조는 데다 퉁명스러웠다. 대부분이 다음 날 또다시 봉쇄될까봐 감방에 가져갈 여분의 자료를 간절히 받고 싶어 했다.

이곳의 교도관 수는 관리 체제를 온전히 운영할 수 있는 경계선에 있다. 오늘 아침엔 약 3킬로미터 떨어진 도로에서 사고가 일어나 교통 체증이 발생했다. 직원들이 '자유롭게 이동하는' 시간에 맞춰 출근할 수 없었고 그래서 봉쇄 명령이 떨어졌다.

봉쇄 명령은 나를 패자 같은 우울함에 빠뜨린다. '두 시간의 휴가지'가 될 수도 있었던 내 교실은 오늘 의자가 텅 비어 있다.

나는 가방에 폴더를 집어넣는다. 화이트보드에서 '집'이라는 글자를 지우고 교실을 나선다.

며칠 뒤, 나는 형의 거실 안락의자에 앉아 있다. 딘이 내게 춤동작을 보여준다. 형은 외출 중이지만 형의 애인 로라가 소파 팔걸이에 앉아 있다. 그녀가 커다란 링 귀고리를 하고 어깨에 마른 행주를 걸치고 있다.

로라가 내게 어린이를 위한 입문용 수학책을 건넨다. 내가 책을 휙휙 넘겨본다. 9세나 10세 아동을 위한 책이다.

"중고 가게에서 20페니밖에 안 하더라고." 로라가 말한다.

"왜 대수학이에요?" 내가 묻는다.

"아직 이걸 풀기엔 너무 어린가?"

"여섯 살이면 좀 어리죠."

"하지만 난 11주 4일만 지나면 일곱 살이야." 딘이 말한다. 그가 태블릿 컴퓨터를 켜고 내게 걸어와 내 무릎에 컴퓨터를 올려놓는다. 나를 컴퓨터 지지대로 사용하는 것이다.

"삼촌한테 8 곱하기 8이 뭔지 말해줘." 로라가 말한다.

딘이 어깨를 으쓱한다. "64."

"눈 깜짝할 사이에 대수학을 하게 될 거야." 로라가 말한다.

딘이 동영상을 틀기 위해 태블릿을 톡톡 건드린다. 화면을 내려다보니 호박 머리에 은색 부츠 차림의 아바타가 보인다. 아바타가 엉덩이를 흔들며 춤을 춘다. 딘이 뒤로 물러나 똑같이 엉덩이를 흔든다.

"일은 어때?" 그녀가 묻는다.

"동거인이 나를 마리화나 중독자라고 생각해요. 가끔씩 집에 올 때 머리에서 마리화나 냄새가 나거든요." 내가 말한다.

"내가 있을 때도 대부분의 재소자들이 휴가를 받으면 그랬어. 마약을 밀반입하는 끔찍한 놈들이었지."

"이젠 검색대에 전신 스캐너가 설치돼 있어요."

"멋지네. 내가 있을 때 바뀐 거라곤 벽의 페인트 색깔뿐이었는데."

로라는 교도소에서 교도관으로 일했다. 그중 한 곳은 내가 일하는 곳이다. 그녀는 시간 외 수당을 벌기 위해 야간과 주말에도 근무할 때가 많았다. 그러다 보니 교도소 밖의 사람들과 관계를 유지하기 어려웠다. 근무 12년 차일 때였다. 예배당에서 싸움을 벌이는 10대 재소자 넷을 뜯어 말렸다. 그러다 중간에 끼어서 땅바닥으로 밀쳐졌다. 남자애들이 그녀의 머리, 얼굴, 갈비뼈, 신장을 걷어차고 두 손을 짓밟았다. 일고여덟 명의 다른 소년들이 달려와 가세했다.

며칠 뒤 그녀는 침대에 몸져누운 채 통증을 줄이기 위해 코데인을 복용했다. 아무에게나 전화를 걸려고 휴대전화의 연락처를 훑어보았지만 대부분이 교도관이었다. 그녀는 휴대전화를 치우고 코데인을 한 알 더 복용했다. 잠들기 위해서였다.

교도소에선 직원의 얼굴에 멍이 생기면 출근시키길 꺼려했다. 남자애들이 멍을 보면 불안감을 느끼거나 일부는 흥분한다고 했다. 로라는 눈 주변의 보라색 멍 자국이 사라지기를 기다렸다가 층계참으로 돌아갔다. 하지만 마음이 불안했다. 가해자들의 얼굴을 전부 보지 못한 탓에 어떤 소년과 대화를 해도 그가 자신을 짓밟은 아이들 중 하나가 아닌지 신경 쓰였다. 근무를 설 때마다 불안은 점점 심해졌고 일주일 뒤 어느 날 아침에 그녀는 이불 밖으로 나오지 못했다. 그녀는 용기를 잃었다.

그녀는 출근을 멈췄다. 매일같이 불안을 다스리기 위해 더 많은 코데인을 복용했다.

몇 년 뒤 그녀는 중독 회복 모임에 가입했고, 거기서 형을 만났다.

딘이 360도 회전을 한다.

"돌아갈 수 있겠어요?" 내가 로라에게 묻는다.

"근무할 때 그냥 사무실에만 있고 죄수들을 한 명도 볼 필요가 없다면. 아니면 다른 교도관들을 볼 필요가 없거나. 그리고 2분마다 귀에서 비상 무전이 들리거나 경보가 울려서 사동으로 달려갈 필요가 없으면. 그냥 사무실에 앉아 서류와 명단을 들고 사람들이 작업장에 갔다거나 약을 탔다거나 하는 정보를 컴퓨터에 입력하는 거면 괜찮겠지. '네, 아무개 면회입니다', '아무개가 출소했습니다'라고 확인 표시만 하고 그 모든 상황을 직접 볼 필요가 없으면. 그냥 블라인드를 치고 의자에 앉아만 있으면 괜찮을 거야."

딘이 양 주먹으로 자신의 머리 위를 친다.

로라의 말이 계속된다. "그 애들은 직원들이 언제 퇴근하는지 정확히 알았어. 새벽 2시에 일이 끝날 것 같으면 5분 전에 경보음을 눌러. 그래서 가보면 아프거나 자살 충동이 있다고 말하지. 아니면 집에 못 가게 감방 동료와 싸움을 벌이거나."

"거기서 어떻게 살아남았는지 모르겠네요."
"대부분이 실수로 나를 엄마라고 불렀다니까."

제이슨과 로라 둘 다 각자의 인생에서 10년이 넘는 시간을 교도소에서 보냈다. 비록 문의 반대편이긴 했지만. 그들의 관계는 그 시기로부터의 회복이라는 공통의 이야기를 바탕으로 하고 있으며 감옥에 대한 얘기는 거의 나누지 않는다. 둘 다 잃어버린 시간이자 가능성의 낭비라는 느낌으로 각자의 과거를 돌아본다. 딘이 18개월이 되었을 때 제이슨과 로라는 그에게 아동용 노트북을 사주었다. 3세 이상을 위한 장난감이었지만 개의치 않았다. 그들의 거실 구석에는 딘의 나이보다 몇 살 앞선 교육용 장난감과 책들이 수북하다.

10년 전, 내가 아직 그의 상실을 슬퍼하고 있을 때 형이 내 인생에 다시 들어왔다. 그가 존재하게 됐지만 나는 부재중인 그를 사랑하는 법밖에 알지 못했다. 제이슨을 마지막으로 만난 것은 몇 달 전이다. 그때 그는 맥도날드에서 나와 함께 밀크셰이크를 마시며 내가 약에 취했었다는 소식에 마음을 쓸어내렸다. 그는 내가 맨 정신을 고집하는 것을 볼 때마다 자신의 중독이 내게 얼마나 큰 악영향을 미쳤는가를 생각했다. "너를 보면 죄책감이 들어." 그가 말했다. 나는 내 짐을 내려놓고 싶어서 리스본에서 약에 취했지만 알고 보니 그로 인해 그의 짐도 내려준 것이었다.
"다시 할 거야?" 제이슨이 물었다.
"아직도 약 때문에 신세계를 경험하는 중이야. 내가 보는 모든 것이 새롭게 느껴져." 내가 말했다.

"내가 같이했으면 좋았을걸. 지금 말고, 오래전에 말이야. 내가 네 곁에 좀더 있었더라면 말이지."

"형이 하는 양이었으면 난 죽었을 거야." 내가 말했다.

"상황이 달랐더라면 내가 널 돌봤을 텐데."

"형에게 아이들과 로라가 있어서, 형이 가정을 꾸려서 너무 기뻐."

"고마워, 동생. 그럭저럭 해내고 있는 것 같아." 그가 말했다.

나는 빨대로 밀크셰이크를 저었다. 앤드로스가 "저 대신 맥도날드를 먹어줘요"라고 말했던 게, 내가 뭐라고 되받아쳐야 할지 몰랐던 게 기억났다.

"하지만 가끔은 죄책감이 들어." 내가 말했다.

제이슨의 표정이 굳어졌다.

"미안해." 내가 말했다.

제이슨이 내 말을 막으려는 듯 손을 높이 들었다. "고마워. 신경써줘서 고마워. 하지만 네가 그렇게 느끼는 건 싫어. 넌 어떤 죄도 지은 적이 없어."

두 눈에 눈물이 고이는 게 느껴졌다. 나는 빨대로 밀크셰이크를 한 모금 홀짝인 뒤 잠시 동안 맛을 느끼기 위해 초콜릿 우유를 삼키지 않고 그대로 머금었다.

곧이어 삼켰다. "고마워, 형." 내가 말했다.

나는 지금껏 내가 자유롭고 안락한 것이 형에게 빚을 지는 것이라고 느꼈다. 지난 몇 달 동안 나는 그런 빚이 없는 인생을 그려보려 노력했다. 난 어떻게 살게 될까? 난 누가 될까? 아직 이런 질문들에 대한 답을 알지는 못하지만 때로 일상의 즐거운 순간들 속에서 힌트를 발견한다. 최근에 나는 새소리, 나무 그늘에서 어룽거리는 빛, 오후에 과일 껍질을 벗길 때의 향기 같은 것들에서 좀더 쉽게 기쁨을 느낀다. 그 잠깐 동안 세상이 진짜처럼 느껴진다. 내가 걸어야 하는 길이 단순한 즐거움의 순간들로 표시된 길인지도 궁금해진다.

10대 시절 제이슨과 나는 내가 바랐던 만큼 가깝지 않았을지도 모른다. 하지만 이제 그는 내가 자유롭기를 바라고, 나는 그를 한때 감옥에 있던 그 소년 이상으로 바라볼 수 있다. 우리 둘 다 인생의 행복을 알아가면서 서로의 용서가 될 수 있었다.

형의 아파트에서 나는 안락의자에 앉아 있고 딘은 다른 동영상을 튼다. 음악이 시작되자 그가 점프를 하며 360도로 회전한다. 제이슨이 집에 돌아와 거실로 들어온다. 그가 딘이 넘어지지 않도록 그의 뒤에 선다.

로라가 부엌에서 소리친다. "내가 앤디한테 수학책을 보여줬어. 아직은 너무 이른 것 같대."

"눈 깜짝할 사이에 달라질 거야." 제이슨이 내게 말한다. "매일 저 녀석이 배우고 성장하는 것을 지켜보고 있어. 장난 아니라니까, 앤디."

음악 소리가 점점 커진다. 딘이 쪼그리고 앉아 손가락을 바닥에 대더니 공중으로 뛰어오른다.

잠시 후 제이슨이 후드티를 벗자 밑에 있던 티셔츠가 배 절반쯤까지 구겨져 올라간다. 그의 골반 뼈를 따라 흉터가 있다.

음악 소리가 잦아든다. 딘이 아빠에게로 몸을 돌리고는 안아달라고 양팔을 내민다. 제이슨이 티셔츠를 내리고 아들을 안는다. 가슴속에서 차오르는 기쁨이 느껴진다. 나는 휴대전화로 둘의 모습을 찍는다.

며칠 뒤 층계참에서 제롬을 만난다. '행운'과 '웃음'에 대한 수업을 들었던 학생이다. 내가 그를 마지막으로 본 뒤에 출소했다가 소환됐거나 다시 유죄 선고를 받은 것 같다. 나는 그에게 손을 흔든다. 그가 내게 환한 미소를 보이며 손을 흔든다.

2번 층을 걸어가는데 뭔가 축축한 것이 머리 위로 떨어지는 것 같다. 3번 층의 젊은이가 물통을 들고서 내게 웃을 것을 기대하며 위를 올려다본다. 하지만 사람은 보이지 않고, 층계참을 나누는 자살 방지 금속 그물망 사이로 물방울만 떨어지고 있다. 몇 걸음 걸어가니 거대하고 얕은 물웅덩이가 나온다. 내 앞의 계단통이 젖어 있다. 물방울이 떨어지자 물웅덩이에 잔물결이 인다.

교도관 뉴브룩이 문에서 나와 커다란 빈 쓰레기통을 층계참으로 끌고 오더니 계단통 아래에 놓는다. 그가 4번 층의 한 재소자가 반항의 의미로 감방에 홍수를 일으켰다고 말한다. 퍽 소리가 나면서 플라스틱 쓰레기통에 물방울이 떨어진다. 나는 물웅덩이를 요리조리 빠져나가 계단을 올라간다.

교실로 가서 의자를 원형으로 배치하고 학생들을 기다리면서 기대감에 들뜬다. 복도에서 교도관이 소리친다. "자유롭게 이동." 학생들이 교실로 천천히 들어온다. 해리가 가장 먼저 들어온다. 그는 20대 중후반으로, 사춘기 소년처럼 두 뺨이 발그레하고 인중에 솜

털이 나 있다. 그는 거의 말이 없다. 내가 아는 바로는 해리를 찾아오는 사람은 열네 살일 때부터 그를 알고 지냈던 청소년 선도원뿐이다.

지난 수업 시간에는 알바니아 사람, 베트남 사람, 콜롬비아 사람이 교실 뒤편 벽에 붙여놓은 지도 주변에 모였다. 서로가 서로에게 자신이 어디서 왔는지 보여주고 있었다. 한 학생이 자신이 살던 도시를 찾아 손톱으로 찍었다. 그들이 자리로 돌아가자 해리가 지도로 다가가 자기 나라를 찾으려 애를 썼다. 해리는 영국 사람이다. 그가 손가락으로 인도양에 동그라미를 쳤다. 영국이 바다로 둘러싸인 것을 알았던 것이다. 그의 손가락이 브라질부터 인도네시아까지 스치고 지나갔다.

나는 그를 위해 영국을 가리켰다.

"아, 그래요. 나는 저쪽에 있는 줄……." 그가 마지막 말을 삼켰다.

해리는 하루의 태반을 가로 약 1.8미터, 세로 약 2.4미터 크기의 감방에서 보낸다. 감옥에 오기 전에는 그의 세계가 얼마나 컸을지, 이곳을 떠난 후에는 얼마나 클지 궁금하다.

앤서니라는 학생을 포함해 마지막 몇 사람이 교실로 들어온다. 앤서니는 지난 2년간 거리에서 생활하다가 30대 초반인 지금 첫 감옥 생활을 하고 있다. 그는 모든 옷과 소지품을 침대 옆에 쌓아둔다. 그래야 다른 교도소로 이감될 때 10초 만에 가방에 짐을 던져 넣을 수 있기 때문이다.

원형으로 앉은 학생들이 내일 또 봉쇄가 있을지 추측하고 있다.

누군가 키득거린다. 이스턴이다. 그는 교실 뒤편 구석의 책상에 기대 있다. 추리닝 바지를 무릎까지 잘라 반바지로 만들었다. 심지어 추운 날에도 이 바지를 입는다. 그의 말에 따르면 발목까지 내려오는 하의를 입으면 밀실 공포증이 느껴진다고 한다. 이스턴의 감방을 본 적이 있다. 그의 감방엔 사진이 하나도 없다. 벽에 이전 재소자가 치약으로 사진을 붙여놨던 하얀 얼룩 자국만 여기저기 있을 뿐이다.

나는 문을 닫고 수업을 진행한다.

내가 말한다. "향수, 즉 노스탤지어라는 말은 '귀향'을 의미하는 그리스어 '노스토스(nostos)'와 '통증'을 의미하는 '알고스(álgos)'에서 유래했어요. 향수에 빠졌다는 건 고향을 그리워한다는 뜻이죠. 17세기에 향수병을 진단받은 군인은 임무 수행에 부적합하다고 여겨져 군에서 제대할 수 있었어요. 스위스 군대는 소젖 짜는 것을 주제로 한 스위스 노래를 부르는 군인들이 향수병의 주범이라고 비난했죠. 그 노래를 부르면 누구든 사형에 처해질 수 있었어요."

"프리티 파텔(영국 보수당 소속의 정치인-옮긴이)이 따로 없네요." 누군가 중얼거린다.

"한 러시아 장군은 향수병에 걸렸다고 말한 병사 두 명을 산 채로 묻었어요. 의사들은 향수병을 치료하기 위해 다양한 방법을 시도했어요. 일부는 몸속에 병에 걸린 뼈가 있어서 향수병이 나타나는 거라고 생각했지만 어떤 뼈인지 찾지 못했죠. 거머리, 장 세척, 따뜻한 최면액으로 치료를 시도한 이들도 있었어요. 한 프랑스 의사는 '통증과 공포를 부추김'으로써 향수병을 치료해야 한다고 권장했어요. 미군의 한 의사는 향수병에 걸린 군인들은 남자답지 못하고 나약하므로 괴롭혀야 한다고 조언했죠. 가끔씩 의사가 향수병 치료를 위해 해당 군인을 집에 보내라고 권하기도 했지만 그토록 갈망하던 집이 예전 모습을 잃었다면 그마저도 효과를 보장할 수 없었어요."

앤서니가 말한다. "내가 감방에서 향수를 느끼는 대상은 약물도, 길거리도, 바깥에서 시간을 허비하며 했던 일들도 아니에요. 내 조카들, 나를 포기하지 않은 친구들이죠. 향수병에 걸리면 눈앞이 밝아지면서 뭐가 중요한지 떠올리게 돼요."

"그러면 향수병은 병인가요?" 내가 묻는다.

"명확함은 혼란에 대한 치료제예요. 세상을 올바른 순서로 되돌려놓죠. 병은 자연에서 오는 거지만 향수병은 군대와 같은 기관에 의해 만들어진 거예요. 교도소는 사람들이 향수병에 걸려 변화할 수 있도록 만들어진 제도죠."

"무슨 소리야?" 이스턴이 교실 뒤편에서 불쑥 말을 꺼낸다. "그러면 이곳 사람들이 느끼는 향수가 좋은 거라는 뜻이야?"

앤서니가 말한다. "감옥을 처음 발명했을 때는 죄수들이 어떻게 적응하게 될지 예측하지 못했어. 감옥에 들어온 첫날, 내 침대 바로 옆에 변기가 있었던 게 기억나. 침대에 누워서 감방 동료의 똥 냄새를 맡을 수 있었지. 밤에는 너무 시끄러워서 잠을 못 잤어. 그때 다시는 죄를 짓지 않겠다고 맹세했지. 하지만 1~2주가 지나니 잠이 오더라고. 똥 냄새도 익숙해지고."

"그게 향수와 무슨 관련이 있죠?" 내가 묻는다.

"우리는 향수에도 익숙해져요." 앤서니가 말한다. "난 집을 떠올려도 별로 그립지 않아요. 머릿속으로 기억은 하지만 몸으로는 그립지 않아요, 기억이 텅 빈 것처럼."

몇 분 뒤, 이스턴이 책상 가장자리를 밀더니 일어선다.

"15년 동안 감옥에 갇혔다고 칩시다." 그가 말한다. "감방 안에 갇혀서 하루하루를 보내요. 감옥에서 이발사는 물론이고, 자기 층의 모든 사람, 헬스장의 모든 사람을 알게 되죠."

그가 두 발을 넓게 벌리며 선다. 손으로 총 모양을 만들더니 나를 가리킨다.

"그러다 석방이 돼요." 그가 말한다. "사회에서 보내는 첫날밤은 안에서 보내는 첫날밤보다 힘들어요. 아파트에는 아는 사람이 하나도 없어요. 아무도 인사를 건네지 않죠. 일자리도 못 구해요. 안에서의 속도는 느리지만 밖에서의 속도는 빛처럼 빨라요."

이스턴이 교실 끝에서 끝까지 걷는다.

그가 말을 잇는다. "열쇠 소리가 들리면 불안감이 줄어들죠. 하루 종일 뭘 해야 할지 몰라도 시계를 보면 11시 반이니까 이제 자유 이동 시간이겠구나, 아니면 6시가 넘었으니까 문이 잠기겠구나 하죠."

그가 몸을 돌려 교실 반대편 끝까지 걷는다.

"쥐 죽은 듯 조용해서 밤에는 잠이 안 와요."

그가 뒤꿈치를 바닥에 대고 몸을 돌리자 운동화가 바닥에 쓸려 끽끽댄다. 그가 계속 서성인다.

"지하철 플랫폼에서 몸이 부딪혀도 사과하지 않는 행인을 보면서 이렇게 생각하죠. '만에 하나, 네가 말이야, 형씨, 내가 무슨 죄로 감방에 갔다 왔는지 알았다면 말이지.' 층계참에서라면 아무도 그에게 이렇게 무례하게 굴지 않았겠죠. 결국 그는 감옥을 그리워하게 돼요. 감방에 향수를 느끼며 돌아가고 싶어 하죠."

그가 다시 교실 끝까지 걸어간다. 나는 니체의 명령을 떠올린다. "될 수 있는 한 앉지 마라. 개방된 공간과 자유로운 움직임 속에서 태어나지 않은 사상에는 어떤 믿음도 주지 마라." 이곳에 갇힌 사람은 어떤 생각을 믿어야 할지를 어떻게 구분할 수 있는지 궁금하다.

이스턴의 말이 계속된다. "향수는 병이 아니에요. 하지만 감옥에 대한 향수는 병이에요."

"감옥에 향수를 느낀다는 건 감옥이 그 사람의 집이 됐다는 뜻이야." 앤서니가 말한다.

이스턴이 몇 걸음 더 성큼성큼 걸으며 두 손가락으로 앤서니를 가리킨다. "감옥을 그리워하는 건 고약한 뭔가를 그리워하는 거야."

"그렇다면 만약 향수가……."

"감옥을 그리워하는 사람은 향수병이 아니라 그냥 병에 걸린 거야." 그가 교실 모퉁이에서 걸음을 멈추더니 나를 향해 몸을 돌린다. "교도소는 내 집이 아니에요. 난 여기 살지 않아요." 그가 손가락 두 개로 자신의 가슴 한가운데를 쿡 찌른다. "이건 내가 아니에요. 바깥에 있을 때가 나예요. 이곳을 떠난 뒤의 내가 나라고요."

몇 분 뒤, 팹이 말한다. 그는 20대 중반의 말레이시아인으로 앞니 네 개가 금니다. "우리나라는 절대 이렇게 하지 않아요." 그가 말한다. "내가 온 나라에선 잘못을 하면 피가 날 때까지 매질을 해요. 아무도 감옥을 그리워하지 않죠. 그들이 매질을 하는 건 관심을 가져서예요. 여기선 우리한테 눈곱만큼도 신경을 안 써요. 얼마나 신경을 안 쓰는지 제대로 처벌도 안 하죠. 그러니 사람들이 감옥을 그리워하는 거예요. 얼마나 거지 같아요?"

"군인들한테 고통 요법을 쓰자고 했던 그 의사처럼 말하는군." 앤서니가 말한다.

"효과가 있었잖아요, 안 그래요? 사람들이 감옥을 싫어하게 하려면 감옥을 더 힘들게 만들어야 해요."

"향수병에 걸리셨나." 앤서니가 웃는다. "매질이 그리운가 보구먼?"

"정말이지, 여기 교도소는 물러 터졌어요."

나는 학생들에게 그들끼리 토론하라고 말한다. 그룹별로 서로에게 뭐라고들 중얼거린다. 이스턴 옆에는 그와 함께 2번 층에서 지내는 젊은 남자가 앉아 있다. 그들이 음모를 꾸미듯 함께 웃는다. 2주 전의 회합 시간이었다. 간수들이 감방 폐쇄를 외치기 몇 분 전, 이스턴과 젊은이 12명이 2번 층에서 4번 층으로 올라갔다. 그들은 자신들의 감방에서 최대한 멀리 떨어진 곳에서 꾸물거렸다. 그 덕에 감방 밖에서 15분을 더 보냈다. 간수들이 그들을 2번 층으로 데리고 내려오는 데 그만큼의 시간이 걸렸던 것이다. 이스턴 무리는 며칠 동안 같은 행동을 반복했고 결국 지난주 교도관들은 이스턴을 제시간에 가두기 위해 15분 일찍 감방 폐쇄를 알렸다. 다음 날 이스턴 무리는 판세를 뒤집기 위해 20분 일찍 4번 층에 올라갔다.

하지만 이스턴이 감방 밖에서 더 오랜 시간을 보내려고 할수록 당국은 폐쇄 시간을 더 빨리 앞당겼다. 어제는 교도관들이 예정보다 30분이나 이른 시간에 감방 폐쇄를 외쳤다. 회합이 반쯤 지났을 때였다. 해리가 주머니에 양손을 넣고 의자에 털썩 주저앉아 허공을 바라본다. 내가 말한다. "무슨 생각 해요, 해리?"

그가 입을 쌜쭉거린다.

"향수병이 병일까요?" 내가 묻는다.

"잘 모르겠어요."

"팹의 주장에 대해선 어떻게 생각해요? 감옥이 더 힘들어야 할까요?"

"몰라요. 잘 모르겠어요."

감옥에는 해리처럼 뭐라고 말할지, 무슨 생각을 해야 할지 모르는 사람들이 많다. 이들은 언제 먹어야 할지, 언제 운동장에 나가야 할지, 언제 건물로 돌아가야 할지 알지 못한다. 이들의 감방 문은 오직 밖에서만 잠기고, 이들의 가냘픈 목소리는 끝을 맺지 못하고 흐려진다.

한 시간 뒤, 교도관이 수업 종료를 알리기 위해 문을 두드린다. 앤서니가 저녁 식사를 기대하며 자기 배를 철썩 때린다. 학생들이 나간다. 처음 보는 재소자가 교실로 와서 말한다. "선생님, 나 좀 도와줘요." 그가 종이 한 장을 펼쳐 보여준다. 종이는 지저분하고 구겨진 데가 찢어져 있다. "보석이요, 제발!" 그가 서식에서 주소 적는 칸을 가리킨다. 우편번호의 앞 두 자리 외에는 비어 있다.

"이름이 뭐예요?" 내가 말한다.

그가 보석으로 나가고 싶지만 주소가 기억이 안 난다고 어설픈 영어로 말한다. 집주인에게 전화를 걸어 주소를 알아내려 했지만 항상 자동응답기로 넘어간다고 한다. 집주인한테 전화를 걸다가 교도소 전화 카드에 든 돈도 바닥나버렸다. “주인한테 전화해줄래요?” 그가 말한다.

나는 그의 신분증을 보고선 이름이 플로린임을 확인한다. “플로린, 주소가 뭐예요?”

그가 엄지 두덩으로 자기 머리를 치면서, 술을 너무 많이 마신 데다가 거기서 몇 달밖에 살지 않아 기억이 안 난다고 말한다. 집 호수가 29호, 31호, 39호 셋 중 하나라고 떠올린다. 혹시 연락할 수 있는 동거인들을 아냐고 물으니 그가 말한다. “폴란드 하나, 루마니아 하나.” 하지만 이름은 기억하지 못한다.

“그러니까 보석금을 내고 집에 가고 싶다는 거죠?” 내가 묻는다.

“네, 제발 도와줘요.” 플로린이 말한다.

“하지만 집에 가려면 집 주소를 알아야 하는데, 집 주소를 몰라서 집에 갈 수가 없다?”

“네.”

나는 그에게 대신 전화해줄 수는 없지만 그의 상황을 설명하는 쪽지를 써서 도움을 줄 만한 교도관에게 전달할 수는 있다고 말한다. 그가 자기 감방을 향해 되돌아간다.

30분 뒤, 교실을 나와 복도를 걸어가다 계단에 다다른다. 오늘 아침 물난리가 났던 감방에서 아직 물이 떨어진다. 계단에 물이 있다. 평소처럼 수많은 사람이 계단을 우르르 내려오는 소리가 들리지 않는다. 그 대신 다들 작게 첨벙 소리를 내며 조심스레 발을 디딘다.

계단통을 내려가 쓰레기통을 확인하니 물이 약 10센티미터 깊이로 모여 있다. 물방울이 내 앞에 떨어져 초록색 셔츠에 짙은 자국을 남긴다. 고개를 들어보니 이스턴과 젊은이 무리가 4번 층에서 노란색 '미끄럼 주의' 표지판을 지나 느긋하게 걸어간다.

미세한 물방울들이 내 이마와 코에 떨어진다. 교도관이 이스턴 무리를 향해 걸어간다. 청년들이 몸을 돌려 4번 층 반대편 끝으로 향한다.

또 다른 교도관 셋이 무리에게 접근한다. 이스턴이 고개를 떨구더니 무리와 함께 계단통으로 느릿느릿 걸어간다.

물방울 한 점이 내 뺨에 떨어진다.

몇 주 뒤, 나는 서점에서 다이달로스와 그의 아들 이카로스의 이야기를 어린이용으로 편집한 책을 집어 든다. 미노스 왕이 두 사람을 크레타섬에 가둔 이야기가 나온다. 그들이 섬을 탈출해 고향 아테네로 날아가기 위해 닭의 깃털과 금색 밀랍으로 날개를 만드는 삽화가 책 전면에 실려 있다. 나는 책을 사서 형네 집으로 가는 기차에 올라탄다.

기차가 움직이기 시작한다. 템스강을 지날 때 창밖을 바라본다. 런던이 창백한 겨울 햇빛에 휩싸여 있다. 나는 자기 감방에서 티백을 그리던, 카라바조 수업 시간의 소묘 화가 토미를 떠올린다. 그가 여기 있었다면 세인트 폴 대성당의 흰색 돌벽과 그 옆으로 흐르는 회청색 템스강의 대비를 눈치챘을 것이다. 그의 관심이 블랙프

라이어스 다리의 가로선과 그 아래로 사선의 잔물결을 남기며 지나가는 작은 배에 가닿았을지도 모른다. 토미를 대신해 풍경을 음미하며 바라보니 도시가 더 아름답다.

작년에 열차에서 비현실적인 기분을 느꼈던 이후 감옥에서의 삶에 대한 내 집착이 바깥세상에서의 삶을 희생시키는 것은 아닐까 염려됐다. 이제 슬슬 시선을 돌릴 때가 됐다는 생각이 들었다. 하지만 토미, 앤드로스, 야니스와 같은 재소자들과의 만남은 세상에 대한 나의 경험을 한층 두텁게 만들었다. 나는 감옥 문을 나선 뒤에 아름다움, 음식, 우정과 같은 것들에 감사함을 느낀다. 그리고 이런 것들을 빼앗긴 채 사는 사람들에게 불쾌함을 느끼는 대신 이를 통해 그들의 인간성과 연결고리를 이어나간다.

나는 시선을 돌리고 싶지 않다. 하지만 '증인'이 되고 싶지도 않다. 몇 주 전, 독방에서 오랫동안 형기를 보냈던 닉이라는 학생이 내 수업을 들었다. 그는 한밤중에 깨어나면 감정과 정신이 완전히 무감각해지며 자신이 실은 진짜가 아니라는 생각이 들곤 한다고 했다. 감옥에서 수많은 사람이 비슷한 괴로움을 호소한다. 그들은 사회로뿐만 아니라 자기 자신으로부터도 사라질까봐 두려워한다. 언젠가 수업이 끝날 무렵 교도관이 재소자들을 감방으로 돌려보내기 위해 교실 문을 두드렸을 때였다. 학생들이 줄지어 나가는데 닉이 내게 다가왔다.

"철학이 맘에 들어요." 그가 말했다. "내게도 정신이 있다는 걸 일깨워줘요."

교도관이 문에서 말했다. "갑시다."

닉이 내 시선을 붙들었다.

"다음 주에도 꼭 오세요." 내가 말했다.

그가 고개를 끄덕이며 교도관과 함께 나갔다.

닉은 내가 교사로서 사라진 자들에 대한 증인, 그 이상의 일을 할 수 있음을 상기시켰다. 나는 사람들이 자신을 놓지 않고 지켜보도록 도와줄 수 있다.

한 시간 뒤, 제이슨의 집에 도착하니 텔레비전에서 〈판사 주디〉가 방송되고 있다. 제이슨이 소파에 앉아 딘이 점심때 남긴 피시 핑거를 먹고 있다. 내가 딘에게 책을 주자 로라가 말한다. "뭐라고 해야 하지?"

"7주하고 4일만 있으면 일곱 살이 될 거야." 딘이 말한다.

"'고맙습니다, 앤디 삼촌.' 이렇게 말해야지." 로라가 말한다.

"고맙습니다, 앤디 삼촌. 내 생일까지 53일 남았어." 딘이 말한다.

화면에서 주디 판사가 자신과 언쟁을 벌이는 피고를 안경 위로 쳐다본다.

"판사가 노발대발할 거야." 제이슨이 말한다.

"따지기엔 너무 늦었지." 로라가 말한다.

주디 판사는 피고가 850달러의 빚을 졌다고 선언하며 다음에 법정에 올 때는 셈하는 법을 배워 오라고 선고한다. 방청객들이 손뼉을 친다. 제이슨과 로라가 서로를 쳐다보며 웃는다.

몇 분 뒤, 나는 소파에 앉아 있다. 제이슨의 녹색 스웨터가 팔 부분이 돌돌 말린 채 이상한 모양으로 내 옆에 놓여 있다. 나는 스웨터를 단정하게 개서 도로 갖다 놓는다. 오늘따라 제이슨의 물건들이 이상하게 애잔해 보인다. 나는 투명테이프로 고정해놓은 텔레비전 리모컨을 엄지로 가볍게 쓸고 담배통 가장자리를 손가락으로 훑는다. 그가 이곳에 있음을 확인시켜주는 촉감이 좋다.

“이거 보여줄게!” 로라가 내게 말한다. 나는 형과 나란히 소파에 앉아 로라가 거대한 세계지도를 펼치는 모습을 지켜본다. 그녀 말로는 중고 가게에서 1파운드에 건졌다고 한다. 그녀가 가장자리가 말려 있는 지도를 벽에 비스듬히 세우고 말한다. “멕시코가 어디 있지?”

딘이 미국 아래의 주황색 부분을 손가락으로 찌른다.

“인도네시아는?” 로라가 묻는다.

그가 옆으로 건너뛰어 인도네시아를 가리킨다.

“아르헨티나여, 나를 위해 울지 말아요?”

“쉬운 것만 물어보잖아.” 딘이 이렇게 말하며 아르헨티나를 가리킨다.

“잘하네요, 척척박사님.” 제이슨이 말을 마치고 방금 입에 넣은 피시 핑거를 헛기침과 함께 넘긴다. “그러면 아이슬란드는 어디 있지?”

“저기.” 딘이 아이슬란드를 느릿느릿 가리킨다.

“몽골은?” 로라가 말한다.

딘이 왼쪽에서 오른쪽으로 지도를 쳐다본다.

“이젠 모르겠지?” 로라가 말한다.

그가 지도에 좀더 가까이 다가가 아프리카를 뚫어지게 바라본다.

“몽골은 어디 있는지 모르나 보네.” 로라가 놀리듯이 말한다.

딘이 양손으로 머리를 잡는다.

로라가 몽골을 가리킨다.

"아아아아아!" 그가 위아래로 점프를 한다. "거기 있는 줄 알았어!"

"아니, 몰랐거든." 로라가 말한다.

"다시 물어봐. 거기 있는 줄 알았어. 다시 물어봐."

19장

우리의 인생이 정해져 있다고 생각하세요?

"난 때때로 신이 개입해서 인생을 바꾼다고 생각해요."

"이를테면요?"

"바깥에서 내 삶은 혼돈 그 자체였어요. 엄마가 그랬죠. 체포가 안 됐으면 난 지금쯤 땅속에 묻혔을 거라고. 신이 개입해서 내 인생을 살렸다고요."

코로나 대유행 이후 1년 동안 감옥에 가지 않고 있다. 내가 일하는 도심의 일부 교도소는 층계참을 청소하거나 주방에서 일하는 사람을 제외한 모든 재소자를 하루 23시간 동안 감방에 가둬놓는다. 감옥 안의 사망률은 바깥보다 세 배나 높다. 《고도를 기다리며》에 대한 수업을 들었던 IPP 학생 웨인은 9개월 전에 공판이 있을 예정이었지만 보류되었다. 언제 다시 열릴지 미지수다. 내 예전 학생 소피아 역시 난감한 상황에 처했다. 소피아는 10대 때 루마니아에서 겨우 몇 가지 영어 단어만 장착한 채 영국에 도착해 몇 주 만에 감옥에 갔다. 그리고 10년 동안 감옥에 있으면서 영어로 학위를 받았다. 2019년 말, 그녀에게 석방통지가 날아왔다. 석방은 점진적으로 이루어질 계획이었다. 첫해에는 낮 동안 외출해 대학에 갔다가 저녁이 되면 감옥으로 돌아와야 했다. 이 소식을 듣고 그녀가 크게 기뻐하며 내게 물었다. "제 말투가 런던 말투예요?" 그녀는 감옥이 아닌 곳에서는 영어로 말해본 적이 없었다. 자기 목소리가 어떤지 자신이 없었다.

"약간요." 내가 말했다.

"제가 잘 적응할까요?" 그녀가 물었다.

소피아의 석방은 연기되었다. 언제 다시 석방 절차가 시작될지 그녀도 모른다.

몇몇 학생이 감방에서 내게 편지를 보내 자유, 시간, 희망에 대한 생각을 나눴다. 틀린 철자가 너무 많아서 편지를 읽기 힘들 때가 많다. 지금은 감옥에서 사전을 구하기가 어려운 탓이다. 내가 답장을 쓰면 간수가 그들의 문 아래로 편지를 밀어 넣어준다. 교도관인 친구 한 명은 내게 이렇게 말했다. "이 상황을 얼마나 오래 견딜 수 있을지 모르겠어. 매일 교도소에 들어가도 그들과 접촉하기 힘들어. 다들 감방 문 안에서 썩어가고 있는데 내가 별로 해줄 수 있는 게 없다고. 이상하게 들리겠지만 감방 폐쇄를 견딜 수가 없어."

내가 아는 스티브 뉴어크라는 작가는 감옥에서 총 14년가량을 보냈다. 코로나가 닥쳤을 때는 감옥에 있었지만 지금은 사회에 나왔다. 어젯밤에 그와 전화 통화를 했다. 그가 말하길, 사동의 수많은 사람이 면회도 받지 못하고 그토록 오래도록 감금되는 상황을 불공평하게 여긴다고 했다. "나는 불평할 시간도 없었어요. 내가 처하고 싶은 상황이 아니라 처한 상황에 대처해야 했으니까요." 그 말을 들으면서 엄혹한 상황에 집중할 수 있는 그의 능력에 고개가 숙여졌다. 그는 규제가 최고조에 달했을 때 출소했다. "어떻게 해야 할지 모르겠더군요." 그가 말했다. "바깥 사람들은 봉쇄 조치에 함께 적응하는 법을 터득했더라고요. 나는 거리에서 마스크를 써야 하는지, 언제 줄을 서야 하는지도 몰랐어요. 교도소에 들어간 첫날 같은 느낌이 얼핏 들었죠." 그가 출소한 후, 몇몇 사람이 그에게 말했다. "이제 자네가 감옥에 있을 때 어떤 기분이었는지 알겠어." 사람들이 그에게 그렇게 태평한 소리를 할 때면 내가 스티브를 대신해 짜증이 났다. 그런 소리를 들으면 짜증나지 않느냐고 그에게 물었다. "그냥 웃고 말아요." 그가 말했다. "누구나 자신이 아는 것만 아니까요."

봉쇄 조치가 시행되고 두 달, 사형집행인이 나를 조여왔다. 나는 공포로 몸이 쪼그라든 채 새벽 2시에 눈을 떴다. 나를 비난하는 가혹한 말들이 머릿속을 계속 휩쓸었다. 이런 일은 수치심이 내 마음 구석구석을 지배할 때까지 거의 일주일 동안 매일 밤마다 일어났다. 하루 내내 굴욕적이지 않은 생각은 비집고 들어올 틈이 없었다. 나는 숨이 차서 쓰러질 것만 같았다.

그다음 주에 큰 공원에서 달리기를 시작했다. 그리고 며칠 뒤 내가 100평방미터의 잔디밭 주위만 달렸다는 사실을 알아차렸다. 피트니스 앱을 확인해보니 내 적외선 열지도가 작고 빨간 동그라미를 그리고 있었다. 이미지가 뭔가 갑갑하고 단조롭고 재미도 없는 게, 꼭 사형집행인이 통제하는 내 머릿속처럼 보였다. 그가 내가 가는 길을 계획하고 있는 것 같았다. 다음 날 나는 같은 공원을 아무렇게나 지그재그로 달렸다. 그랬더니 개들이 겁을 먹었다. 개들이 나를 향해 계속 짖었다.

이제 나는 그냥 현관문을 나서서 내키는 대로 아무 방향으로나 달린다. 처음엔 가혹한 이미지가 번뜩 떠오른다. 하지만 계속 달린다. 바람이 얼굴을 때리고 생각을 흐트러뜨린다. 그 이미지가 뭐였더라 생각할 때쯤이면 이미 새로운 거리에 들어와 있다. 나는 한계점 너머, 생각이 멈출 때까지 달린다. 공기가 입안으로 들어와 내 폐를 채우는 게 느껴진다. 주택의 빨간 벽돌이 더 강렬한 붉은색으로 보인다. 세상이 내 상상의 죄보다 더 커진다. 그 순간 나는 사형집행인을 향해서 달리지도, 그에게서 달아나지도 않는다. 그냥 달린다.

나는 다시 카프카를 읽고 있다. 여느 때처럼 그게 사형집행인을 향한 발걸음인지, 그에게서 도망가는 발걸음인지 확실치 않다. 하지만 최근에 카프카가 주인공에게 일종의 탈출을 허락하는 순간을 발견했다. 카프카는 프로메테우스 이야기를, 그가 언덕에 묶이고 신들이 독수리를 보내 끊임없이 자라나는 그의 간을 쪼아 먹게 하는 과정을 가져오되 다른 결말을 제안한다. "수천 년이 지난 후에…… 모두가 존재 이유를 상실한 그 과정에 지쳐갔다. 신들도 지쳤고, 독수리도 지쳤다. 심지어 상처마저 지쳐 아물었다고 한다." 처음엔 프로메테우스에게 너무 늦은 일이었지만 나중엔 더 이상 그렇지 않다. 나는 카프카가 마침내 자신을 고문하는 일에 지쳤다고 말하는 것인지 궁금했다. 자신의 증상에 싫증을 느끼고 자유를 찾은 것일까? 그의 작품을 계속 읽는다면 나도 카프카에게 싫증을 느끼고 자유를 찾게 될까?

사형집행인에 대한 나의 관심을 소모시키는 가장 빠른 방법은 다른 것에 관심을 가지는 것이다. 며칠 전, 잠자리에 들기 몇 시간

전에 나는 무작위로 라디오를 틀었다. 사형집행인의 반복적인 소곤거림에 대한 선제 조치였다. 라디오에서 마일스 데이비스, 엘라 피츠제럴드, 아흐마드 자말의 곡이 흘러나왔다. 멜로디를 들으며 나 자신을 놀라움과 다시 친하게 만들고 싶었다. 밤중에 내 생각들이 그토록 소름 끼치게 좁아지는 것을 막아주리라는 바람에서였다. 불안을 미리 방지하는 행위가 때론 불안을 소환하는 주범이기도 하지만 새로운 음악을 들으면 삶에 대해 흥분하게 된다. 그것이 사형집행인에게 가지 않는 한 가지 방법이다.

여름에 일주일 동안 애덤과 함께 리스본에 머물렀다. 두 번째 날에, 나는 잠을 못 이룬 채 1분이 멀다 하고 똑같은 비난의 생각에 시달렸다. 아침이 되니 똑같은 시냅스를 몇 번이고 밟아 뇌가 아픈 것마냥 두통이 심했다. 다음 날, 애덤이 나를 숲으로 데려갔다. 우리는 누워서 소량의 환각 버섯을 먹었다. 30분 뒤, 나무들이 왕과 왕비의 기운을 띠었다. 그들에게 존경심을 표하고 싶었지만 얼굴 가까이에 있던 나뭇잎이 나를 계속 웃게 만들었다. 내 주변의 모든 것이 흥미로웠다. 뇌 전체가 환해지는 느낌이었다. 내가 가고 싶어도 사형집행인에게는 갈 수 없었을 것이다. 발목을 천천히 돌릴 때의 느낌이 너무나도 신기했다.

내가 자제력을 잃고 폭력적인 행동을 할까봐, 깨어보니 손에 피가 묻어 있고 사형집행인이 맞았다는 사실을 깨닫게 될까봐 두려워서 언제나 환각제를 피했다. 하지만 나는 누구도 해치지 않았다. 그저 정말 재미있는 시간을 보냈다. 버섯을 먹은 다음 날, 나는 일시적인 평온을 마음껏 즐겼다. 어쩌면 나를 믿을 수 있을지도 모르겠다는 생각이 들었다. 어쩌면 사형집행인 밑에서 보낸 수십 년이 고통스러운 시간 낭비였을지도 몰랐다. 죽어도 아빠처럼 되지 않기 위해 머릿속에 그토록 가혹한 인물을 만들어냈지만 사형집행인이 내게 한 짓은 나 자신이 되지 못하도록 막은 것뿐이었다. 그날 밤 나는 침대에 누워, 만약 사형집행인이 찾아오면 번지수를 잘못 짚었다고 말하겠노라고 나 자신에게 말했다.

지난 몇 주 동안 이오나라는 번역가와 데이트를 하고 있다. 그녀는 몇 달간 봉쇄 조치가 내려진 겨울의 어느 날, 즉흥적으로 책, 옷, 쿠션, 촛대 등 여러 가지 물건을 모아서 검은 가방 수십 개에 집어넣고 없애버렸다고 말했다. 덕분에 공간이 많이 생겨나 속이 후련했지만 며칠이 지나자 다시 물건에 둘러싸인 듯한 기분을 느꼈다. 그래서 꽃병, 여분의 식기류, 양탄자, 벽에 걸린 그림, 의자, 보관함, 펜을 정리했다. 밤에 휴식을 취하기 위해 소파에 앉았는데 정리해야 할 것들이 더 있다는 느낌이 들었다.

지난주에 처음으로 그녀의 집에 갔다. 그녀가 거실에 앉아서 자신이 가장 좋아하는 소설 속 구절을 즉석에서 영어로 번역해 읽어줬다. 우리는 사랑을 나눈 뒤 책과 옷을 바닥에 널브러뜨린 채 소파에서 잠이 들었다.

아침에 눈을 떴을 때 그녀가 내 가슴에 머리를 얹었다. 두려움이 찌르르 밀려왔다. 사형집행인이 내게 모든 것을 빼앗기는 것이 마땅하다고 말했다. 나는 이오나를 팔로 감쌌다. 너무 무모한 행동처럼 느껴졌다.

우리는 함께 일어나 부엌에서 차를 끓였다. 냉장고를 여니 유통기한이 4개월 지난 치즈 통이 여러 개 있었다. 그 옆에는 따지 않은 콩 통조림이 있었다.

“깡통 제품은 냉장고에 보관할 필요 없어.” 내가 말했다.

그녀가 어깨를 으쓱했다.

“이 치즈는 안 먹는 게 좋겠다.” 내가 말했다.

“어차피 음식은 약골들을 위한 거야.”

“나에 대해 알아야 할 게 하나 있어. 난 배를 채우지 않으면 하루를 시작할 수 없어.”

“글쎄, 난 립스틱을 바르지 않으면 하루가 잘 돌아가지 않아.”

코로나 대유행의 경제적 혼란 속에서 이오나의 하루는 매우 길다. 그녀는 플라멩코 레드 립스틱을 바르고 노트북에서 뿜어져 나오는 파란 불빛을 얼굴에 받으며 밤늦게까지 책상에 앉아 일한다. 가끔은 일을 멈추고 시리얼을 책상에 가져와 먹으면서 일을 이어나간다.

나는 집에 있다. 일요일 정오쯤이다. 입이 건조하다. 부엌 수도꼭지에서 유리잔에 물을 채워 마신다. 갈증을 해소하는 즐거움을 만끽하고 있는데 갑자기 머릿속에 웬 이미지가 떠오른다. 내가 방안에 갇혀 있다. 두 팔을 움직일 공간이 충분치 않다. 입이 건조한데 물이 없다. 탈수 증세로 의식이 사라지고 있다. 사형집행인이 내게 그래도 싸다고 말한다.

나는 부엌 싱크대에 유리잔을 내려놓는다. 휴대전화를 꺼내 조니와 화상 통화를 한다. 그는 정원의 유칼립투스 나무 아래에 앉아 있다. 우리는 몇 분 동안 대화를 한다. 방의 이미지가 아직 내 머릿속 어딘가에 있지만 그 생각에 매달리기 힘들다.

“괜찮아? 봉쇄는 잘 헤쳐나가고 있어?” 그가 묻는다.

"난 글 쓰는 중이야." 내가 말한다.

"재밌는 글이야?"

"교도소에 관한 글이야."

그가 혀를 쯧쯧 찬다. "너답네."

그가 웃는다. 나는 물을 홀짝인다.

봉쇄 기간 내내 수치심에 자신을 잃어버릴 것 같은 순간마다 나는 내가 정말 누구인지 상기시켜줄 친구에게 전화를 걸었다. 하지만 감옥의 재소자들에겐 면회가 허락되지 않았다. 사회적, 그리고 감각적 결핍은 자신이 인간이라는 감각을 약화시킨다. 오늘 아침에 〈인사이드 타임〉 웹사이트에서 재소자들의 녹음 자료를 들었다. 데이비드라는 재소자가 말했다. "때로 식사 시간이 돼서 문이 열리기를 목이 빠져라 기다려요. 그래야 말을 할 수 있거든요. 그래봤자 '고맙습니다'뿐이지만. 내 목소리가 여전히 작동하는지 확인해야 하잖아요?"

한 시간 뒤, 나는 〈인사이드 타임〉 웹사이트에 올라온 데이비드의 목소리를 이어폰으로 들으며 이오나의 집을 향해 자전거 페달을 밟는다. "움직일 수가 없어요." 그가 말한다. "하루에 23시간 동안 누워 있거나 앉아 있어야 하니 신장과 몸이 아파요. 그래도 할 수 있는 게 없죠."

자전거 페달을 밟는데 갑자기 움직임, 속도, 균형의 감각들을 의식하게 된다.

나는 이오나가 사는 건물 밖에 자전거를 세워놓고 이어폰을 뺀 뒤 식료품 가게 쪽으로 길을 건넌다. 아보카도 한 개, 토마토 여러 개, 빵 한 덩이를 집는다. 복도에서 머리가 벗어지고 눈동자색이 짙은 남자를 본다. 마스크로 얼굴의 아래쪽 절반을 가렸지만 내 수업을 들었던 학생처럼 보인다. 그와 눈이 마주쳤을 때 나는 미소를 짓지만 그가 마스크 때문에 내 미소를 볼 수 없음을 깨닫는다. 그가 몸을 돌려 옆모습을 보이자 내가 생각한 그 사람이 아니라는 걸 알아차린다. 작년에 수차례 나는 행인들을 보면서 내 학생이라고 생각했다. 감옥에서 학생들을 볼 수 없다는 게 너무 무력하게 느껴졌기 때문에 바깥에서 볼 수 있다고 자꾸 생각하게 된다.

나는 계산 줄에 합류한다. 계산대 뒤의 점원은 눈에 거슬릴 정도로 환한 길쭉한 형광등 아래에 서 있다. 그가 마스크를 몇 센티미터쯤 아래로 당겨 인중의 땀을 닦는다. 그가 고객의 물건들을 스캔한 뒤 파란색 쇼핑백에 담는다. 고객은 휴대전화를 스크롤하고 있다. 귀에는 이어폰이 꽂혀 있다.

"13.42파운드요." 점원이 말한다.

고객이 한쪽 이어폰을 뺀다.

"13.42파운드요." 점원이 말한다.

고객이 기계에 카드를 대고는 자리를 떠난다. 내가 계산대 앞에 선다. 계산대 직원이 내 물건들을 스캔하고 봉투에 담는다. 그의 일이 얼마나 고된지 얼굴에서 읽힌다. 그는 자신을 쳐다보지도 않는 런던 시민들의 과일과 채소를 담으며 12시간 동안 감염의 위험을 무릅쓰고 일한다.

"감사합니다." 내가 말한다.

그가 내 눈을 쳐다본다. "감사합니다." 그가 말한다.

나는 아크릴판 아래에 난 구멍으로 현금을 건넨다. 그가 내게 거스름돈을 준다. 나는 가게에서 나와 거리를 반쯤 건넌 뒤 도로 중

앙의 안전지대에 서서 차들이 지나가길 기다린다. 내 뒤로 차 한 대가 움푹 팬 도로를 빠르게 지나간다. 시체를 밟고 지나가는 듯한 소리를 내면서. 사형집행인은 내가 실은 계산대 직원에게 아무 감정도 못 느낀다고 말한다. 내 관심이 사기라고 한다.

나는 도로로 발을 들인다. 나를 향해 달려오던 운전자가 경적을 울리는 바람에 다시 도로변으로 물러난다.

그가 지나가면서 차창 너머로 내게 소리를 친다.

나는 안전지대에 서 있다. 차들이 내 양옆을 질주한다.

사형집행인이 내게 집을 불태웠거나 칼로 누군가를 다치게 했을 거라고 주장할 때 그에게 달려가지 않는 방법을 나는 안다. 그런데 그가 내게 친절을 베풀 능력이 없다고 말할 때가 있다. 내 어두운 생각들 중에서 나를 가장 외롭게 만드는 생각이다. 죄책감이 가장 숨 막히게 느껴지는 순간이다. 이럴 땐 어떻게 벗어나야 할지 모르겠다.

코로나가 유행하기 몇 달 전, 교도소 주차장에서 자전거에 자물쇠를 채우는 중이었다. 교도소 밴이 나를 스쳐 지나갔다. 안에 갇힌 남자들이 벽을 두드리며 소리치고 있었다. 불길한 기분에 휴대전화를 꺼내 조니에게 문자를 보냈다. "넌 자유롭니?"

나는 전송 버튼 위에서 엄지를 멈췄다. 나 혼자서 공포를 헤쳐나가야 한다는 생각을 없앨 수 없었다. 나는 문자를 지우고 휴대전화를 집어넣었다.

20분 뒤, 나는 교실에서 신원확인서를 업데이트하고 있었다. 거기에 이런 질문이 있었다. "전과가 있습니까? '네', 또는 '아니요'에 체크하시오." 나는 '네'라는 칸 옆에 몇 년 전 빨간 신호를 무시하고 자전거를 타다가 벌금 20파운드를 물었다고 적었다.

자유 이동 시간이 시작됐다. 희끗희끗한 머리는 떡이 져 있고 턱수염은 헝클어진 마틴이 교실에 가장 먼저 나타났다. 2미터 거리에서도 그의 체취를 맡을 수 있었다. 수감 생활이 처음인 그는, 1년 6개월 형을 받았다. 마틴의 다 큰 아들이 이틀 전 처음으로 면회를 왔지만 마틴은 아들에게 자신을 보여주기 너무 부끄러워 그냥 감방 안에 머물렀다. 약 석 달 전 교도소에 들어온 이후 면도도 하지 않았다. 시간 엄수가 고행의 또 다른 일부라도 되는 것처럼 그는 언제나 교실에 맨 처음 들어왔다.

마틴처럼 죄책감을 많이 드러내는 재소자는 보기 드물다. 이곳의 많은 사람이 자신을 가해자라기보다는 피해자라고 여긴다. 그들의 어린 시절 이야기를 들으면 놀랄 일도 아니다. 양심의 가책을 느끼는 사람들은 층계참에서 살아남느라 정신이 없어서 출소 후에야 비로소 제대로 후회할 수 있다. 마틴은 수치심에 너무 짓눌려 있는 것처럼 보인다. 그가 남은 형기를 어떻게 헤쳐나갈지 걱정된다.

1분 뒤, 빌리와 키트가 어젯밤 〈러브 아일랜드〉에서 어떤 여자가 가장 섹시했는지를 놓고 다투면서 교실로 걸어 들어왔다. 빌리는 머리가 벗어졌고 티셔츠 위로 굵은 가슴털이 삐죽 튀어나와 실제 나이인 스물셋보다 열 살은 많아 보였다. 키트는 머리가 희끗희끗했고 깃을 세운 빨간 추리닝 상의를 걸치고 있었다. 빌리는 육감적인 애나가 가장 아름답다고 생각했다. 키트는 자그마한 쥬르당이 가장 아름답다고 주장했다.

키트가 마틴에게 고개를 돌렸다. “내가 맞다고 말해줘요. 쥬르당이잖아.”

마틴은 아무 반응을 하지 않았다.

“그 여자 봤잖아요, 마틴!” 키트가 말한다.

심각한 표정이 마틴의 얼굴에서 사라질 줄 몰랐다.

키트와 빌리가 마틴의 양쪽에 앉았다. 빌리가 코를 찡그리며 의자를 몇 센티미터 뒤로 밀었다. 키트는 냄새에 개의치 않는 듯 마틴의 오른쪽에 앉았다.

몇 분 뒤, 수업이 시작됐다. 나는 화이트보드에 악마를 그렸다.

내가 말했다. “철학자 피에르 시몽 라플라스의 말에 따르면, 만약 악마가 지금 당장 우주의 모든 원자의 정확한 위치와 운동량을 안다면 자연의 법칙을 이용해 모든 원자가 내일은 물론이고 이후의 모든 날에 어디에 있을지 계산할 수 있어요.”

“심오하네요.” 키트가 말했다.

“인간은 원자로 만들어져 있어요. 우리는 자연의 법칙에 지배당하죠. 이론적으로 악마는 아이가 30년 후 어른이 됐을 때 무엇을 하고 있을지 정확히 알아낼 수 있어요.” 내가 말했다.

“자유의지는 어쩌고요?” 키트가 말했다.

“만약 라플라스의 말이 맞으면 우리에겐 자유의지가 없을지도 몰라요.”

“그러면 아무도 감옥에 있어선 안 되죠. 그게 모두 타고난 거라면요.”

"맞아요. 이른바 우리의 선택이란 것은 배경과 생물학 같은 우리 이전의 사건들에 의해 결정되는 거예요. 누구도 자신의 행동에 대해 진정으로 책임이 없죠."

"첫 번째 범죄의 경우엔 판사가 몇 년 형을 내릴지 판단할 때 트라우마로 가득한 어린 시절을 참작하죠. 하지만 두 번째 범죄부터는 과거에 대해 요만큼도 신경 쓰지 않아요."

"신경을 써야 하나요?" 내가 물었다.

"두 번째 범죄는 이전에 감옥에 갔다는 사실을 경감 사유로 쳐야죠. 이곳 역시 트라우마를 안기잖아요?"

"우리의 인생이 정해져 있다고 생각하세요?"

"난 때때로 신이 개입해서 인생을 바꾼다고 생각해요."

"이를테면요?"

"바깥에서 내 삶은 혼돈 그 자체였어요. 엄마가 그랬죠, 체포가 안 됐으면 난 지금쯤 땅속에 묻혔을 거라고. 엄마는 신이 개입해서 내가 감옥에 갔다고 생각해요. 그게 내 인생을 살렸다고요."

빌리는 내가 자신이 수감된 교도소에서 멀지 않은, 경비가 삼엄한 교도소에서도 일했다는 사실을 알았다. 그의 아버지가 그곳에 구금돼 있기 때문이었다.

"그곳에 대해 어떻게 생각해요? 뭐 좋은 점이 있어요?" 그가 물었다.

"나는 거기서 일을 하는 거지, 사는 게 아니에요." 내가 말했다.

"아버지 말로는 체계적이래요. 해제면 해제고. 폐쇄면 폐쇄고. 여기는 엉망진창이에요. 해제해주겠다고 말해놓고선 하루 종일 감금시켜놓잖아요. 차라리 거기로 가는 게 나을 것 같아요."

부자가 둘 다 감옥에 있기 때문에 빌리와 그의 아버지는 전화 통화를 하기 어려웠다. 교도소 층계참의 전화기는 오직 전화를 걸기만 하고 받을 수는 없다. 그러니까 한 교도소의 공중전화에서 다른 교도소의 공중전화로 전화를 거는 것은 불가능하다. 빌리와 그의 아버지가 통화를 하고 싶으면 각자 교도소 사무실을 찾아가 사무실 전화를 이용해야 했다. 그동안 양쪽 끝에서 교도관들이 그들의 대화를 감시하며 서 있었다.

내가 화이트보드의 악마를 가리키며 빌리에게 물었다. "실은 아무도 죄가 없다고 생각해요?"

"그렇게 말하면 다들 조롱할 거예요." 빌리가 말했다.

"우리의 배경이 현재 우리의 모습을 형성한다고 생각하지 않아요?" 내가 물었다.

"감옥이 없으면 혼란의 도가니가 될 거예요. 결과는 반드시 있어야 해요."

마틴의 얼굴이 상념으로 어둡다.

"어떻게 생각해요, 마틴? 우리의 현재 모습은 우리 책임일까요?" 내가 물었다.

"아니면 누구 책임인지 모르겠네요." 마틴이 말했다.

"니체에 따르면 도덕적 책임은 가혹하고 상상력이 부족한 개념이에요." 내가 말했다.

마틴이 비웃었다.

"그는 삶에 대한 욕구보다 자신을 처벌하고자 하는 욕구가 더 강할 때 죄책감에 사로잡힌다고 생각했어요. 자유의지는 교수형집행자들의 철학이라고 했죠."

"그러면 니체는 해로운 사람이었나요?" 그가 말했다.

"어떤 사람이라고?" 키트가 말했다.

빌리가 히죽거리며 티셔츠의 목 부분을 코 위로 잡아당겼다.

"누구나 살면서 나쁜 짓을 하잖아요? 우리는 바깥 사람들과 다르지 않아요." 키트가 말했다.

마틴이 팔짱을 꼈다.

내가 말했다. "어떻게 생각해요, 마틴? 도덕적 책임은 교수형집행자들의 철학일까요?"

"니체는 매우 영리한 사람인 것 같군요." 마틴이 말했다.

마틴과의 대화는 곧 마침표에 다다랐다. 다양한 개념에 대해 생각을 물을 때마다 그는 토론을 막다른 골목에 다다르게 하는 말들을 뱉었다. 수업 후반부에 내가 학생들에게 말했다. "머릿속에 두 가지 생각이 동시에 있으면 새로운 시각이 생기기도 하죠." 마틴을 겨냥한 소리였지만 그의 얼굴은 무표정했다. 마치 철학을 하기엔 너무 늦었다고 생각하는 것 같았다. 이러저러한 개념에 대해 뭐라고 생각하든(또는 생각하지 않든) 그가 지금 감옥에 있는 건 변함 없다고 여기는 듯 했다.

수업이 끝나자 나는 화이트보드에서 악마 그림을 지웠다. 마틴이 문으로 향하다가 내게 다가와 악수를 건넸다.

"고마워요, 앤디. 수업에 받아줘서 너무 고마워요." 그가 말했다.

나는 어색하게 웃었다. 뭐라고 말해야 할지 몰랐다. 나에 대한 그의 고마운 마음이 또 하나의 자기 비난 행위인 것만 같았다. 나는 그의 공범이 되고 싶지 않았다.

"정말로 고마워요." 그가 말했다.

나는 시선을 돌려야 했다.

만약 요제프 K.가 라플라스의 우주에 살았다면 몇 번을 다시 태어나도 그 일요일 아침에 길거리를 걷다가 잠시 걸음을 멈추고 주변 세계를 쳐다볼 때마다 어김없이 재판정으로 달려갔을 것이다. 절대 원자의 운명에서 벗어나지 못할 것이다.

또 다른 철학자 루크레티우스는 원자뿐 아니라 공간도 중요하다고 생각했다. 그는 물체 사이는 물론이고 각 물체 안에도 공간이 있다고 인식했다. 두 개의 돌 사이에도, 하나의 돌 안에도 공간이 있는 것이다. 심지어 가장 찌그러진 바위 안에도 공간이 있다.

만약 요제프 K.가 루크레티우스의 우주에 살았다면 그 일요일 아침에 잠깐 걸음을 멈추고 거리와 법원 건물 사이, 그의 죄책감과 누군가 담배를 음미하는 광경 사이, 그의 소환과 그의 다음 발걸음 사이의 공간을 느꼈을 것이다.

루크레티우스는 그 공간이 원자들의 움직임을 허락하며, 때론 원자가 궤도를 벗어나 방향을 바꾸게도 한다고 생각했다. 물질세계는 언제나 예측 가능한 게 아니었다. 때론 즉흥성이 가미되기도 했다. 루크레티우스에게 사건들은 다른 방식으로 전개될 수 있었다. 요제프 K.가 법원 건물에 등을 돌리고 반대 방향으로 걸어갈 수도 있는 것이다.

칠흑같이 어두운 공황 상태에 빠질 때는 죄책감이 나를 짓누르며 사형집행인의 목소리가 내 머리를 온통 지배한다. 하지만 나는 루크레티우스를 떠올리며, 심지어 둘도 없이 강렬한 생각조차 그 안에 공간이 있다는 사실을 기억한다. 그리고 사형집행인이 지껄이도록 내버려두고 그의 말들 사이로 살짝 빠져나간다.

식료품 가게에 들른 지 몇 분 뒤, 나는 이오나의 부엌에서 장바구니를 풀고 있다. 싱크대와 가스레인지는 거의 사용한 적이 없어 티 하나 없이 깨끗하다. 이오나가 내 옆에 선다. 잠시 휴식을 취하는 거라 안경을 머리 위로 밀어 올려놨다.

"음식이 진짜 많네." 그녀가 말한다.

"하루치도 안 돼." 내가 말한다.

"이 많은 걸로 뭘 만들려고?"

"냉장고에 넣어 상하게 내버려두려고." 내가 말한다.

그녀가 혀를 찬다. "재미없어. 난 책상으로 돌아갈 거야."

그녀가 내 뒤에 서서 내가 빵을 자르고 조리대에 접시 두 개를 놓은 다음 각 접시 위에 빵 한 조각을 담는 모습을 지켜본다. 나는 아보카도를 반으로 잘라서 과육을 파낸다. 이오나가 내 몸통을 껴안으며 한 손을 내 가슴에 얹는다. 그녀의 배가 내 허리에 닿은 느낌이 따뜻하다.

"샌드위치 두 개를 만드는 거구나." 그녀가 말한다.

"안타깝게도 약골들만 먹는 거긴 하지만." 내가 말한다.

나는 토마토를 자른다. 이오나가 내 목에 다정하게 코를 비빈다. 그녀가 눈을 깜빡일 때마다 그녀의 속눈썹이 내 피부를 간질인다.

"간밤에 또 꿈을 꿨어." 그녀가 말한다.

나는 조리대에 칼을 내려놓는다. 이오나의 엄마는 몇 년 전 이맘

때 돌아가셨다. 그녀 역시 번역가였다. 그녀와 이오나는 네다섯 개의 다른 언어를 오가며 서로 대화를 나누곤 했다.

"오늘 길을 건너다가 생각났어." 그녀가 말한다. "낮까지는 절대 생각이 안 나. 길을 걸어가거나 도로를 반쯤 건널 때에야 떠오르지. 그때 슬픔이 다시 나를 덮쳐."

그녀의 목소리가 곧 울음을 터트릴 것 같다.

그녀가 울음을 삼키고 말한다. "말을 너무 많이 하고 있네. 일해야 하는데."

나는 빵의 끄트머리를 네모나게 조금 뜯어낸 뒤 돌아서서 그녀의 입에 들이민다.

"먹어봐. 아무한테도 말 안 한다고 약속할게." 내가 말한다.

그녀가 빵을 먹는다. 내가 손가락 윗면으로 그녀의 얼굴을 쓰다듬는다.

나는 돌아서서 계속 음식을 만든다. 이오나가 내 어깨에 턱을 대고 쳐다본다. 나는 샌드위치에 토마토를 넣는다. 소금과 후추를 뿌린다.

"이것 좀 봐. 다시 레스토랑에 온 기분이야." 그녀가 말한다.

"그러니까. 옷을 너무 간소하게 입은 것 같아."

"갖춰 입으면 재밌겠다."

나는 몸을 돌려 그녀를 쳐다본다. 이오나의 옷을 더럽히지 않으려고 기름 묻은 손바닥을 위로 향하게 하고는 두 손을 내 배 근처에 들고 있다.

"난 원피스를 입을게. 자기는 셔츠를 입어." 그녀가 말한다.

그녀가 내 셔츠의 맨 위 단추 두 개를 푼다.

"어디로 데려가게?" 내가 묻는다.

그녀가 내 엄지 두덩을 손가락으로 건드린다. "여기. 시내로."

내가 눈썹을 치켜올린다.

그녀의 손가락이 내 손바닥 위에서 지그재그로 움직인다. "석조 건물들이 있는 이 좁은 옛날 길을 걸을 거야. 밤이라서 사람들이 전부 밖에 나와 있어. 다양한 얼굴들이 줄 지어 이동해. 어느 지하실에서 음악 소리도 흘러나와. 내가 당신을 손목까지 데려가서 안으로 안내해."

나는 수줍게 키득거린다.

그녀의 손가락이 내 손바닥 한가운데로 이동한다. 내가 손을 좀 더 활짝 펼친다.

"우리는 여기서 밤새 춤을 출 거야." 그녀가 말한다.

내가 무언가를 잘못했다는 느낌이 막연히 든다.

"다리가 너무 아파서 도저히 춤을 못 추겠다 싶으면 이리로 갈 거야." 그녀는 내 손바닥이 새끼손가락과 만나는 부분을 건드리며 말한다. "해변으로."

죄책감이 나를 옥죈다. 이오나의 다정함을 즐기고 싶지만 어떻게 해야 죄의식에서 벗어날 수 있을지 모르겠다.

"우린 함께 바다를 바라볼 거야." 그녀가 말한다.

내가 얼굴을 찡그린다. "아름답겠네." 내가 말한다.

그녀가 내 손을 꽉 쥔다. "괜찮아?"

"응." 내가 말한다.

"진짜야?"

"이제 자기 손에도 기름이 묻었어." 내가 말한다.

나는 돌아서서 접시를 집는다. 우리는 소파로 가서 무릎에 접시를 올려놓고 앉는다. 이오나가 샌드위치를 한 입 베어 물고 맛을 음미하기 위해 눈을 감는다. 이 순간에 가슴 저미는 암울한 기운이 서린다. 사형집행인은 이게 내가 이오나에게 줄 수 있는 마지막 식사라고 말한다.

이오나가 음식을 삼키고 눈을 뜬다. 그녀가 내 무릎 위에 손을 올린다. "고마워." 그녀가 말한다. "자긴 너무 다정해."

내가 부자연스럽게 웃는다.

"뭐가 웃겨?" 그녀가 묻는다.

"미안해." 내가 이렇게 말하면서 또 웃는다.

그녀가 내 무릎에서 손을 내린다. "왜 웃는 거야?"

라플라스의 악마에 대해 수업한 다음 날, 교도소에 가서 다른 선생님에게 신원확인서에 뭐라고 적었는지 말했다. 그가 웃음을 터트렸다.

"빨간불에 길을 건넌 것까지 알릴 필요는 없어요." 그가 말했다.

"혹시 숨겼다가 들키면 어떡해요?"

"웃기는 재주가 있네요, 앤디."

"그렇게 안 웃긴데요."

나는 교실에 가서 수업 준비를 했다. 복도에서 교도관이 소리쳤다. "자유롭게 이동!" 잠시 후, 빌리와 키트가 걸어 들어왔다. 키트는 그날 아침 아이들에게 전화를 했더니 런던타워에 갔다 왔다고 했다며 큰 소리로 불평했다. "나를 보러 오는 대신 런던타워에 갔다니 믿어져요?" 키트가 말했다. "런던타워 지하 감옥이 어떻게 생겼는지 설명하잖아요. 빌어먹을 전화기를 던질 뻔했다니까요."

두 사람이 자리에 앉았다. 빌리가 다음 수업에 빠질지도 모른다고 말했다. "심사가 있어요. 어쩌면 이번 형기에서 25퍼센트를 깎을 수 있을지도 몰라요." 그가 말했다.

"깎아요?" 내가 물었다.

"정신적으로 문제가 있다고 판단되면 25퍼센트를 감해주거든요. 하지만 심사 자리에 가야 해요."

"감해줄 것 같아요?" 내가 물었다.

"행운을 빌어야죠." 그가 말했다.

자유 이동 시간이 끝났다. 나는 출입구에 서서 혹시 마틴이 있는지 복도를 쳐다봤다. 하지만 보이지 않았다.

내가 키트에게 물었다. "마틴 봤어요?"

키트가 고개를 저었다.

"어떻게 지내는지 알아요?" 내가 물었다.

"가끔씩 하루 종일 독방에 처박혀 있어요."

나는 문을 닫고 빌리와 키트 맞은편에 앉았다.

"철학자 아르투르 쇼펜하우어는 인생이 처벌의 한 형태 같다고 생각했어요." 내가 말했다.

"힘내요, 쇼펜하우어. 그럴 일은 없을 테니까." 키트가 말했다.

"쇼펜하우어는 이미 그런 일이 벌어지고 있다고 생각했죠." 내가 말했다. "우리는 태어나는 첫날부터 고통받아요. 잘못한 것도 없이 말이죠. 그의 말대로라면 아버지들이 저지른 죄에 대한 죄책감을 갖고 세상에 나오는 거라고 생각하기 쉽죠."

'아버지들이 저지른 죄'라고 말할 때 빌리를 쳐다보지 않으려고 노력했지만 결국 그의 눈을 똑바로 쳐다보고 말았다.

내가 말했다. "쇼펜하우어는 인생을 용케 헤쳐나가려면 이 세상을 감옥이라 여겨야 한다고 생각했어요. 그래야 누군가 자신을 실망시켜도 그들 역시 감옥에서 처벌을 감내하려 노력하고 있음을 알기 때문에 절망하지 않게 될 거라고요."

"난 감옥에서 나가면 술을 마시고 KFC에서 초콜릿 아이스크림도 먹은 다음 여자 친구네 집에 갈 거예요." 빌리가 말했다.

"그러면 쇼펜하우어가 틀렸다는 말인가요?" 내가 물었다.

"쇼펜하우어는 섹스가 필요해요." 빌리가 말했다.

내가 말했다. "쇼펜하우어는 세상을 감옥이라 생각하면 우리가 서로를 좀더 너그럽게 인내하면서 친절하게 대할 거라고 말했어요."

빌리가 말했다. "감옥이 사람을 좀더 너그럽게 만든다? 맞아요. 좀더 인내하게 만든다? 그래요. 하지만 친절하게는 아니에요. 평소라면 함께하지 않을 사람들과 감방을 같이 쓰기 때문에 더 너그러워지죠. 내려놓는 법을 배우지 않으면 빌어먹을, 돌아버릴 테니까요. 감옥에선 인내심도 많아져요. 하지만 더 친절해졌기 때문이 아니에요. 남아도는 게 시간이니까 그런 거지."

"감옥은 친절이 무엇인지 배울 수 있는 곳이야." 키트가 말했다.

"난 감옥에서 친절을 배우지 못했어." 빌리가 말했다.

"이곳 사람들은 그럴 이유가 없는데도 친절을 베풀어." 키트가 말했다.

"내가 제일 바라지 않는 것이 뭔지 알아? 층계참 사람들이 나를 친절하다고 여기는 거야."

"다른 사람이 나를 어떻게 생각하는지는 중요하지 않아."

"친절하다는 게 알려지면 누군가 감방에 들어와서 내 물건을 가져갈 거야. 그래도 내가 어쩌지 않는다는 걸 아니까."

몇 분 뒤, 키트가 말했다. "감옥에 친절이 없으면 어째서 1년 내내 폭동이 일어나지 않는 거지?"

"폭동을 일으키면 형기가 늘어나니까." 빌리가 말했다.

"매일같이 동지애에서 비롯된 행동이 수없이 일어나는 건 어떻고? 층계참의 누군가가 며칠 동안 저녁을 거른 것을 눈치채고 괜찮은지 확인하려고 문을 두드리는 건?"

"그건 사실 친절은 아니지 않아?" 빌리가 말했다.

"자식들한테 전화를 해야 하는 사람에게 전화 카드를 빌려주는 건 또 어떻고. 일요일에 너희 여섯이 맛대가리 없는 닭고기 요리를 했는데 어떤 놈이 자기 허브를 넣어주고 또 어떤 놈이 자기 향신료를 추가해줘서 결국 끝내주게 맛있는 식사를 하게 될 때도 있어."

"그래, 하지만……."

"난 층계참 사람들의 이름도, 그들이 차에 설탕을 넣는지 안 넣는지도 다 알아. 아파트에 살 때는 어림도 없었어."

빌리가 팔짱을 꼈다. "난 그냥 '친절'이란 단어가 싫어. 그 단어를 쓰면 내가 이상한 사람처럼 보여."

"나도 한때 그랬어. 하지만 지금은 내가 친절하다는 것을 의식하는 게 정말 중요해. 아무리 사소하고 하찮은 방식이라도." 키트가 말한다.

"왜죠?" 내가 물었다.

"이런 생활 방식에서 벗어나고 싶어서요." 키트가 말했다. "내가 괜찮은 사람이 될 수 있다는 걸 스스로 인정할 수 없으면 난 절대 바뀌지 않을 거예요."

나는 이오나의 소파에 앉아 웃은 것에 대해 사과한다. 뒤이어 몇 분 동안 나 자신에 대해 설명하려 노력한다.

"사형집행인?" 그녀가 말한다.

"그러니까, 진짜로 앨버트 피어포인트(영국 역사상 가장 오랫동안 교수형을 집행한 사형집행인 중 한 명이다-옮긴이)가 내게 말을 건다는 의미는 아니야."

"글쎄, 누구든 간에 즐거운 만남은 아니었어."

그녀가 자신의 음식을 내려다본다. 내가 가슴 위로 셔츠를 잡아당겨 여민다.

그녀가 말한다. "아까 아름답다고 말했을 때 카타르시스가 느껴졌어. 그 말이 내 입에서 나오면서 슬픔이 아주 조금 사라졌어."

"미안해. 사형집행인이 그것마저 앗아가는 건 원치 않아."

"앗아갈까?" 그녀가 묻는다. 그녀가 내 얼굴을 살핀다.

키트와 빌리와의 수업을 마친 지 30분 뒤, 교도관들이 감방을 폐쇄했다. 나는 마틴의 감방으로 서둘러 갔다. 감방 문이 열려 있었다. 안에 그가 보였다. 수염이 깔끔하게 면도돼 있었다. 머리도 감았는지 머리털이 부스스했다.

"마틴을 찾고 있는데요. 어디 갔는지 아시나요?" 내가 말했다.

그가 빙그레 웃었다. "깨끗이 씻는 게 좋을 것 같아서요. 아들이 면회를 오거든요."

그가 미소 지었다. 그의 두 눈에 눈물이 고이기 시작했다.

"어제 녀석에게 전화를 걸었어요." 그가 말했다. "그런 일을 겪게 해서 나를 용서할 수 없다고 해도 이해한다고 말했죠. 그랬더니 녀석이 화를 내면서 그러잖아요. '아빠는 내 아빠예요. 용서는 필요 없어요.'"

"아빠를 사랑하네요." 내가 말했다.

"맞아요. 그래서 마음이 안 좋아요. 하지만 괜찮아지겠죠." 그가 말했다.

교도관이 문으로 다가왔다. "이제 문을 잠가야 합니다, 신사분들." 그가 말했다.

내가 뒤로 물러났다.

"수업 시간에 봐요." 내가 말했다.

교도관이 문에 열쇠를 꽂았다.

"2주에 한 번씩 면회하러 오겠대요. 아들놈이 면회를 오면 시간이 훨씬 빨리 지나갈 거예요." 마틴이 말했다.

교도관이 문을 잠갔다.

마틴과 나는 감방 문의 감시 창구를 통해 서로에게 손을 흔들었다.

그 후 마틴은 감방에서 더 자주 나오기 시작했다. 같은 사동에서 지내는 다른 중년 남성과 우정도 쌓았다. 주방에 구직 신청을 해서 일자리도 얻었다. 낮에는 일을 했고, 밤에는 침대에서 열정적으로 책을 읽었으며, 나머지 시간에는 출소 후에 어떻게 하면 재활 구호 단체에서 일할 수 있을지 알아봤다. 그가 내게 말했다. "더 이상 감옥 생활이 지루하지 않아요. 때론 낮에 시간이 부족하기도 해요." 이따금 자신이 저지른 짓 때문에 여전히 스스로를 '욕심쟁이'라거나 '멍청이'라고 부르기도 한다. 하지만 수치심에도 불구하고 그는 자신의 삶에 다른 것들을 위한 공간도 허락했다.

이오나에게 사형집행인에 대해 말하고 며칠이 지났다. 한낮에 가게에서 장을 보고 이오나의 아파트로 갔더니, 그녀가 책상에 앉아 있다. 그녀가 내 손에 들린 장바구니를 보고 말한다. "한 시간 후에 먹고 싶어." 나는 어처구니없다는 표정을 지으며 부엌으로 간다. 그녀는 내가 챙겨주기를 원하면서도 자신이 무력해지는 것은 원치 않는다. 그래서 마치 명령하듯 부탁한다. 나는 장바구니에서 채소를 꺼내 씻는다. 그리고 수프를 만든다.

점심때가 되자 식탁에 그릇을 올린다. 이오나가 다가온다.

"아름다워." 그녀가 내 엉덩이를 만진다.

두려움이 낮게 윙윙거린다. 하지만 나는 그녀의 손 위에 내 손을 올린다.

예전엔 죄책감을 없앨 방법을 찾을 때까진 이오나의 애정을 받을 수 없다고 생각했었다. 하지만 사형집행인이 황소고집으로 버티고 있다. 그러니 그가 사라지고 마침내 내가 내 인생을 살 수 있을 때까지 기다리는 것은 실현 가능성이 낮은 일이다. 그 대신 이오나와 함께 있다가 죄의식이 팽팽히 조여오면 죄의식과 함께 그녀의 애정도 느끼기 위해 노력하기로 했다. 사형집행인의 지배에서 벗어날 수는 없을지라도 이오나를 위한 공간은 허락할 수 있다.

우리는 식사를 한다. 그녀가 수프를 싹싹 비우는 모습을 지켜본다.

"음식은 약골을 위한 거라고 말했던 것 같은데." 내가 말한다.

"내가 약골이 되는 걸 꽤 좋아하는 것 같아." 그녀가 말한다.

"저녁에도 요리해줄게."

그녀가 내 눈을 쳐다보며 말한다. "당신은 다정해."

내가 눈을 깜빡인다. 속에서 묵직한 죄책감이 느껴진다.

"자기가 할 수 있다면." 그녀가 말한다.

"할 수 있어." 내가 말한다.

나는 주중에 이오나의 집에 머문다. 그녀가 옷을 바닥에 벗어던지고 며칠이 지나도록 줍지 않는 내 습관을 나무란다. 에픽테토스는 이렇게 말했다. "누군가 당신을 욕하는 소리를 듣는다면 자신을 변호하려고 애쓰지 말고 이렇게 말하라. '저 사람이 나에 대해 잘 알지 못하는 게 분명하군. 다른 수많은 잘못에 대해선 언급하지 않는 것을 보니.'" 오늘 아침, 이오나의 침대에서 눈을 떴을 때 사형집행인은 내가 구제받을 수 없을 정도로 나쁜 짓을 저지른 게 틀림없다고 말한다. 몇 분 뒤 이오나가 거실 바닥에서 내 셔츠를 주워 내게 던진다. 나는 웃으며 사과한다. 이오나가 사형집행인보다 나를 더 잘 알아서 기쁘다.

요제프 K.는 언제나 너무 늦었다. 카프카의 과거가 K.의 미래를 결정지어버렸다. 나도 너무 늦었다는 생각이 여전히 들지만 또한 이오나와 함께 봉쇄에서 풀려나면 어떤 기분일지 흥분되기도 한다. 흥분은 사형집행인에게 등을 돌리고 반대 방향으로 걸어갈 기회다. 올해 처음으로 날씨가 풀린 봄날, 이오나와 나는 공원에 갔다. 물푸레나무 아래 풀밭에 비스듬히 누워 호수를 쳐다본다. 친구들, 연인들, 어린아이들과 함께 나온 가족들이 물가에 앉아 있다. 한 남자가 풀밭에서 수상 플랫폼으로 걸음을 옮기더니 여러 척의 보트에서 방수포를 벗겨낸다. 모든 배의 상태가 괜찮으면 몇 주 안에 다시 배를 빌려주기 시작할 것이다.

이오나가 우리 머리 위의 물푸레나무 가지들을 가리킨다. 내가 올려다본다.

"하비나." 그녀가 말한다.

"뭐라고?" 내가 말한다.

"핀란드 말이야. 나뭇가지가 흔들리는 모양을 설명하는 말이지."

나는 위를 응시하며 가지들이 미풍에 부드럽게 움직이는 모습을 본다.

"엄마가 가르쳐준 단어야." 이오나가 말한다.

나는 이오나를 쳐다본다. "어젯밤에도 엄마 꿈을 꿨어?" 내가 묻는다.

그녀가 여전히 위를 올려다본 채 미소를 지으며 고개를 젓는다. "나무가 너무 예뻐서 지금 떠오른 말이야."

내가 다시 위를 쳐다본다.

"하보나." 내가 말한다.

"하-비-나." 그녀가 말한다.

"하비나."

"맞아."

다음 몇 시간 동안 더 많은 사람이 호수 주변으로 몰려든다. 어린아이 둘이 우리 뒤에서 키득거리며 논다. 공기 중에 흥분이 가득하다. 오늘이 도시에서 봉쇄가 해제되는 여정의 첫날이 될 것만 같다. 하지만 사형집행인은 모든 사람이 자유를 향해 걸어가도 나는 함께하지 못할 거라고 말한다. 숨이 가빠진다. 죄책감이 나를 숨막히게 한다.

산들바람이 분다. 나는 고개를 들어 물푸레나무 가지들이 흔들리는 모양을 바라본다. 나뭇잎들이 흔들리면서 서로 스친다.

나는 한숨을 내쉰다.

"하비나." 내가 말한다.

"맞아." 이오나가 말한다.

몇 달 뒤 가게와 식당이 문을 연다. 교정 당국이 교도소를 정상으로 되돌리기까지는 아직 몇 달이 걸린다고 한다. 어제 프랭크 삼촌과 통화를 했다. 그는 샌드위치로 즉흥 여행을 떠났다고 했다. 최신 카메라를 가지고(그의 친구에게 최근 300대가 생겼다). 오늘 삼촌을 보러 간다. 이오나가 사는 건물 앞에서 자전거를 끌고 거리로 나선다. 비가 와서 바닥이 축축하다. 승객 두 명만 실은 2층 버스가 정류장에 서고 그중 한 사람이 내린다. 나는 자전거에 올라탄 뒤 뒷골목을 달린다.

타이어 끝에서 미세한 물보라가 떨어진다. 뒤에서 부는 바람이 나를 앞으로 밀친다. 나는 페달을 밟지 않고 달린다. 힘들이지 않고 움직이는 감각을 즐기기 위해 두 눈을 감는다.

나는 눈을 뜨고 큰길로 들어선다. 검은 마스크로 입과 코를 가린

딜리버루 배달 기사가 나를 스쳐 지나간다. 신호등에 다가가자 빨간불로 바뀐다. 나는 자전거를 멈춘다.

20미터쯤 떨어진 곳에 경찰차가 세워져 있다. 인도 위에는 뺨에 여드름이 난 청년이 양옆에 경찰관을 끼고 서 있다. 그의 손에는 수갑이 채워져 있다. 한 경찰관이 경찰차 뒷문을 열자 청년이 고개를 숙이고 안으로 들어간다. 경찰관이 문을 닫는다. 경찰관 두 명이 앞좌석에 올라타고 한 명이 시동을 건다. 주황색 지시등이 깜빡인다.

내 뒤에 있던 차가 경적을 울린다. 나는 시선을 든다. 신호등이 초록색으로 바뀌었다.

작가의 말

사람, 장소, 사건을 비롯한 자세한 정보는 바꾸거나 합쳤다. 사생활을 보호하고, 피해자의 감정을 헤아리고, 교도소와 보증인과의 타협을 피하고, 내 경험을 오롯이 내 경험으로 서술하기 위해서다. 특정 감옥이나 특정 재소자 같은 것은 없다. 수많은 감옥이 있고 감옥에 갇힌 사람들은 자기만의 경험을 가지고 있다. 이 책은 그런 많은 것을 담아내는 것을 목표로 하지만 무엇보다 가족이 감옥에 수감된 적이 있고 이젠 감옥에서 재소자를 가르치는 사람의 주관적 관점에서 쓰인 것이다. 교실에서의 대화는 4년이라는 기간 가운데서 뽑아낸 것이다. 한마디 한마디가 기억나지 않을 때조차 대화의 본질을 표현하려고 노력했다. 내 개인적 경험은 기억나는 대로 썼다. 가능하면 내 기억이 맞는지 확인하기 위해 조사를 하거나 다른 사람들과 상의했다. 그럼에도 일부 사람들은 다르게 기억할지도 모르겠다.

감옥에 있는 내 학생들은 소셜 미디어에 접근할 수 없다. 법무부의 허가 없이는 공개적으로 어떤 것도 발표할 수 없고 대부분이 글을 쓰는 데 어려움을 겪고 있다. 많은 사람이 사회적 낙인이 찍힌 채 살아가고 있다. 이 말은 종종 그들이 목소리를 낼 수 없음을, 또는 자신이 죄수이거나 전과자라는 사실이 공개될까봐 자신의 경험에 대해 말하고 싶어 하지 않을 수도 있음을 의미한다. 나는 이 책에서 자기 자신에 대해 말할 기회가 없는 사람들을 다루었다. 모든 사람이 다른 사람에게 들려주고 싶은 이야기를 품고 있지만 그중 일부만이 더 많은 청중과 이야기를 공유할 특권을 가진다. 그래서 내게 주어진 기회에 책임이 따른다는 사실을 잊지 않으려고 노력했다. 필요한 경우 내가 올바르게 이해했는지 확인하기 위해 전과자, 동료, 학자들과 상의하기도 했다.

내게 자신의 이야기를 들려준 친척들에게 감사드린다. 내가 진솔하고 신중하게 그들의 이야기를 성공적으로 써냈기를 희망한다.

수업에 사용한 자료와 출처

정말 운이 좋게도 지난 10년 동안 철학재단의 동료들로부터 아이디어와 영감을 얻었다. 세이렌, 에픽테토스, 개구리와 전갈, 행복한 죄수, 디오게네스, 테세우스의 배에 대한 수업 아이디어를 제공해준 피터 월리에게 감사드린다. 해당 자료들은 그의 저서《만약 기계(The If Machine)》,《만약 오디세우스(The If Odyssey)》,《아이의 사고를 돕는 40가지 주제(40 Lessons to Get Children Thinking)》에서 구할 수 있다. 모두 블룸즈버리 에듀케이션에서 출간됐다. 판도라의 상자에 대한 아이디어를 준 데이비드 버치에게도 감사드린다. 해당 내용은 윈슬라이스북스에서 출간된 그의 저서《생각하는 콩(Thinking Beans)》에 실려 있다.

마이크 콕스헤드와 안드레아 파솔라스와 함께 교도소 수업에서 사용한 방법을 개발했다. 함께 수업을 진행하는 동안 그들의 통찰력 있고 강단 있고 관대하고 너그러운 태도에서 너무 많은 것을 배웠다. 두 사람 다 오노다 히로, 사원의 정화, 시몬 비젠탈, 도덕적 행운에 대한 자료를 공동 집필하는 데 도움을 주었다.

옮긴이 **박설영**

서강대학교 영어영문학과를 졸업했다. 동국대학교 영화영상학과에서 석사학위를 받았고, 박사과정을 수료했다. 출판사에서 저작권 담당자로 일했으며, 현재는 전문 번역가로 활동 중이다. 역서로《글쓰기에 대하여》,《테라피스트》,《쇼리》,《디저트의 모험》,《오 헨리 단편선》 등이 있다.

라이프 인사이드

초판 1쇄 발행 2022년 11월 4일

지은이 | 앤디 웨스트
옮긴이 | 박설영
발행인 | 김형보
편집 | 최윤경, 강태영, 이경란, 임재희, 곽성우
마케팅 | 이연실, 이다영, 송신아
디자인 | 송은비
경영지원 | 최윤영

발행처 | 어크로스출판그룹(주)
출판신고 | 2018년 12월 20일 제 2018-000339호
주소 | 서울시 마포구 양화로10길 50 마이빌딩 3층
전화 | 070-5080-4113(편집) 070-8724-5877(영업) 팩스 | 02-6085-7676
이메일 | across@acrossbook.com

ISBN 979-11-6774-077-9 03100

만든 사람들
편집 | 강태영 **교정교열** | 윤정숙 **디자인** | 송은비 **조판** | 김성인